补天术

大变局中的李鸿章

徐锋华　著

ZHEJIANG UNIVERSITY PRESS
浙江大学出版社

图书在版编目（CIP）数据

补天术：大变局中的李鸿章 / 徐锋华著. —杭州：
浙江大学出版社，2017.1
ISBN 978-7-308-16399-6

Ⅰ.①补… Ⅱ.①徐… Ⅲ.①李鸿章（1823-1901）—
传记 Ⅳ. ①K827=52

中国版本图书馆CIP数据核字（2016）第271209号

补天术：大变局中的李鸿章

徐锋华 著

责任编辑	谢 焕	
责任校对	杨利军 田程雨	
出版发行	浙江大学出版社	
	（杭州市天目山路148号 邮政编码310007）	
	（网址：http://www.zjupress.com）	
排 版	浙江时代出版服务有限公司	
印 刷	杭州杭新印务有限公司	
开 本	710mm×1000mm 1/16	
印 张	18.75	
字 数	275千	
版 印 次	2017年1月第1版 2017年1月第1次印刷	
书 号	ISBN 978-7-308-16399-6	
定 价	42.00元	

序　言

熊月之

在世界各国各地千差万别的近代化（现代化）模式中，中国是在极不情愿、极不自觉的状态下，万般无奈地被逼上近代化征程的，牛不喝水强按头，是典型的被动、后发、外源型近代化国家。

1793年，英国特使马戛尔尼来华，寻求开埠通商，遭到严词峻拒。睥睨一世的乾隆皇帝，自然不会意识到，对于中国来说，这是一次历史机遇的丧失。鸦片战争以后，《南京条约》规定上海等五口通商，但是，清朝统治者仍没有全球眼光，仍没有觉解到这是中国与世界接轨的一次发展机会，压根儿没有人去规划开放事宜，没有人思考如何利用开放发展自己，而是一味敷衍，继续昏睡。直到第二次鸦片战争失败，圆明园被烧，外国公使进京，西方势力渗透到沿海、沿江各地，列强对中国经济、政治、领土等方面的侵夺空前加强，清朝统治者这才仓促应付，设总理衙门，开同文馆，办兵工厂，派留学生，开始了史称"同光新政"的近代化运动。《南京条约》签订上距马戛尔尼来华，五十年；两次鸦片战争相距，二十年。这七十年，世界科学技术有了多少令人眼花缭乱的发展，欧美世界发生了多少翻天覆地的变化！而中国，依然风动云动星不动，"年年岁岁花相似"！先师陈旭麓先生说，中国不是"走"出中世纪，而是被"轰"出中世纪。一个"轰"字，传神地摹画出中国近代化的被动状态。

中国近代化启动阶段，中央层面上，主持其事的先是恭亲王奕䜣与军机大臣文祥，稍后为醇亲王奕譞；地方层面上，实干其事的是曾国藩、左宗棠、李鸿章、沈葆桢等。在整个"同光新政"中，历时最久、经事最多、成效最著、影响最大的是李鸿章。

李鸿章一生主要干了两件大事，一是参与镇压太平军与捻军，二是实际主导"同光新政"。他生前身后，誉满天下，谤满天下，誉、谤焦点都主要集中在后者而非前者。当然，这两者也互相关联，有所交叉。

李鸿章在近代化启动阶段所干实事，无论是军事、外交，还是实业、教育诸方面，本书已有详细论列，兹不赘述。这里需要略加申述的，是李鸿章的行事特点与个人气质。

综观李鸿章在"同光新政"中的实践，以下四个特点相当明显：

一是摸索前行。李氏所办之事，无论制造枪炮、创立新学、制造铁路，还是雇佣洋人、交涉教案、谈判条约，大多史无前例，无案可援，有些甚至是突兀而来，猝不及防，如天津教案、马嘉理案。如何面对，如何办理，只能一边了解，一边思索，走一步看一步，有时甚至是进一步，停一步，想一想，再进一步。1877年，出使欧洲的郭嵩焘写信给李鸿章，说是西洋长技不只是坚船利炮，其根本在于政治体制，提醒李留心政治改革问题。1884年以后，崔国因等也提出这一问题。1891年宋恕向李鸿章提出变革政治体制、改变服饰等更加激进的主张，被李斥责一通。对于政治改革问题，李鸿章当然心知肚明，但他只是存而不论。作为一个有思想的政治家，李鸿章较之一般书斋型思想家，更多的是在理论与现实、应当与可能之间寻找连接点与平衡点。

二是侧身前进。历史给李鸿章提供的舞台并不宽敞，也不坦荡。外有列强欺凌勒逼，内有政敌倾轧攻讦，稍不留神，就会误国、病民、害己，乃至身败名裂。在聘用洋员时，他从来都是用、管兼施，既要让洋人为我所用，又要防止被洋人所制。他利用华尔、白齐文等洋人组织的洋枪队，又百计防止尾大不掉或太阿倒持。他办理任何一项洋务实业，都是一只眼睛盯着国家利益，一只眼睛防着来自政敌的冷箭。他办理招商局所遭的弹劾，修筑铁路所受的阻挠，参与《马关条约》谈判所受的屈辱、所挨的子弹，在在说明，很多时候，他能施展拳脚的空间相当有限。庚子事变中，慈禧太后一而再、再而三地诏命他北上，以纾危局，他一会儿推托老病缠身，一会儿借口情况不明，一会儿托词路途险阻，从广州而上海而北京，走走停停，停停走走，一直到局势明朗才领命行事。身处危机四伏的政治风涛中，他不能不既要左顾右盼，又要瞻前顾后。

三是屈身办事。梁启超论李鸿章，将他与霍光、王安石相比，事实上，李氏办事兼具霍氏外抗强敌、王氏内变成法之双重性质，但远没有霍、王所拥有的那么大的权限。对李来说，慈禧太后作为实质上的皇帝，是最大的权源，取得慈禧的信任比什么都重要。百般讨好慈禧本人，百计笼络慈禧身边之人，成为他政治正确的重要策略。1886年，慈禧有意训政，让奕譞面询李鸿章。对于慈禧这一违反清廷祖制的欲望，李当然清楚，但他毫不犹豫地表示赞成。据说，李鸿章每次入京觐见慈禧，照例都要给李莲英等一班太监送上三四千两银子。由此，他可以知道慈禧的喜怒哀乐，自如地投其所好。他在遗疏中称"臣受知最早，蒙恩最深"，这是实话。慈禧执政四十多年中，论信任之久、默契之深，无出李鸿章右者。但在李主导洋务新政的全部实践中，慈禧对李的信任、授权一直是相当有限的。李鸿章访欧时与俾斯麦对谈，李问为国家办事，最重要的条件是什么？俾称"首在得君。得君既专，何事不可为？"李与俾相比，在得君之专方面，差之远矣。所以，俾斯麦能成为完成德国统一伟业的旷世一相，李鸿章只能是壮志难酬的大清裱糊匠。

四是迂回前进。李鸿章对当时官场守旧积习之深、力量之大，相当了解，所以，对于必须要办、而一时又办不了的事情，便采取迂回战术，曲折前进。他深知科举制度妨碍新型文化输入，阻碍新式人才成长，非改革不可，但一时又无法废除。于是，他从19世纪60年代开始，便隔一两年就提出一次，或自己直接提出，或由其部下或其他同道提出；有时从增加教授西学的角度，有时从拓宽取士渠道的角度，目标都是变革科举制度。这样，一而再，再而三，软磨硬缠，终于在1888年，获得慈禧批准，在乡试中首开算学科，增加了以算学取士的名额。尽管当年仅取了一名，但这是科举改革中具有界标意义的事件。内地建造铁路一事，也是李鸿章等人十几年间不屈不挠地大力倡导、持续鼓吹，到1889年终于付诸实践。

中国近代化事业，是在前无古人、力量有限、人才匮乏、经费奇缺、荆棘遍地、困难重重的情况下起步的。李鸿章等人创榛辟莽，忍辱负重，摸索前行，取得相当了不起的成就。李鸿章能够成为这一事业公认的领军人物，即梁启超所说"中国近四十年第一流紧要人物"，与他个人非凡的气质是分不开的。

他思想敏锐，善于学习。60年代初，他到了上海，一经与洋人接触，便立即感受到西洋科技的厉害，并立志学习。上海广方言馆是与京师同文馆、广东同文馆差不多时候开办的，他管辖下的广方言馆，所学内容，便较其他两校更重视数学与科学技术，这是他善于学习的结果。他一经接触西医，便立即明了其远为中医所不能及的强大的医疗功能，很快在其军队中聘用西医，开办西医学校。他一旦知道日本派有军官在英国军舰上实习，便立即萌生选派军官留学欧洲的想法。他从与外国人接触的过程中，从上海与天津等地租界建设中，从出使人员及富有才华的幕僚中（如冯桂芬、郭嵩焘、薛福成、马建忠等），从已译西学书籍、已出涉及西方的报刊中，广泛地、自觉地汲取西学营养，从而成为中国同时代大官僚中国际知识最为广博、西学素养最为丰厚的一位。庚子事变留下的烂摊子，中外各方之所以不约而同、众口一词地认为只有李鸿章能够收拾，根本原因，就在于他具有其他中国官员都没有的国际视野与斡旋能力。

他不避艰险，敢于任事。办兵工厂，办招商局，办织布局，建设海军，无一不是在一无经验、二缺经费、三少人才的情况下艰难上马的。购买外国机器，聘请洋工程师，借外债，每项都有险阻，都有曲折，受骗、贪污之类事情时有发生，跑冒滴漏更是司空见惯。最惨的是上海机器织布局，好不容易建成开工，想不到由于管理不善，被一把火烧得精光。他志不为屈，从头再来。同光时代，变革有风险，守旧更安全，舆论环境相当险恶。一般圆滑官僚，多不肯担当与"洋"字沾边的事情。即使担当了，也不愿在没有先例可援的情况下当出头椽子。1878年，洋人擅自建造的吴淞铁路被清政府买下来以后，在如何处置的问题上，李鸿章与两江总督沈葆桢态度截然不同。李主张由华商集股，继续经营，沈不赞成。结果，拆下来的铁轨被送到台湾，成了废铁一堆。沈葆桢的哲学是："中国如欲振兴，则铁路之开必不能免，然不可使中国铁路开之自我。"在他那里，个人清誉高于一切。李鸿章对此扼腕叹息，说沈"徒邀取时俗称誉"。李鸿章有句名言："我辈若不破群议而为之，并世而生，后我而起者岂复有此识力？"这是自信，更是担当。李、沈之别，显现的是舍身任事与惜身避事的两种境界。

他任劳任怨，坚韧不拔。李鸿章办理洋务四十年，无一事没有争议，无一日没人咒骂。他与外国每一次交涉，签订每一款条约，都有骂声相伴而来。轻焉者指责他惑于邪说、虚糜帑项、以夷变夏，重焉者诬陷他"跋扈不臣，俨然帝制"，"洋人以利啗李鸿章，而李鸿章以利误国家"。有人甚至否认他对国家的忠诚，挑拨他与最高统治者的关系，直指北洋水师"并非中国沿海之水师，乃直隶天津之水师；非海军衙门之水师，乃李鸿章之水师"。甲午战败以后，很多人将责任推到李鸿章一人身上，说其避战自保者有之，骂其骄蹇无能者有之。最为登峰造极的是状元张謇，竟然骂李鸿章与日本内奸无异，"日之所欲，鸿章与之；日之所忌，鸿章去之"。世事任劳已难，任怨更难。任怨之中，尤数任谤为难中之难。儒家三不朽名言深入士大夫骨髓，谁不想千古留名、万世流芳！李鸿章前往日本谈判《马关条约》，谁都知道必然要留下永世骂名，但是，为了国家，还得去。如果说甲午战败，李鸿章有脱不了的干系，那么庚子事变，本非他惹的祸，且远在南粤。但是，国家有难，朝廷有命，他还是拼却老命，勉力为之。最为可贵的是，尽管已经谤满天下，但他还是心系天下。甲午以后，有人劝他就此告老还乡，息影政坛。他说："于国实有不能恝然之谊，今事败求退，更谁赖乎？"他依然勉力为国分忧，拖着老病之身，访问欧美列国。戊戌政变之后，他被逐出权力中枢，被命去勘察黄河事务。他没有怨天尤人，自暴自弃，而是顶风踏雪，兢兢业业，完成使命。他对于自己为慈禧、为朝廷所背的黑锅，从无只言抱屈，临终前在遗书中犹言："每念时局艰危，不敢自称衰病。惟冀稍延余息，重睹中兴，赍志以终，殁身难瞑。"读史至此，能不掩卷三叹！《清史稿》称他"生平以天下为己任，忍辱负重，庶不愧社稷之臣"，可谓确评。

善于学习谓之智，敢于任事谓之勇，坚韧不拔谓之毅。智、勇、毅的根基，在于他对国家与朝廷的忠贞，可谓之仁。李鸿章集仁、智、勇、毅四德于一身，所以成就了他的不世之功。中国近代化是在屡次战败、列强环伺的被动形势下起步的，有此四德，李鸿章对世界大势、近代化建设便可以由先前的茫然无知，变得有所知晓，再到相当知晓，便会在被动开放中不断摸索，变得局部主动与相对开明。在这个意义上，李鸿章主导的洋务新政逐渐展开的过程，就是中国近代化从全然自发状态进入初步自觉状态的发展过程。

梁启超批评李鸿章"不学无术"，认为李"不识国民之原理，不通世界之大势，不知政治之本原"，那实在是以他当时激进的政治心态与理想的政治理念去苛求前人。李鸿章身处那样的国际环境，那样的政治格局，那样的经济基础，那样的舆论氛围，能够取得那么大的成就，已经极其难能可贵。换成另外一个人，哪怕是他梁启超，或者乃师康有为，不见得能比李鸿章干得更好！清人魏禧有言："事后论人，局外论人，是学者大病。事后论人，每将智人说得极愚；局外论人，每将难事说得极易！"梁氏之评正是犯了魏氏之讥。看梁启超民国年间写的《〈曾文正公嘉言钞〉序》，评论的是同一类人物，已颇多历史的温情与同情的理解，而极少先前对于李鸿章的那类苛评。也许，阅历的不断丰富，特别是清末民初波谲云诡的政治现实，让他对于在中国这块土地上进行社会变革的复杂性与艰巨性，有了身历其事的体验与更为切实的理解。

综观李鸿章所思所为，检视他名下的事业，品藻他麾下的人才，可以看出，他不但有学，而且有术，学术兼具，相得益彰。其学之根基，就是传统的经世之学，经国济世以致其用。这一学问源头可以上溯到孔、孟、荀等儒家先贤以天下为己任的入世情怀，到南宋时期经吕祖谦、叶适、陈亮等将其发扬光大，形成了他们各自的流派，明清之际顾、黄、王三大家赋予其丰富的学理内涵，道咸之际的陶澍、林则徐、曾国藩等，则在践行方面使之大放异彩。李鸿章时常挂在嘴上的"讲究实际""综核名实"这八个字，其实质就是经世致用，就是强调直面现实，破除陈规，办理实事，讲究实效。李鸿章没有自觉的导师意识与系统的立言安排，没有将自己历年所思所想进行梳理、归纳、提炼与呈现，没有在理论建设方面投放很多精力，但是，绝不能就此便认为他只是做事而没有学理。只要将他那些倡导西学、力主变法的论述汇拢来看，其学理特色便相当清楚地呈现出来。至于他的术，无论是办事，还是用人，包括外交，秉持的都是忠信笃敬，即乃师曾国藩传授的一个"诚"字。虽然在有些场合，也要纵横捭阖，讨价还价；与戈登等洋人相处，也有出尔反尔、背信弃义之处，但综观其待人接物，国际交往，整体上还是以诚待人，以敬理事。他自承，办理交涉，不论英、俄、德、法，"我只捧着这个锦囊，用一个'诚'字，同他相对，果然没有差错，且有很收大效的时候"。他与俾斯麦对话，回答美国记者提问，均不避己短，襟怀坦荡。

讨论李鸿章与近代化，不能不涉及他用人与贪财这两大问题。《清史稿》称他"好以利禄驱众，志节之士多不乐为用"。这实在是只见其表象，未及其本质。洋务运动初起时，无论制造、教育、军事还是外交，均白手起家，一无依傍，既无前例可援，更无人才储备，且清议嚣张，众声喧哗，莫之敢撄。出使大臣被视若汉奸，同文馆招生没人敢考。在这种情况下，要造枪炮，开工厂，办外交，样样要人，而人才何来？只能就地取材，因陋就简。除了高薪聘请洋人之外，国人之中，买办如唐廷枢、徐润之流，留学生如容闳、马建忠等辈，自然就是难得的骏马。而那班科举正途出身的所谓"志节之士"，平常沉浸于章句小楷，所用非所学，所学非所用，对于洋务完全外行，一窍不通，诚如李鸿章所言，"无事则嗤外国之利器为奇技淫巧，以为不必学；有事则惊外国之利器为变怪神奇，以为不能学"。他们不为李鸿章等人所用，表面是不屑，实质是不懂、不能。君不见大言炎炎、牛气冲天的张佩纶，到战场上一试如何？！

说到贪财，李鸿章在世时就有此名，"宰相合肥天下瘦"，后世评价他更每每述及。升官发财，倘取之有道，那无可非议。但是，李贪财出名，敛财出格，就势必影响其事功。尽管李鸿章是否接受俄国贿赂，历史还没有定评，俄方记载可以视为片面证词，但是，俄罗斯国库的那笔"特别基金"（俗称"李鸿章基金"）之设，却是铁定的事实。俄国设此基金，其实是照客点菜，投其所好。假如李鸿章没有贪名在外，大概便不会有此一设。假如与俄国交涉的不是李鸿章，而是以廉洁著称的曾国藩或曾纪泽，大概也不会有此一设。曾国藩谥"文正"，李鸿章谥"文忠"，其间差异，是否与律己有关？但愿李鸿章确实没有拿过俄国卢布，否则，其历史地位将大打折扣。

李鸿章研究，已是成果很多、起点很高的学术领域，论文数以百计，著作数以十计。特别是前些年翁飞等安徽学者整理、出版了39卷《李鸿章全集》以后，为这一研究提供了空前丰富的资料基础，有力地推动了这一研究向纵深发展。尽管已有那么多的论著，徐锋华博士的这部作品，还是有其独特的价值。书稿全面梳理了李鸿章与近代化的关系，对于所涉政治、经济、军事、科教、外交诸方面，均条分缕析，述其背景，叙其梗概，析其得失，对于其创办洋务的心路历程，剖析尤深。锋华毕业于复旦大学，来上海社科院工作以后，在古籍整理、近代史研究方面，均用功很深，成果卓越。此前，他已出版《李鸿章与近代上海社会》，对李鸿章与上海城市的关系，进行了深入的研究，已经广泛、细致地研读过李鸿章的相关资料。在此基础上，再写李鸿章与中国近代化这一题目，便轻车熟路，收放自如。锋华天资聪颖，思想敏锐，浏览广博，视野开阔，兼之文笔清畅，因此书稿条理明晰，繁简得当，议论平允，生动可读。

锋华为皖人，李鸿章为其乡先贤。多了这一缘分，作者对传主的理解，也多了一份亲切，少了一层隔膜。这也是我当初推荐锋华从事李鸿章研究的原因之一。

2015年6月6日

熊月之教授，原上海社会科学院副院长、历史研究所所长，现为中国史学会副会长、上海历史学会会长、复旦大学上海史国际研究中心主任。

目　录

跨出中世纪，迈进大变局

中国是世界上屈指可数的文明古国之一，为人类文明的进阶做出过巨大贡献，政治、经济、军事、文化、教育都曾一度处于领先甚至达到巅峰地位。然而，或许正因为此，统治阶层长期以"宇宙中心"自居，唯我天朝独尊，不屑与边外"蛮夷"各国交往，更无意学习新知识取长补短，醺醺然故步自封于夜郎式的陶醉之中。当西方资本主义欣欣兴起的时候，中国仍是闭关锁国的传统社会状态，在突如其来的撞击之下，恍惚得竟不知身处于何等世界，一时间不由得手足无措。

1769年开始于欧洲的机器工业革命，在短短的五六十年内，不仅使英、法等国的工业生产突飞猛进，奠定了厚实的物质基础和技术基础，交通运输发生了根本性的变革，军事实力也大大增强。资本经济的飞速发展，促使幅员狭小、资源稀缺的西方列强迫切向外寻找新的原料供应基地和更大的商品销售市场，对外通商贸易就无可替代地成为当务之急。在欧美资本势力的侵略性扩张下，整个世界随之发生了巨大而深刻的变化，逐步分裂为两大政治经济体系。

从18世纪末开始，以英国为首的西方列强，用坚船利炮次第打开了亚非拉各国的大门。在这一冲击与反应的过程中，不少落后的国家都以训练新式军队、兴办近代军事工业为起点，迈出了近代化的步伐。如埃及的穆罕默德·阿里于1805年实行改革，在开罗兴建了规模较大、设备较新的兵工厂，大炮和枪支车间分别有1500名和900名工人；1829年建立了亚历山大造船厂，拥有8000名工人；1831年埃及自造的第一艘兵船下水。阿里还注重修建为军事工业服务的炼铁厂和机械铸造厂等，以保证军需供给。与此同时，埃及开办了步、骑、炮各类兵种的军事学校，聘用外国军事教官，按欧洲方式招募、训练军队。到19世纪30年代末，埃及拥有新式陆军20万、海军2万、军舰32艘，其中半数军舰是本国制造。

在埃塞俄比亚，提奥多罗二世于1855年执政后，热心倡导学习欧洲的近代科学技术，尤其重视近代武器的制造，力求通过采用西方的先进技术来改变国家的落后面貌。他锐意改革，采用欧洲的制度，建立起一支人数众多、有良好纪律的按欧洲模式装备、训练有素的正规常备军。提奥多罗二世聘请欧洲匠师和技工到埃塞俄比亚传授工艺，并派本国人充当助手制造大炮，最终造成一尊万余斤的重炮，造炮成功当天他宣称这是他一生中最快乐的日子。提奥多罗二世还改革司法、行政、宗教和税收，促进了社会政治经济的发展。

与中国一衣带水的日本，受西邻鸦片战争失败与"黑船叩关"的震动，也开始了近代军事工业的创办。1855年下半年，德川幕府就试造洋式枪炮，在长崎设立海军传习所，使用荷兰赠送的一艘小型蒸汽军舰，聘请荷兰海军士官传授近代海军学，并抽调一批幕臣、藩士参加集训。到1860年，幕府海军已经能驾驶木壳蒸汽军舰往返太平洋。1864年横须贺造船所建立，开始试造新式军舰。此外，在荷兰技师指导下建设长崎钢铁厂，1862年全部竣工。从1866年开始聘请法国工程师作指导，在横滨等地建成了小规模炼铁厂和造船厂。在明治维新之前，这一系列活动在西南各强藩都不同程度地渐次进行，并起到了明显的效果。

早期各国的这些举措无论成败，都是有益的尝试，尤其阿里改革是亚非国家实行近代化改革的先驱，对落后国家产生了很大影响，有一定的示范意义。林则徐的《四洲志》、魏源的《海国图志》和徐继畬的《瀛环志略》，对该事件都有介绍和评述，并分析了阿里改革受挫的原因。林则徐在广东海防上采取了类似阿里的做法，注意借鉴其经验教训。

近代化运动是中世纪没落以来历史发展的大趋势。在这个总的趋势下，不同国家的近代化，尽管因为国情迥异而各具特色并经历着不同的道路和发展阶段，但是，由于遭到军事侵略凌辱的相似性，军事改革和工业化过程大都是它们的最初步伐和基本内容。

1840年的鸦片战争敲响了清王朝统治的丧钟，但并没有使清廷上下彻底警醒，只有少数关注现实问题、讲求"经世致用"的开明先驱奔走呐喊、倡言改革。迷迷瞪瞪十几年后，1860年英法联军长驱直入，强迫中国签订城下之盟。偌大天朝竟然只是个空架子，不堪洋枪洋炮随意一击，尤其皇家乘舆惶然逃至承德，咸丰帝一去而不返，这使国人在精神上的创巨痛深，远比第一次鸦片战争更加严重，对当时人心影响甚大。

面对这无奈的局势，清廷内外、全国上下同感奇耻大辱，热血之士的奋发之志顿时被激起，不得不重新考虑国家民族的前途和命运。回想起魏源、冯桂芬等人经世致用的主张和学说，爱国的各级官吏和知识分子思想上出现新的转变，决意学习西方长处以趋向富强。这种新的探寻，首先是从认识世界、走向世界开始的。作为其中的一分子，李鸿章，迈出了较早的一步。

1843年，中英《南京条约》订立的第二年，正当林则徐、魏源等人摸索"师夷制夷"的救国方略时，秀才李鸿章怀抱"封侯"之心、"宏才远志"，以"不可一世之概"，赴京参加科举制度系列中的乡试，次年中举。1845年，李鸿章受知于曾国藩，"朝夕过从，求义理经世之学"，以"尊主庇民济时艰"为己任。经世致用之学被称为"实学"，意即有关国计民生之学，而西方的长技也是一门实学。李鸿章既讲求经世致用之学，自然就能以实用主义的态度对待西学，把经验奉为世事的基础，把实践看作个人应付客观环境的主观能动性措施。1847年李鸿章中进士后，在翰林院长期从事修纂工作，直到洪杨事起，他奉旨回乡帮办团练、投笔从戎，才有了干实事的机缘。

第二次鸦片战争结束后，英法侵略军虽撤出北京，但其侵略势力已由我国东南沿海伸入长江流域和华北地区；同时，国内太平天国与清王朝之间你死我活的激烈斗争仍处于胜负难分的紧张阶段。清朝统治者受到来自外国侵略势力和国内农民起义的双重威胁，力图加强自身的军事力量，建立一支新式的海陆军部队，以维护摇摇欲坠的皇权统治。

曾国藩、李鸿章等使用洋枪洋炮对付太平天国取得成功，使国人看到了外国器械精良、船坚炮利，再次有力地证明了西洋文明在某些方面的优越。同时，华尔、马格里、李泰国、赫德、威妥玛等来华外国人的一再怂恿鼓动，对清廷学习西方军事工业也起到了一定的促成作用。不过，由于清廷保守氛围浓厚，说服统治者打消深度顾虑难于上青天，只有从船炮这些显而易见的器物入手，才有渐次开展推进的可能。

因此，后来被称为"洋务派"的一些开明官吏如李鸿章、左宗棠、张之洞等，首先引进外国的军事装备和军工生产技术，开始在各通商口岸创办一系列的军事工业，沪、宁、闽、津四局是其中规模较大的局厂。随着这些军事工业的创办，原料、燃料、交通运输、通信设备等问题亟待解决。于是，从19世纪70年代开始，他们的洋务活动从军工生产向工矿交通等民用企业伸展，轮船招商局、开平矿务局、电报总局、湖北铁政局、上海机器织布局等企业就是这样创办起来的。先从军事工业开始，然后扩展到民用企业；先从重工业开始，然后扩展到轻工业，这符合中国政治军事的实际需要，也是当时的社会经济技术条件所决定的。

李鸿章提出"今日所急唯在力破成见，以讲究实际而已"，这是典型的经世致用思想的体现。他对举办洋务的态度十分坚决，认为，"处今日，喜谈洋务乃圣之时。人人怕谈厌谈，事至非张皇即鲁莽，鲜不误国。公等可不喜谈，鄙人若亦不谈，天下赖何术以支持耶？"对于兴办洋务企业，李鸿章抱着舍我其谁的信念，以上海为起点，开始了中国近代化的进程。

"外国猖獗至此，不亟亟焉求富强，中国将何以自立耶？"从1860年代初期开始，李鸿章就投身于晚清几乎所有重要的新兴洋务事业，他与一批志趣相投的同侪一起，殚精竭虑于国家革新所面临的紧迫问题。"今日御侮之资，自强之本"，在于"取外人之长技以成中国之长技"，"师彼之长，去我之短"。李鸿章和洋务派戮力推行的"自强"政策，主要是想通过直接采用西方技术，迅速增进中国内在的军事和经济能力，以消除本国叛乱和应付外国侵略。

李鸿章以敏锐眼光看出，解决中国衰弱的最快办法，在于采用西方的长处，所以，当清廷在清议者喧扰下发生动摇打算半途而废时，他也绝不轻易放弃，慨然向当权者进言，"一国法度当随时势为变迁"，而中国之所以积弱不振，"莫外乎不谙世事，墨守陈法"，"若事事必拘守成法，恐日即危弱而终无以自强"。这种努力还是非常有帮助的，赢得了掌握实权的慈禧的信任，其后，主要的几种近代企业都在李鸿章的操持下相继兴办起来。

李鸿章任职上海时对工业化的看法，在很大程度上促成江南制造局的诞生，而且指导着它的早期经营，从而揭开了中国近代化的序幕。作为中国首要的防务工业，江南制造局理所当然地居于经济和技术变革的最前列，而且敏感地涉及统治权力的再分配。保守派"一闻修造铁路、电报，痛心疾首，群起阻难，至有以见洋人机器为公愤者"。可见其风之烈和李鸿章处境之难。上海名士王韬对此抱以深切同情："盖以西法为可行者不过二三人，以西法为不可行、不必行者几乎盈廷皆是，或惧其难以持久者也。"

李鸿章不由慨叹，"堂堂华夏，积弱至此，岂一人一时所致！以中国之大而无自强自立之时，非惟可忧，抑亦可耻"。尽管敌多友少，困难重重但，李鸿章没有畏惧退缩，仍然勇往直前义无反顾地着手开展近代化建设，掀起了一个学习西方谋求富强的浩大运动——洋务运动。

接任直隶总督后，李鸿章提出："今日当务之急，莫若借法以富强。强以练兵为先，富以裕商为本。"在这个接近清廷政治中心北京的更有权势的新职位上，李鸿章继续执行和推广自强政策，在军用工业和民用企业领域履行着许多中央政府的职责，他不仅负责直隶一省，而且同时协调清王朝其他几省的洋务事业，成为一名跨地区的全局性官员。李鸿章的最终目的，仍然是盼望中国尽快臻于自强，以便能够尽早结束被外国压制的局面。

在晚清四十年的时间里，李鸿章先后创办了一系列的军事工业和民用企业，训练新式海陆军，设立新式学堂，翻译西方书籍，派遣留学生出国学习，等等。通过这些追求近代化的措施，古老的中国出现了第一批近代工业，培养了第一批近代企业家、工程技术人员、知识分子和产业工人，拥有了一支与八旗、绿营等清朝经制兵迥然不同的新式国防力量。这全副西式装备的淮军和北洋海军，以及李鸿章构建的旅顺、大连、威海卫、大沽口等地的新式炮台，为中国国防近代化打下了初步基础。无论从哪个方面来说，李鸿章作为中国近代化的奠基人和创建人是当之无愧的。

不过，清廷中央虽然支持洋务派们的工业化做法，而一旦到了实施相应的行政制度改革阶段时，则不愿其越雷池一步。因此，像江南制造局这样由李鸿章等创设的单项工程，尽管起到了一定作用，但由于缺乏通盘性的领导和指导，因而难以发挥出决定性影响。然而，当清王朝的保守士大夫们慷慨激昂地指斥修建铁路会损伤龙脉、使用机器会夺民生业的时候，日本明治政府却正在大量引进外国专家、技术和设备，由附属的蕞尔番邦一跃成为虎视眈眈的强邻。资本主义大肆扩张的严峻环境，将一张军事工业变革的时间表强加给中国，这是以江南制造总局为代表的中国近代军事工业无法应付的。

在十年左右的时间内，中国接连遭受对法、对日战争的失败，尤其是李鸿章经手签订的1895年《马关条约》、1896年《中俄密约》和1901年同八国联军签订的《辛丑条约》，使国家丧失了很多利权。李鸿章因此被爱国的人们激于义愤斥骂为"卖国贼"，其推动近代化的功绩也因之被贬低。但平心而论，李鸿章只是为情势所迫执行清廷意旨，代慈禧光绪受过，并非心甘情愿地卖国，即使换另一个人去，也不得不签，只不过罪名也会随之转移，何况其所能挽回的利权未必就比李鸿章的努力成果更多。

近代化是指人类由传统社会向现代社会过渡的各个方面综合变化的历史过程。它不仅包括经济方面的内容，也包括政治、军事、文教、思想观念等各个方面的变化。近代化的核心是工业化，因此，经济领域的变革，是一切变革的前提和原动力。一个国家或民族，无论其面积大小人口多少，随着时间的推移和历史的演进，它总是要向近代过渡的，只是迟早有别、道路不同而已。

在历史转折的重大节点，中国必须做出艰难的抉择：要么走向近代化，迎合世界潮流；要么守旧不变，自取灭亡。李鸿章为国家民族的根本着想，敢于直面残酷的现实，承认在器物技艺方面落后于西方诸国，主张学习其"长技"，使中国富强起来，以适应已经变化了的世界形势。变法自强，是李鸿章近代化纲领的主旨所在，也正是他近代化思想中的精华部分。

中国自晚清以降追求的就是近代化，取彼之长，补我所短，自强之基，莫大于是。李鸿章看到了西方资本主义世界近代文明的优越性，发出了"自强"的呼声，并采取了学习西方之长的实际措施，迈出了向西方学习的第一步。他以当时最为强大的英国为蓝本，力图格物兴国，祈望四亿华民同被近代化之益。并且，相比而言，他不仅在思想观念上比保守派进步，而且在向西方学习的深度和广度上，也给后期的洋务派做出了光辉榜样。

中国走向近代化的主要原因是为了御侮，特别是为了抵御日本。军事工业的创办有推进中国近代化的意义，洋务运动以创兴军工事业为内容，认为只要制造利炮坚船，就足以强国养军抵御外侮。随着时代进展，自强的意义日渐繁富，最终构成全面的近代化思想体系。

跨出中世纪需要非凡的识见和足够的勇气，积重难返的中华帝国一旦完全暴露在欧风美雨的涤荡之下，迎来的就是一个幻化莫测的大变局，一切都是未知数。创办洋务企业等近代化活动，必然在转变社会风气、使用机器生产、培养技术员工、介绍经营管理经验、传播科技知识等方面，为中国新的生产方式的产生和发展，准备必要的条件，并成为产生新兴阶级力量、促进政治近代化的物质基础，从而最终影响到上层建筑。

辉煌了数千年的古老中国，被列强用坚船利炮轰赶驱迫着跌出了抱残守缺的中世纪，走向近代化之路是那样的跟跄，少了应有的自信和从容，平添了揪心的曲折和辛酸。

国防第一——李鸿章与中国军事近代化

　　清王朝是以武力夺得天下的。八旗士卒浩浩荡荡地入边叩关，攻城略地所向披靡，凭借的不仅仅是人高马大铁蹄劲疾，而是因为经过历年的潜心向学和多方筹备，满族人已基本上掌握了汉族人引以为豪的先进文化，并在某种程度上取得了等同甚至超越的地位。其中比较重要的一条，就是火器的获得和使用，一开始主要来自对明军的缴获，慢慢开始仿造生产，最终完成决定性胜利。

　　清朝立国不久，康熙大帝就命令来华的耶稣会传教士南怀仁，为八旗军队铸造西式火炮，这些杀伤力较大的新式武器在镇压"三藩之乱"时起了很大作用，随后在黑龙江边界成功地抵御了沙俄的挑衅，巩固了清朝中叶一个半世纪盛世的国防。不幸的是，歌舞升平之际，统治者忽视了军事建设的与时俱进，在1840—1842年的鸦片战争中一败涂地，从此国门大开，被迫接受欧风美雨的冲击和洗礼。

一

　　禁烟英雄林则徐主政广东时，就已经购买了西洋船炮。事实上，在其之前，虎门炮台上已架设有洋炮，不过那是当地行商为保护自身利益捐建的，并非官方行为。如广东行商潘仕成雇佣洋人，建造西洋式样的两桅战舰4艘；伍敦元购买美国轮船1艘，潘绍光购买吕宋船1艘，都拨给水师。奕山作为御前大臣奉命巡粤时，行商捐建西式战舰、仿造西式兵器的力度增大，规模更加扩大，不过也只局限在一隅之地。

林则徐呼吁采用西式军械和战舰，是出于巩固国家防御体系的长远考虑，虽然没有被清廷采纳，不过，在他辖下的广东，仍有少数开明士绅私下研制仿造。著名学者魏源提出了更为具体的建议，主张在广东建立造船厂和兵工厂，雇用外国技师指导教习，生产西式战舰和军械，并学习如何驾驶使用。这些颇有远见的建议，却没有产生持久或重要的影响。

第一次鸦片战争结束后，1842年10月，奕山向道光皇帝奏报广东仿造西式战舰一艘，并提议不再建造旧式师船，经费改用于仿建西式战舰。道光帝颇为所动，命奕山将技术图纸分递沿海的福建、浙江、江苏三省，但到12月，他得知广东所造火轮尚不适用时，即下旨令"无庸雇觅洋匠制造，亦无庸购买"。1843年，广州将军耆英向道光进呈西洋新火枪，借机提出仿造之事，但道光帝认定那只能是"望洋之叹"罢了。于是，这一新举措又被无限期地停滞下来，清廷仍陷于军备不振、无力自卫的危险局面。不几年，轰轰烈烈的太平天国起义爆发了。

洪秀全率领一帮意气风发、义无反顾的起义者，从广西向东北方向挺进，很快控制了富庶的长江中游地区，于1853年定都南京，改名为天京。清军对太平军一直围追堵截，两者在对战的过程中，除了使用传统的刀枪剑箭，也都配有一定数量的自造土火器，武器种类随着战事的扩展而延伸，双方也都曾向一意牟利的西方军火商购买新式武器。

1854年4月两江总督怡良等奏称："上海逆匪向洋人买铜火药帽，自来机火枪，虽大雨亦可利用。"此时清廷的统治岌岌可危，对西式武器的态度有了很大转变，批复说："铜帽枪实为利器之最，尤利于风雨，现在军营，能否购买应用，著传知吴健彰酌量筹办。"有此明文谕令开了先例，给地方官吃了定心丸。

清廷的主要军事力量八旗和绿营，经多年养尊处优和玩物丧志的"陶冶"，已势衰而不堪一击，代之而起的是各地形形色色的团练力量，曾国藩在家乡湖南招募的湘军就是其中一支比较出色的部队。1852年，曾国藩第一次购买西式军火，而只要使用这些武器，湘军在作战时就能比较容易地取得优势，由此，曾国藩逐渐产生了尝试军工生产的想法，但苦于少有机会付诸行动。因为内地的匠役很少闻见西洋兵器轮船，更从未有建造的经验，所以常常束手无策。

作为曾氏门生的李鸿章，自从考中进士后，一直在京城翰林院优哉游哉地过着文人雅士的生活。尽管没有入阁拜相和登坛授将的希望，但身处科举体制的最高阵地，在"唯有读书高"的传统社会，翰林地位崇高受人尊敬，李鸿章也颇有一番怡然自得的美妙滋味。太平军打破了晚清王朝暗流汹涌的表面平静，也打乱了李鸿章的安宁生活。

太平天国的都城南京紧邻长江，大江南北都有清军大营的围困威胁，分别在孝陵卫和扬州，因此，太平军只能沿长江向西北或东南方向发展。太平天国诸王经过认真商议，采取了巩固长江中游的策略，同时分兵直捣清廷都城北京，这就是太平天国史上悲壮激烈的西征和北伐。后来的事实表明，这个策略是值得商榷的。

1853年9月，上海小刀会首领刘丽川率众起义，占领了上海县城并连克周边的青浦、川沙、南汇、嘉定、宝山，直到1855年2月失败。小刀会起义坚持了一年半之久，其间刘丽川主动与洪秀全联络，可惜的是没能得到太平天国的积极回应。如果太平军此时东下上海，与小刀会里应外合，利用通商为筹码争取同信耶稣的外国人支持，或许局面会为之一变。只是历史不能假设，更无法重演。

1853年2月24日，势如破竹的太平军就攻克了安徽省城安庆，并留下重兵驻守。5月，北伐的太平军路经皖北，但没做过多停留就进入河南北上，对安徽境内影响不大；西征的太平军在胡以晃率领下，以安庆为基地努力经营皖北。安徽成为太平军西征的运输要道，也是天国给养的主要来源，具有极为重要的军事和经济地位，其战略性自然引起对阵双方的高度重视。

李鸿章正是在得知老家庐州被占领的消息后，上书请缨，奉旨跟随安徽同乡、工部侍郎吕贤基回籍帮办团练，防剿太平军的。1853年3月底，李鸿章抵达庐州（今合肥），从此开始了他的军事生涯。李鸿章先后参赞驻守皖北的漕运总督周天爵和安徽巡抚李嘉端的幕府，随后作为军事指挥官接受命令独立负责具体战事，尽管文人从军难免有些力不从心，吃了几次败仗，但不久，李鸿章就凭借自己指挥的小小兵力声誉鹊起，其独特的军事才能逐渐为曾国藩所了解。

曾国藩早就奉旨在湖南老家帮办团练，采用明代戚继光抗倭遗法，组建成湘军，一直在湖南、湖北、江西一带与太平军激战，在正面承担了由太平军西征带来的大部分压力。太平天国兵锋正健，到了1856年，太平军在三个月内连破清军江北、江南大营，解除了威胁天京三年之久的军事压力，并将从武昌到镇江的长江沿岸，包括湖北东部、江西、安徽及江苏的部分地区纳入掌握。

这样一来，李鸿章的日子就不那么好过了。太平天国的后起之秀陈玉成、李秀成对安徽发动了猛烈攻势，一举攻占皖北数座府城，并围困庐州。陈、李会师后，1858年9月再次击溃江北大营，随后于11月取得三河镇大捷，攻克庐州，解安庆之围。李鸿章这时已停办团练事务，在家为父守孝，他写信向曾国藩哀叹"事势艰难极矣"，希望恩师能伸出援手，助其脱困于"面面皆贼"的危境之中。

按照曾国藩的用人要求，须有科举功名之人领兵作战他才放心，李鸿章是进士出身，又与其有师生之谊，显然很符合条件。然而曾国藩并没有马上就同意李鸿章前往效力，因为他觉得，李鸿章虽有杰出才能但傲气过甚，先得挫压一下以后才好管理，当然其中也蕴含有盼其大成以继衣钵的意思。

1859年1月，李鸿章终于如愿以偿接到曾国藩的邀请，成为曾幕中首屈一指的文案，同时也受到曾国藩各方面的熏陶。1860年春夏之交，李秀成奇袭杭州借机再次击溃江南大营，兵锋顺势而下直指上海。清廷一时慌了手脚，紧急任命曾国藩为两江总督和钦差大臣，俗语说"一人得道鸡犬升天"，曾国藩的显赫给李鸿章的发迹带来了潜在契机。

就上海方面来说，8月19日李秀成所部围攻法租界，被担心商业利益受损的英、法联军以洋枪火炮击退。李秀成认定这是误会，还不想与洋人彻底决裂，所以没有下令死战而是撤兵西去，上海城得以化险为夷。但到了1861年底，忠王大军攻克杭州后再度兵临城下时，形势就显得异常严峻了。另一方面，与协防上海形成鲜明对比的是，英法军队发动了第二次鸦片战争，在1860年9月进逼北京，咸丰吓得逃出皇城，最终以签订两份更加丧权辱国的条约来结束战争。

二

尽管外国人的主要目的只是通商，但当时晚清王朝的君臣大多不这样认为，另一方面，与太平军战争的胜负，更直接决定他们自身的生死存亡。内忧外患的双重危机，迫使清廷亟需增强国防力量。在率领湘军人马与太平天国鏖战的过程中，曾国藩逐渐发现洋枪火炮等热兵器相较于刀矛弓箭等冷兵器的作战优势，1855年他曾在江西设立了小规模兵工厂。

1860年11月23日，奕䜣、桂良、文祥在《奏俄使请教中国制炮并助攻江南代办漕米请旨遵行折》内，提到俄国愿意派匠役来中国教导制造枪炮、炸炮、水雷、地雷、火药；清廷决定选派兵丁在恰克图"认真学习制造、演放各法"。此件经廷寄转发给曾国藩等人，曾氏在复奏中说："如能将两事（指借夷助剿与代办漕米）妥为经画，无论目前资夷力以助剿、济运，以纾一时之忧；将来师夷智以造炮制船，尤可期永远之利。"

1861年1月24日，奕䜣等再次联名上奏，就法国愿出售和派匠役教导制造枪炮兵船一事，提出"倘酌雇洋匠数名，在上海制造，用以剿贼，似属可行。应请饬下曾国藩、薛焕酌量办理。外洋师船现虽无暇添制，或仿照其式，或雇用其船，以济兵船之不足，尚觉有益"。这些可能对曾国藩产生了一定启示作用。1861年9月5日，湘军攻陷太平天国的重镇、当时的安徽省省会安庆，曾国藩随即将湘军大营迁往安庆，并于秋冬之交创办了安庆内军械所。这被视为洋务运动军事工业兴起的标志。

曾国藩应上海士绅之请，同时也为了扩张湘军的收入来源，同意派李鸿章东下援沪。1862年4月，李鸿章一抵达上海，便被英法军队的战斗力所慑服，因为他们拥有令人惊叹的新式武器，在各方面都远胜于自己的淮军。为了完成保卫上海的任务，李鸿章多方设法给淮军购置西式枪炮，但军需枪炮用量很大，假如全靠向洋人购买，不仅淮军饷银无法负担，而且花费靡多委实不值。他不由感叹："但望速平此贼，讲求戎政，痛改数百年营伍陋习，我能自强，则彼族尚不至妄生觊觎，否则后患不可思议也。"

从苏州流寓上海的翰林、幕僚冯桂芬向他建议，"宜于通商各口，拨款设船炮局，聘夷人数名，招内地善运思者，从受其法以授众匠。工成，与夷制无辨者，赏给举人"。并一针见血地指出，"始则师而法之，继则比而齐之，终则驾而上之，自强之道，实在乎是"。这种观点对李鸿章产生了相当深远的影响。

身处沪滨的李鸿章敏锐地感觉到，中国的长久之患并不在这些揭竿而起的泥腿子，而是虎视眈眈的外国列强。所以他在和友人谈心时说道，"惟望速平贼氛，讲求洋器，中国但有开花大炮、轮船两样，西人即可夺魄"。但"讲求洋器"不能"专靠洋人做生活"，从1862年起，他就饬令属下开始试验，着手筹备工作。

李鸿章向清廷上奏，"目前之患在内寇，长久之患在西人"。"查西洋诸国以火器为长技。欲求制驭之方，必须尽其所长，方足夺其所恃。臣设局仿制，原为军需紧急起见，亦欲中国官弁匠役互相传习而愈精。"军情急需仍是当时第一要务，清廷统治者对此有清醒认识，应该说，在开始阶段也是相当支持的，尽管他们还并不明白这就是作为国家机器之一的军队走向近代化的发端。

11月，李鸿章在上海附近的松江开创了一个洋炮局，又叫炸弹局，命英国军医马格里主持，以制造炮弹、子弹、铜帽和手抛火药罐等军用品为主，是上海最早的洋炮局。次年，李鸿章又命韩殿甲和丁日昌各自办起了一个洋炮局，合称为"上海炸弹三局"。为此，李鸿章受到总理各国事务衙门的表扬："阁下莅沪以来，设立军火局，广觅巧匠，讲求制器以及制器之器，击锐摧坚，业已著有成效。"就从这一年开始，淮军逐渐使用自产的洋枪。

令人感到奇怪的是，鸦片战争中外来侵略的忧患没能使得晚清政府着力实施军事上的改进，而太平天国起义席卷半壁江山危及统治的焦虑，反倒迫使他们痛下决心，接受西方的坚船利炮。不难想见，"宁与外贼，不予家奴"这种想法的根深蒂固和流毒之烈，大概也是中世纪统治者对近代国家和民族观念意识淡薄的一种反映。

不过，仿造的办法无论在数量还是质量上都有点不尽如人意，眼见西方船坚炮利、铠甲鲜明地冲击而来，对于意图迎头赶上的曾、李等洋务派人士来说，这几个炮局的生产能力既不能满足与太平天国殊死斗争的紧急军需，也不能满足他们自强御侮的迫切愿望。曾国藩、李鸿章见一时半刻难以奏效，只好改弦更张。从美国耶鲁留学归来的容闳早就向曾国藩提出，中国要建设机器厂，必须首先建立"机器母厂"，即能够造机器的机器厂，用这个"母厂"制造出来的各种制造工具，来制造枪炮、农具、钟表和其他机械。这个建议对中国工业的近代化有着重大意义。

三

1863年，曾国藩派容闳赴美国，购置"制造机器之机器"，李鸿章对此极为赞同，并筹措了68000两白银作为采办经费。李鸿章在上海坚持不懈地致力于将西方军事技术引进中国，在他看来，"中国欲自强，则莫如学习外国利器；欲学习外国利器，则莫如觅制器之器"。坐镇清廷的"鬼子六"恭亲王奕䜣审时度势地认为，"自强以练兵为要，练兵又以制器为先"，有事可以御侮，无事可以示威，十分支持李鸿章的洋务创举，令其详细考察、认真探究外详各种机器的精妙所在。

这时容闳在美国尚未购置好机器，"若托洋商回国代购，路远价重，既无把握；若请派弁兵径赴外国机器厂讲求学习，其功效迟速与利弊轻重，尤非一言可决"。因此，李鸿章打算就近在海口访有洋人出售铁厂机器，确实查验议价定买，可以立时兴造，这样"进退之权既得自操，尺寸之功均获实济"。到1865年5月，恰好虹口区有一家旗记铁厂，厂主因事归国，便想将工厂转让。李鸿章授意丁日昌买下，并将原由丁日昌和韩殿甲主持的两个炸弹局并入铁厂，由此成立我国近代化史上赫赫有名的"江南制造总局"。

李鸿章觉得，"宜趁南省军威大振，洋人乐于见长之时，将外洋各种机器，实力讲求，期得尽窥其中之秘"。他在给清廷的奏折里表白心迹说，"臣于军火、机器注意数年，督饬丁日昌留心访求又数月，今办成此座铁厂，当尽其心力所能及者而为之。日省月试，不决效于旦夕；

增高继长，尤有望于方来。庶几取外人之长技，以成中国之长技，不致见绌于相形，斯可有备而无患"。李鸿章责成丁日昌负责督察筹划，并会同韩殿甲，以及素习算造的分发补用同知冯焌光、候选知县王德均、熟悉西洋军火的直隶州知州沈保靖等人，一同经理该局。不久，容闳从美国购办的100余台机器运抵上海，李鸿章将这批机器全部奏留，划入江南机器制造总局，这样，制造局大体规制基本成形。

实现军事近代化最重要的是发展军工生产。而且前敌军情紧迫，制造局也不可能按预期设想，兼及制造其他机器，仍以铸造枪炮借充军用为主。当时清廷的军队在华北平原遭到捻军的沉重打击，曾国藩受命率领士气正旺的湘军前往剿灭，李鸿章则负责坐镇后方保证军需供应。江南制造局的产品绝大多数都直接供应淮军作战前线，正因为此，在沪的外国人都更愿意称它为"江南兵工厂"。

随着新机器设备的陆续添置、人员机构相继增加，制造局厂地显得狭小不堪，而虹口区房租又高昂难支，难以扩充。李鸿章派人多方查探，在上海城南黄浦江畔一个叫高昌庙的地方找到一块没收充公的田产，可作为新厂基的一部分，而其周边比较开阔，宜于建厂，江南机器制造局遂于1867年夏全部迁建于此，即现今世博会中国船舶馆位置（江南造船厂于2008年迁往长兴岛）。新厂占地约70余亩，建有机器厂、熟铁厂、锅炉厂、枪厂、铸钢铁厂、木工厂等车间，以及库房、栈房、煤房、文案房、工务厅、中外工匠宿舍等仓房设施，规模初具，已有点像近代工业那么回事了。此后，制造局的规模逐年扩充，如工艺学堂、翻译馆、炮队营和巡警营等，都先后设立。

江南制造局产品范围日渐扩大，相继制成前膛枪、田鸡炮、开花炮、后膛枪等新式热武器，还造出一些轮船，从军事生产上结束了中国长期以来制造、使用刀矛弓箭等冷兵器的局面，开创了军事工业近代化的新阶段。江南制造局所产军械火药主要供应南北洋海防，包括沿江沿海炮台及兵轮，以及负责陆上防务的淮军，还供应内地各行省的军火，远至云贵等边远地区，其军火供应范围包括全国七八十个部门。

由于事属初创，江南机器制造局方面都受到客观条件的限制，起始阶段主要以生产轻武器为主，1868年成功地制造出前膛装填式来复枪。

1875年末，在李鸿章的建议下，以英国阿姆斯特朗公司的产品作为模型，用锻铁仿造有膛线的钢筒前装炮。1876年，经李鸿章多方联络，阿姆斯特朗公司派遣纽卡斯尔工厂监督麦金泉前来中国，进行技术指导，这样，生产海防重炮的机器和专业技术人员都具备了，制造局开始生产钢筒前装炮。

1878年，两门阿姆斯特朗式大炮在江南制造局试放成功。李鸿章对于新的生产给予全力支持，在给清廷的一份奏折中，他称赞阿姆斯特朗产品耐久可靠，并且建议由江南制造局继续生产，以用于增强沿海防务。随后，由于天津机器局的崛起，到1880年代初，江南制造总局的轻武器和弹药已不再运往华北，只有巨型大炮为北洋所需，仍继续运往李鸿章的淮军驻防营地。同时，因为这些产品有的已过时，制造局开始制造毛瑟枪子弹，以满足采用进口步枪作武器的各省需要。

江南制造总局的创设与发展，在晚清开风气之先，对于传统中国的转型意义尤其重大，因为，中国的近代工业是从武器的近代化开始的。真正的近代军事工业，又是从曾国藩、李鸿章在上海创办江南制造总局开始的。其后25年间，武器和弹药的生产变得越来越重要，全国各地共开办了21个军工局厂，较大的江南、金陵、天津三局，都与李鸿章有着密不可分的关系。

四

除了枪炮弹药的生产，制造轮船的计划也开始提上日程。徐寿、徐建寅父子受曾国藩委派前往上海，襄办江南机器制造总局，进行"驭远""操江"等兵船及船炮的研制，深得李鸿章赏识。1868年8月，上海自造的第一艘轮船下水，曾国藩在校阅江南制造局新造轮船的操演之后，十分兴奋地说：中国试造轮船"显以定中国之人心，隐以折彼族之异谋"，"渐推渐广，以为中国自强之本"。随后，李鸿章与曾国藩、马新贻等联衔奏请朝廷拨款，得到总理衙门批准，经费有了大幅增加，江南制造总局的生产规模更为扩大。

不料，由于造船计划耗费较大，遭到保守派官僚的激烈反对。李鸿章上奏详细申辩："国家诸费皆可省，惟养兵设防、练习枪炮、制造兵轮船之费万不可省。求省费则必屏除一切，国无与立，终不得强矣。……沪局轮船，皆为国家筹久远之计，岂不知费巨而效迟哉。惟以有开必先，不敢惜目前之费，以贻日后之悔。该局至今已成不可弃置之势，苟或停止则前功尽弃，后效难图，而所费之项，转成虚糜，不独贻笑外人，亦且浸长寇志。"并提出警示："若徒墨守旧章，拘牵浮议，则为之而必不成，成之而必不久，坐让洋人专利于中土，后患将何所底止耶。"

不过，李鸿章心里也清楚反对势力的强大和朝廷的难言之隐，于是主动做出让步和变通，以赢得进一步的支持。他的办法是，限制船只的建造规格，以及将江南制造总局的船只出租商用，或出租给愿意负担维修和管理费用的各省地方政府。李鸿章希望通过这些办法以减少开支，消除反对派的疑虑，保证轮船建造工作不被中断。在李鸿章的努力下，1873年，吨位较大质量较好的"海安""驭远"等兵轮成功下水，到1875年，江南制造局共造成7艘大型海军兵舰。

其后，因清政府财政拮据，经费来源越来越窄，江南制造局不堪重负，李鸿章从两局的技术设备和经营管理特点考虑，主张沪局暂停造船，而由闽局全力经营。这不仅比较符合实际情况，而且颇以大体为重，从国家民族的整体利益角度来衡量，也是值得肯定的。

于是江南制造局暂时停止制造新船，将有限的资金用于维持已经造好的轮船。到1880年底，在南洋大臣的主持下，江南制造局又恢复了造船，这次造出了一艘钢甲炮船。然而，通过多年的经验积累，此时李鸿章已非常了解造船的具体情况，认识到自造的轮船成本高而性能却仍不及欧洲。"西洋炼铁炼钢及碾卷铁板铁条等项，无一不用机器……炼工极省，炼法极精，大小方圆，色色俱备"，而中国"物料匠工多自外洋购致，是以中国造船之银倍于外洋购船之价。今急欲成军，须在外国定造为省便"。同时强调，"中国制造之法，宜渐扩充。果使所造行使之速，锋棱之利，不逊洋厂，虽需费稍多，亦可免洋人之居奇，开华匠之风气"。为了尽快组建大清国的海上军事力量，以抵御迎头赶上气焰逼人的邻国日本的潜在威胁，李鸿章暂时放弃了自造轮船计划，大型铁甲舰从外国订购，只有用于战事辅助的小型船只仍由国内制造。随后向英、德等国连续购买了17艘军舰，1888年，北洋舰队基本成军。

为了顺利施行军事近代化的计划，实现"海疆自强权舆"的宏伟目标，李鸿章悉心延揽当时精通或熟悉机器制造的"机巧之士"，为制造局培养了很多管理和技术人才，如马格里、丁日昌、郑藻如、冯焌光、沈保靖、李兴锐等等，都是李鸿章办"洋务"的得力干将。在李鸿章的总监督之下，这些近代科技和管理人才为江南制造总局的发展做出了不可磨灭的贡献。

曾、李创办的江南制造局，是当时中国规模最大的近代军事企业，它制造出中国的第一艘兵轮和第一台车床，生产出了中国第一磅近代火药和第一炉钢水，造就出了一大批近代技术工人和一部分工程技术人员。它无疑是近代中国第一家能稍与外国抗衡的工业企业，在一定程度上维护了国家和民族利益。

它采用蒸汽机作动力，以机器为劳动手段，雇佣了一批残存着封建工役制度遗痕、以商品形式出卖劳动力的产业工人。这表明旧中国出现了一种新的社会生产力。江南制造局在开展军工生产的同时，培养出近代中国第一批产业工人和技术人才，最多时达到近3000人。这些工人从军工企业中学到了先进技术，受到了近代化的熏陶和锻炼，他们走向社会后，为许多其他后起的中国近代企业所用，从而推动了中国产业经济的发展。

江南制造局这个大型洋务企业的开设，必然伴随着较大规模的投资，从而扩大了国内市场，同时由于须进口机器设备和五金配件等杂货，因而开辟了新的对外贸易交流。另一方面，生产集中带来了劳动力的急剧汇聚，对城市人口的职业分布有着不可忽视的影响，刺激城市逐步发展走向近代化。

著名历史学家陈旭麓先生如是说，"在中国，很多事情老百姓是仿效为官者的。作之君，作之师，官员不仅是政治的权威，而且是教化的楷模。……没有权威与楷模的倡率，新的东西总是难以为人接受和仿效的"。无疑，李鸿章较好地起到了权威和楷模应有的榜样作用。他胸襟开朗，不拘成法，正是创新所要求的。

从江南制造总局所拥有的技术人员和机器设备来看，它不仅是当时设备最齐全、规模最大的军用工厂，而且也初步具备了成为一个"机器母厂"的条件。然而，清朝主政者为了维护自身统治的需要，把江南制造局的生产限制在制造军火和轮船范围内，根本没有考虑到推广机器以促进中国工农业生产的近代化，因此，江南制造总局的生产潜力远没有发挥，与容闳在筹备伊始所设想的"机器母厂"还有相当大的距离。

五

与江南制造总局一样，金陵制造局也是李鸿章亲自设立的。金陵制造局前身是李鸿章在松江创办的炸弹局，1863年底，淮军克复苏州城后，为满足军情进展需要，李鸿章将松江炸弹局随迁，以原太平天国纳王郜永宽的府第为场所，改名为苏州洋炮局。马格里仍为总管，"阿思本舰队事件"发生时，他向李鸿章建议将该舰队修造军械的各项军工机器设备购买下来，以免被遣送回国而错过良机。

1864年1月，李鸿章设法买下了这批设备，交付马格里使用，使当时的苏州洋炮局规模大为扩充，雇用有外国技工四五名，中国匠人五六十名。这样，苏州洋炮局机械化水平大有提高，初步摆脱了手工操作，进入机器制作阶段。苏州局每月能制造大小炸炮千余个，所生产出的弹药等产品，仍大部供给淮军。1864年4月22日的《北华捷报》记载说，苏州洋炮局"除了炮弹、药引及自来火外，还造了几种追击炮弹，不久的将来就要有毛瑟枪和铜帽加在产品单子上了"。

太平天国失败后，活跃在中原地区的捻军成为清廷的主要威胁，于是军事舞台由长江流域北移。从上海运送武器到河南、山东等地费时耗力，而且路途遥远成本较高，南京和天津两地相对而言较为方便。另一方面，李鸿章也必须将机器局的控制权牢牢掌握在自己手里，以确保淮军武器弹药的充足供应，取得战场上的优势地位。特别是在1866年底，清廷因曾国藩剿捻策略不当而令其与李鸿章对调后，李鸿章负有直接的军事责任，必须将剿捻军需与机器局生产更加紧密地结合起来，这样，南京、天津两地的机器制造工业得到了相应发展。

1865年，李鸿章署理两江总督后，将苏州洋炮局移往南京聚宝门外，更名为金陵制造局，专为正在前线剿捻的淮军制造枪炮弹药，马氏仍为监督。1866年，金陵制造局的机器正厂竣工，共用屋80余间，分别设有铁炉房、气炉房、火炉翻砂间、翻砂模坑屋等厂房，以及住房和办公楼等。1867年，金陵制造局在报恩寺坡下增建厂房。曾国藩回任两江总督后曾去参观，并发表感想说，"观制各机器，皆火力鼓动机轮，各极工巧，其中如造洋火铜帽，锯大木如切豆腐，二者尤为神奇"。

李鸿章尽管先后调离上海、南京，但由于他与曾国藩非同一般的密切关系，以及与江苏地方官吏的长期合作，继任的官员不少都曾是他的下属或幕僚，负责技术的外国监督如马格里等人，对李鸿章的信赖显然多于其他大多数清朝官员，因此，李鸿章仍能维持对江南制造局和金陵机器局的有效控制。甚至，1873年当南洋通商大臣希望金陵机器局为自己统率的部队生产武器装备时，必须先得到李鸿章的同意才行。

到1869年，金陵制造局已能制造多种口径火炮、炮车、炮弹、子弹及各种军用品。1870年设备增加了熔铁炉和锅炉房，新建了专门生产传统火箭的车间，1872年在南京通济门外设立火药局。1879年，金陵制造局合并了乌龙山炮台机器局，规模空前扩大，拥有机器厂三家（正厂、左厂、右厂）、火箭局、火箭分局、洋药局、水雷局四局及翻砂、熟铁、炎铜、卷铜、木作各厂，形成"其熔铸锻炼，无一不需机器"的近代模式，能够生产铜炮、火帽和炮弹等。

此后，制造局的规模陆续得到扩充。1881年，时任两江总督刘坤一上奏，请求在金陵制造局内增设一个洋火药局。得到批准后，即通过洋行代购了一套日生产能力为1000磅火药的机器，并聘请外国技师设计和督造厂房。洋火药局1882年动工，1884年建成，全厂有从10到25马力的机器4台、锅炉9座、抽水机4台，高达40英尺至80英尺的烟囱8个，共花费18万两。曾国荃担任两江总督时，奏请增拨10万两白银，用于修造房屋及添购50余台制造枪炮子弹所需的机器设备。

李鸿章于1872年派马格里去欧洲购置新设备，招募更多洋匠，金陵制造局的机器设备主要购自英国，也有德国和瑞士的。在李鸿章以及随后几任两江总督的努力下，金陵制造局经过历年的扩充，成为一个拥有近千技术工人、多种生产车间、器械设备良好、开展近代化机器大生产的大型军工企业，规模仅次于江南制造总局。

中法战争期间，由于难以购买外国军火，国内的机器局生产任务更显艰巨。金陵制造局接到了大量的订单，如下所示：广东订购10尊来福钢炮，云南订购4尊后膛炮，浙江订购20尊过山炮，湖北订购5尊开花炮，江西订购10尊劈山炮和100尊前膛抬枪，台湾订购6尊后膛炮、10尊格林炮、4尊四门神炮，北洋订购6尊后膛炮。共计需大炮175尊，且须配齐炮弹火药。战事紧迫急如星火，金陵制造局加工赶造，炉火通红昼夜不息，在中日甲午战争时也是开足马力加工制造，为抵御外侮起到了应有的作用。

江南制造总局的经费多半出自淮军剿捻的军需项下，由李鸿章随时拨给，每月约1万两白银。自从1867年两成江海关洋税划定后，金陵机器局的日常经费也由江南制造总局分济，每年5万两；1879年后，又从淮军粮台年拨2万两，江南筹防局年拨3万两，加上前述共为10万两。这几项定制一直延续到清末。如此一来，金陵机器局几乎成了江南制造总局的分厂。

金陵局长期聘用马格里为洋监督，但总办一职由清廷委派，刘佐禹从松江炸弹局时期就参与其事，并由苏州坚持到南京，十分熟悉局务，担任了第一任总办。其后，依次接任的有段寿和、郭道直和吴炳祥等人。总办之下有委员和司事，协助管理，生产上则大多依靠外国技师指导。不过，在这一点上，李鸿章早有成法："雇佣洋匠，进退由我，不令领事、税务司各洋官经手，以免把持。"这种生产管理模式已具近代化的雏形。

1875年，金陵局生产的大炮在天津演放时发生爆炸，造成7名炮手死亡。这个事件揭示出在传统中国社会发展近代化工业管理问题的复杂性，使李鸿章深深意识到在重武器生产中质量监督和安全控制的必要性，马格里在机器工业初创时期确实做出过一定贡献，但作为一名随军医生他对军工生产的认识存在着技术上的致命硬伤，于是李鸿章将他调离岗位，选派能胜任的中国人接替。

后期，清廷为了节约经费，在英国技师因事回国后，遂任命华人为监督。但同时又担心其对制造技术不够谙熟，为了保证武器产品质量，就令江南制造局的外国技师每年前往南京数次，当面指授机宜，并到局中检验所制造的成品。为了促使中国工匠早日掌握西方制造技术，李鸿章主张"在华匠中留心物色，督令操习，如有技艺与洋人等者，即给以洋人工食，再能精通，则拔为匠目，以示鼓励"。这并不是空话，李鸿章言出必行，如中日甲午战争时，巧匠唐坤朋自行设计制造出新式快炮，就得到相应提拔。

金陵制造局生产期间，早晚都有汽笛的鸣声，招呼全局诸人上工下工，厂房四周有电线围绕，使厂内青年得以学习它的奥妙以及使用方法。每次汽笛一响，出入工厂的总有七八百人。这场面颇有近代工厂的意味，是当时社会万象中不可多得的一道时尚风景。

六

清廷"以天津拱卫京畿，宜就厂中机器仿造一分，以备运津，俾京营员弁就近学习，以固根本"为由，在江南制造局建立之初就饬令李鸿章制造一套生产机器运往天津，从而促成了1867年天津机器局的创设。李鸿章认为此事"隐寓防患固本之意，极为远虑深谋"，愿意在经费上予以拨济，可惜江南局本身也不很富余，天津局由于财政困难而步履维艰没有什么起色。到了1868年初，由于西捻军从山西沿太行山脉逼近北京，东捻残余也进至保定附近，京城陷入恐慌，在天津设立兵工厂的建议终于得到重视。

北洋通商大臣崇厚上奏请求从天津和烟台拨出40%的关税，充作天津机器局的开办经费，得到垂帘听政的两宫允准，从1868年2月起，天津局有了常年经费，生产步入正轨。随后，总理衙门年前委托赫德从英国购买的机器运达，江南局也提供了一部分兵工设备，天津机器局西局开始生产，不过规模十分有限，东局则两年后才竣工，但在生产能力上是后来居上。

1870年，李鸿章调任直隶总督并兼任北洋大臣，顺理成章地接管了天津机器局。他对局务进行改组，做了一些人事上的变动：撤换了东局监督密妥士，自总办以下，多引用原上海制造局的人员，又从香港招募了一批外国工匠。到1872年，天津局基本上是由李鸿章亲手挑选的人员组成，李鸿章指示新的管理人员扩充生产轻武器和弹药的设备，制造子弹、枪座、炮架、水雷等供给淮军与吉林、奉天、热河、察哈尔等省军队使用，甚至能维修和建造小型鱼雷艇。1876年开始生产林明敦式来复枪，到1870年代末，天津机器局的子弹和炮弹的产量已经超过了江南制造总局。1887年，天津机器局建成生产褐色火药的工厂，外国人办的报纸《北华捷报》对此报道说，中国将拥有世界上最大最好的火药制造厂。

1867至1900年之间，天津机器局军火的供应范围，除京津和奉天、山东等北洋各口外，还远达湖北、河南、山西、吉林、新疆等地，天津成了名副其实的"北洋军火总汇"。虽然这些军火当时并不是作为商品出售，但这种价值高昂的特殊物资的大规模异地交换，无疑增加了城市之间的货币流通，推动了所在地商品经济的发展。

除了沪、宁、津三局外，李鸿章还积极干预福州船政局的事务，闽局原是湘系左宗棠的禁脔，但1866年担任总理船政大臣的沈葆桢与李鸿章是丁未同年，关系较好。所以当沈葆桢1875年调任两江总督时，就与李鸿章商议接任人选，结果选定淮系要员丁日昌督办船政。丁升任福建巡抚后，李鸿章又推荐淮系成员吴赞诚和黎兆棠先后接任，这使得李鸿章可以继续保持对闽局的控制。直到1882年，左宗棠就任两江总督后，进行人事撤换重新掌控闽局，但1885年左氏去世，闽局又落入淮系手中。

据不完全统计，江南制造总局的开办经费共计20余万两，以后逐年扩建，到80年代上半期，拥有各种工厂10余座，干船坞2座，并附设翻译馆、操炮学堂等，建置费先后共用银约700万两。金陵制造局经10多年的经营，共有工厂10余座，用银100余万两。天津机器局先后建置东、西两局，到80年代初，先后共计用银110余万两。简单相加，这笔开支可达

900余万两。

其他洋务派经营的企业，值得一提的有福州船政局，经过不断扩建，到70年代中，闽局计有工厂11座，船台3座，舶槽1座，并附设艺局等，建厂经费达135万两。至于洋务企业规模较小的各省，到1884年为止，先后共计设置局厂20所，其设厂及扩建经费共用银770万两。

再看维持生产和行政的费用，江南制造总局约为1600万两；天津机器局，约计850万两；金陵制造局，约240万两。不难看出，仅仅沪、宁、津三大军工厂在洋务运动时期的生产、行政费用，即达2700万两左右。福州船政局排在第二位，约1540万两；而其他各省20所机器局厂的生产、行政费用，至少也有1000万两。几项相加，就有6000万两左右。这笔开支再加上各局厂的开办、扩建费用，就有7300万两。这笔巨额经费，完全统率于近代化机器生产的运转之下，李鸿章所控企业在整个军事工业体系中所占的份额显而易见。

这些近代军用机器工业以蒸汽机为动力，配置了全套的机器设备。在生产制造上则各有侧重：江南制造总局是综合性的，主要制造枪炮、弹药和轮船，兼造"制器之器"，职能较全；金陵机器局侧重于生产大炮；天津机器局着重制造弹药。这三家制造局是规模较大的近代兵工厂，与李鸿章有着密不可分的关系，此外福州船政局专造兵轮，成效最著。这种布局构成了中国近代军事工业的初期体系，其生产和发展很长时间内基本都在李鸿章的掌控之下，并大体反映出李鸿章的整体军事战略构想。

创办军事工业有促进中国近代化的意义，洋务派所推行的自强运动，以创兴机器事业为内容，以为只要制造利炮坚船就足以强国养军，抵御外侮。因此，这个自强运动的思想基础是着重于军事的革新，尤其是军事工业的创立，故而在近代化的过程中，军事工业可以算是发动机，最初成为自强运动的主干。如江南制造总局除仿制枪炮、兵轮外，从1867年开始仿造多种机器。因此，他们同时也是19世纪末中国机器工业发展的先导。

军事工业的出现，必然对财政拨款、原材料和燃料供应、运输通信等辅助手段，先进科学技术与有关设备等等提出进一步的要求。这些被要求的东西一旦被有目的地引进、创办并运转起来，就必然形成一个相互关联的更大的群体。这个群体的物质表现形态，是一系列近代工矿民用企业的进一步创办。随着时代的进展，自强的意义日渐繁富，乃至构成了中国的全面近代化。

七

曾国藩奉旨在湖湘老家帮办团练后，针对清军绿营积弊和不良习气采取了一些改进措施，以募兵制代替世兵制，选"忠义有血性"之儒生，统率"山乡农民"，用封建纲常名教来维系湘军。在军事编制上，实行以将领为中心，先选官，然后由官募勇，一方面加强各级军官的权力，提倡下级绝对服从上级，士兵绝对服从军官；另一方面，坚持私人情谊至上的原则和在规定地域募勇。湘军开了"兵归将有"的先河，改变了军队与国家的关系，对晚清军事制度是一大冲击。不过，湘军的招募、选将、营制、军律、饷章、教育、裁撤等制度，均源于明代戚继光的练兵办法，使用的武器基本上也仍为旧式，因此其近代意义并不明显。

淮军肇建时，曾国藩"为定营伍之法，器械之用，薪粮之数，悉仿湘军章程，亦用楚军营规以训练之"。淮军建立时，中国还没有近代军事工业，曾、李仍只能比照旧法加以配置，淮军正式战士中，每营使刀矛者209人，使抬枪者104人，使山枪者99人，使劈山炮者20人。刀矛为冷武器，抬枪、山枪、劈山炮虽然算热武器，但比较原始，都是旧式前装枪炮，即弹药由枪炮口装入膛内，然后以火绳引燃轰发。这些武器装填速度慢，射程短，杀伤力较小，而且笨重无比，不便机动作战，常常贻误战机。淮军配置冷、热武器各半，相间搭配，火器使用率与八旗绿营相比已有很大提高，反映出当时的社会经济发展状况。但不难看出，淮军是从地方团练改编而来，一开始也是不折不扣的旧式军队，比湘军强不了多少。

李鸿章东下上海后，看到外国军队"炮火绝精利"，同时发现"贼中专用洋枪"，特别是劲敌李秀成所部"洋枪最多"。洋枪比我国旧式枪支优越之处在于，其枪身尾部装有宝塔咀，咀上配有内装雷汞的铜火帽，另有一个鸟头击锤，一扣动扳机，击锤落下击打火帽发火，比以前用火绳点火或燧石发火更加简便好用，且不会受天气影响。另外，有的枪在管内还刻有缠绕的膛线（来复线），增大了枪的有效射程和弹头的穿透力；有的枪还配有瞄准镜，大大提高了命中率。

洋炮按炮管长短分为两种，长炸炮指加农炮，其规格多以炮弹重量来区分，有12磅、24磅、32磅等多种。12磅以下的属轻炮，多用于野战，有效射程1000米，最大射程3500米。24磅以上的为重炮，多用于攻城或装备要塞。短炸炮炮口朝天状如怒蛙，当时称"田鸡炮"，就是现在我们说的迫击炮。这种炮炮管短、口径大，发射时先呈45度角固定，用加减火药分量来定射程远近，多用于野战，也用于攻城。这些前装炮的炮弹分实心弹、榴弹、散弹等多种，弹体为圆形，表面光滑大小合膛，因榴弹对目标的破坏力和杀伤力较大，最受将士欢迎。

李鸿章考虑到使命所在和作战需要，认为淮军对付太平军，"惟有多用西洋军火以制之"。1862年6月，李鸿章到上海才刚两个月，就将韩正国所统亲兵二营改为洋枪队，可见其采用洋枪之速。随后淮军在七宝、北新泾之战中轻松获胜，就是凭借洋枪的优势，李鸿章得意地函告曾国藩，"亲兵营湘勇，枪炮队伍竟为上海诸军之冠，贼即先打此营，无怪大败。吾师闻之，应亦莞尔"。于是，李鸿章令上海各营添练洋枪小队。

11月，李鸿章"择能战之将，其小枪队悉改为洋枪队"，其中战斗力最强的程学启三营中并改出洋枪队一营，临阵时一营可抵两营之用。到次年初，淮军每营计有洋枪队28队，每队有11人持洋枪，人手1杆，加上各哨哨官护勇20杆，合计全营共有洋枪328杆，洋枪兵占全营士兵总数的71.6%。此外，每哨添配劈山炮队2队，全营共有劈山炮队10队，每队有炮4尊，全营共有劈山炮40尊，炮兵占全营士兵总数的26.2%。经此改编后，淮军的战斗力大为增强。在不到一年的短时间内，"尽改旧制，更仿夷军"，迈出了兵制近代化的一步。

八

淮军装备的更新速度相当快，以单兵武器来说，1864年6月攻打苏常时，淮军拥有的洋枪已达一万五六千支之多。郭（松林）、杨（鼎勋）、刘（士奇）、王（永胜）四军"万五千人，洋枪万余枝"，刘铭传所部七千余人，洋枪四千余支，基本完成洋枪队化。1865年11月，淮军奉命镇压捻军时，"计出省及留防陆军五万余人，约有洋枪三四万杆，铜帽月需千余万颗，粗细洋火药月需十数万斤"。剿捻结束后，淮军30多支部队8万余人已全部更换洋枪，旧式鸟枪、刀矛弓箭等全部淘汰，成为一支令人不敢轻视的强大武装力量。

"唯军实以简器为先……有兵而无器与无兵同"，这就是李鸿章对待武器的态度，不仅如此，他"闻欧美出一新器，必百方营购，以备不虞"。淮军更新装备后，手中最先进的武器是前膛枪，至于所用洋枪的型号，1874年以前以老式的林明敦和士乃得步枪为主。后膛枪是由普鲁士人1835年发明的，使用整装子弹，再不需要每次都费劲地装填火药，而且大大提高了射击速度和准确度，这种技术为武器自动化提供了前提。很快，后膛枪就大规模投产，并在欧美等国开始广泛使用。

李鸿章经常和来华的外国军官交谈，以了解欧美军事发展情况，对西方军队和武器之熟悉，并世大吏无有比肩者。1874年，他得知"各国全换后门进子枪，放速而及远，较胜数倍……"，一时既喜且忧，喜的是自己知道了新武器出现的消息，忧的是各国列强一配置完毕就会对中国产生更大威胁，于是，李鸿章从德国、美国购入大批士乃得、林明敦后膛枪。他认为"海防若有战事，则非最精之后门枪不足制胜"。日本侵袭台湾时，淮军武毅铭军赴台湾备战，李鸿章饬发士乃得后门枪560支，是淮军以后膛枪代替前膛枪之始。

大体上来看，在到上海10年左右的时间里，淮军的武器装备完成了两次更新换代。第一次是在19世纪60年代末，冷兵器换成热武器，土枪变洋枪；第二次是在1870年代后膛枪传入中国后，淮军又在全国范围内率先开始更新装备，将射程威力较小的前膛枪换为更具有杀伤力的后膛枪。装备淮军的后膛枪，主要有英国的"亨利·马梯尼""士乃德"，法国的"哈乞开司"，德国的"老毛瑟"和美国的"林明敦""黎意"等。进入19世纪80年代后，则逐步更之以经过改良完善后的李（Lee）式步枪和毛瑟枪。

19世纪90年代后，淮军还装备了少量非常先进的连发枪，这种武器借助弹簧的力量供弹，可连续多次击发，省力省时。当时进口使用的，主要有奥地利的曼利夏枪和德国的88式毛瑟枪，毛瑟枪枪管外装有防热套筒，当时称"套筒枪"。这些枪的有效射程都能达到500米，最大射程在2000米以上。甲午战争后，聂士成所部武毅军还配备了当时世界最先进的自动武器——水冷式马克沁重机关枪。

在踊跃购买之余，李鸿章知道自己掌握先进技术才是王道，因此命令各局积极仿造新式枪械。江南制造局不负所望，于1890年研制出中国最早的连发枪——快利枪，1891年正式投产，共生产出11600多支，绝大多数用于装备淮军，1901年停产。

李鸿章带领着落后的中国人奋起直追，尽管没有跟丢时代步伐，但与欧美、日本相比，军火更新的速度还是慢了半拍。另一方面，由于各省进口武器的途径方式不一，仿制出的军械型号也各式各样，不过，李鸿章觉得"似乎难过求一律"，对此没有引起足够重视，也没尝试过如何统一全国武器装备。有时由于配置纷杂，装备不统一，以致弹药不能通用，战事紧急时配发弹药偶有失误，或某一种配备不足，利器也只能视为废品，这点在甲午战争和庚子事变时都有血淋淋的教训。

九

关于近代重武器方面，1863年2月2日，李鸿章函告曾国藩说："参观英法军舰，见其大炮精纯、子药细巧、机器鲜明、队伍雄整，实非中国所能及。……深以中国军器远逊外洋为耻……若驻上海久而不能资取洋人长技，咎悔多矣。"几个月后，他致函慰勉学生潘鼎新："及是时亲督弁勇苦心学习，总要我军能自收自放，然后出而攻战，可无敌于天下，莫专靠洋人做生活也。兄于炸炮一事，坚意要学洋人，同志诸君祈勉为之。"在这两封信里，李鸿章清晰地表明了自己打算学习西方先进技术、创办中国军事工业的态度和决心。8月，李鸿章对曾国荃也表达了同样意思，"西人用大炮攻城，实为神妙，但须大小开花炮十数尊，又有放实心弹巨炮二三尊，庶高下并落，中边俱透，使其垛楼尽坍，立脚不住，然后以选锋树梯而登，万无一挫"。

1863年，在刘铭传、程学启、张遇春部中出现了开花炸炮队。最早设炮队的是李鸿章亲兵营，即张遇春的春字营，虽仅有兵员200余人，但却是淮军成立正式炮队之始，也是中国炮兵制度之发轫。3月，李鸿章向曾国藩报告："西洋炸炮，重者数万数千斤，轻者数百数十斤，战守工具，天下无敌。鸿章现雇洋人数名，分给各营教习，又募外国匠人由香港购办造炮器具，丁雨生（指丁日昌）即来监工。又托法、英提督各代购大炮数尊自本国寄来，大约年底渐集事。"随后，刘铭传、程学启等部也设立了专门的炸炮队。

李鸿章在与太平军交战一段时间后总结道："洋炮有劲旅辅之，实得奇效。嘉兴、常州城坚池深，贼尤狡悍，虽登城伤亡千数百人，究可操券。常胜军炮位三十余尊，华尔、白齐文、戈登历年凑制，皆中国所无者。"在攻城战中，洋炮起到了很大作用，帮助李鸿章迅速收复失地。

常胜军裁撤后，李鸿章将余下的洋炮交罗荣光管带，组建成新的一营炮队。到1864年6月苏常战事基本结束时，淮军已有6营开花炮队，计刘秉章1营，刘铭传1营，罗荣光1营，刘玉龙1营，余在榜1营，袁九皋1营。

在炮队的装备上，初建的淮军炮队主要配备12磅炸弹的开花炮，一年以后，到淮军进攻苏州时，即拥有108磅的炸炮，不过，这些都还是射程较短、毁灭性较小的前膛炮。后膛炮于1845年发明，70年代后传入中国，淮军先装备的是英国阿姆斯特朗式，1877年开始使用德国克虏伯式。70年代后期，江南制造局已能够仿制阿姆斯特朗山炮、快炮，供应淮军驻防各营，从80年代开始，金陵制造局也开始仿制，到甲午战争前，江南制造局共造出各种后膛炮145尊。

在向西方学习过程中，李鸿章逐渐领会到"西洋兵法以炮为主，枪为辅，煞有至理"，于是更加大力发展炮兵，从德国陆续购入克虏伯后膛4磅钢炮114尊，装备铭军、盛军及亲兵，"仿照德国营制，参酌淮军向章，量加变通"，建立新炮队19营，每营200余人，其中正勇114名，每营有钢炮6尊，每炮配置官兵24名、车2辆、马13匹。全营共有马150匹、车19辆。

这时的淮军炮营，已成为可以独立执行作战任务的炮兵部队。炮队营的建立，使淮军配置向近代军事装备体系靠近了一步。清廷能成功地平息太平天国和捻军的起义浪潮，在中法战争时之所以能取得军事上的胜利，都与淮军近代化有一定关系。1884年后，淮军所配备的后膛钢炮已达370余尊，其军事威慑力不容轻视。

淮军1864年实现了火器化，到80年代初又陆续完成了后膛枪代替前膛枪的升级换代，而此时的湘军和各省练军仍保留着相当比例的冷兵器。据已有研究表明，淮军武器装备的更新速度比湘军快将近一倍，其杀伤力指数远远高出湘军和练军1~3倍。这是由于淮军的保守性与地方色彩远较湘军淡薄，易受欧风美雨的影响，且湘军将领多为传统知识分子，而淮军将领大多出自下层社会，受封建礼教的束缚较少，不像湘军那样具有较强的文化抵抗意识。淮军近代化是包括装备、训练、建制、教育、后勤等方面的比较全面的军事近代化，连骑兵也配备洋枪。尽管也有不彻底、不完善的一面，但在当时清廷的战斗序列中，说淮军是一支最有战斗力的精锐之师，可以说一点也不为过。

1868年8月西捻军失败后，淮军驻扎的地区大致在山东运河沿线、江苏徐州与湖北武汉及长江下游等地，其总兵力由剿捻末期的8万多人减至3万多人，兵员精减。李鸿章调任直隶总督后，作为当时中国装备最精良的部队，淮军担负着卫护京畿的任务。但在中法战争后，淮军武器设备的更新速度则比较缓慢，战斗力也日趋衰弱。

80年代后期，李鸿章全力组建北洋海军，但财力上本就捉襟见肘，仅海军自身就已不足，更遑论兼顾陆军的经费给养。另一方面，自李鸿章以下的淮军各级将领，在和平时期放纵兵士养成骄横惰逸、玩物丧志的不良习气，军纪废弛，暮气日深，最终导致淮军在甲午战争时整体崩溃。尽管如此，淮军仍不失为中国军队走向近代化过程中的里程碑。

淮军的特殊地位，对当时和其后的军事改革产生了深远的影响。直隶练军的装备就是仿效淮军进行了大规模的改良，北洋新军的编练也在很大程度上吸取了淮军鸟枪换炮的经验教训，部分军队更是在原淮军体系的基础上编成。所以说，淮军是由落后的清朝经制兵过渡到完全近代化的新军的重要环节，其率先进行的装备更新开了近代军队改革的先河。

十

李鸿章以孤军一旅深入军事绝地上海，为生存求发展，他"不惜重资，购求洋匠，设局派人学制，源源济用。各营得此利器，足以摧坚破垒，所向克捷，大江以南逐次廓清，功效之速，无有过于是也"。这是湘淮军参用西洋火器产生的军事奇迹，然而，向外国购器很难，仿制也需过程，更何况只得其表而不得其里，终属竹篮打水。

与其他洋务派不同，李鸿章并没有简单地停留在"奇技淫巧"的器物之上，而是看到了更深层次的东西。他认为，制器与练兵相为表里，练兵而不得其器，则兵为无用；制器而不得其人，则器必无成。西洋军火日新月异，中国若不认真取法，终无由以自强。进而李鸿章发出了警示性的呼吁，"若不及早自强，变易兵制，讲求军实，仍循数百年绿营相沿旧规，厝火积薪，可危实甚"。

李鸿章向清廷提出了"变易兵制"的主张，要求对清军的编制、装备和训练等方面进行改革。1864年，他主张对占清军多数的绿营进行整顿，还要求"屏逐"艇船、师船，仿立船厂，购求器械，先制夹板火轮，次及巨炮兵轮，建立一支能守卫海口的水师。他说："兵制关立国之根基，驭夷之枢纽。今昔情势不同，岂可狃于祖宗之成法？"但是，清政府和清军内部所积恶习已深，很难推行军事改革。

淮军驻沪不久，英国海军司令何伯、法国海军司令卜罗德都主动向中方提出代为训练。开始李鸿章担心部队经过其训练后会受挟制，不愿把自己倚为干城的淮军交给外国人训练，因此只用前巡抚薛焕的旧部防军1000余名敷衍搪塞，交英国军官带到松江九亩地训练；后又拨出当地练勇600名，交法国军官庞发在徐家汇、高昌庙一带训练。但他很快就认识到，"洋枪实为利器，和（春）张（国梁）营中虽有此物，而未操练队伍，故不中用"。因此李鸿章的态度发生了急剧转变，不过，他再三考虑，与其拨兵交洋人代练，不如雇请洋教习来军中训练更主动。

1862年底，淮军铭字营最早自行聘用法国军官为教习，从1863年起，李鸿章正式命令各营雇请外国人为教习，先后有金思立、毕乃尔、马格里、吕嘉、陆国费等20多位英、法国军官加入淮军充任教练，使士兵学会熟练使用洋枪炮，以及构筑工事、作战阵法等。这样，淮军无论是武器、装备，还是编制、训练，都开始实行近代化。

自此以后，李鸿章"闻外国有一器新出，一法新变，未曾不探求而写放之，以训练将卒"。由于洋人操练的口令都用外语，中国士兵无法听令执行，无奈之下，铭、鼎、庆、盛各营请人将口令翻译并刊刻成小册。到1878年，各营采用江南制造局及天津行营制造局所译的版本，如此全军才统一口令。

除了由分散在各营的洋教习随营教练外，淮军攻占苏州、解散常胜军之后，李鸿章接受戈登的建议，在上海郊区凤凰山设立训练营地，拨淮军两营1300名和"常胜军"裁撤余部一起集中训练。戈登回国后由英国军官杰布（也有译作"质贝"）接手训练，李鸿章派潘鼎新负责营务。训练的内容，有阵法、号角、口令及枪炮施放之法等等。外国教官只负责教练操演，并无军事指挥权。中方官吏监督训练营的基本管理，淮军军官充任统领或营官，以关税收入维持日常训练。凤凰山所训练出的军队在李鸿章北上剿捻时起到了作用，该项目持续了几年后，于1879年停止。

当时清廷军事体制中，绿营兵到70年代仍有60多万，使用的武器基本上仍是刀矛弓箭和抬枪鸟枪，而且内部腐朽不堪，战斗力极差。1870年天津教案发生后，李鸿章趁机建议改革军事，他说："战守无具不可以和，允为古今御侮长策，平日不求武备，临事能无张皇，中国旗绿营兵及向用军器不足以制发捻，自为外人所轻。"李鸿章认为："必须尽裁疲弱，厚给粮饷，废弃弓箭，专精火器，革去分汛，化散为整，选用能将，勤操苦练，然后绿营可恃。"但清廷并没有采纳，仍旧浑浑噩噩。

随着形势发展，李鸿章更加清醒地认识到，"但用旗绿弓箭刀矛抬鸟枪旧法，断不足以制洋人，并不足以灭土寇"，明确指出裁军办法，"凡绿营额兵，疲弱勇营，酌加裁减，其饷即加新练之队"。1874年，李鸿章再次发出"变兵制"的呼吁，指出："不安兵制，窃谓继今以往，营伍竟无用处。今举朝无不以复旧制为言，于兵事亦仍旧章，是促之危亡耳。"

由于湘淮军并不被清廷视为正规军，未能纳入"经制军"体系之中，而是各省督抚分操其权，不相统属，不但不能成为统一的近代国防力量，反而逐渐演化为地方分权势力的工具。这一点，李鸿章倒是看得非常清楚，在1874年上奏中指出，这种军事体制"畛域分则情形易隔，号令歧则将士难从"。同样没有引起清廷重视。

十一

李鸿章很重视对淮军进行近代化的军事教育。他认为，"中国军营，自同治初年以后购用西洋枪炮，雇觅洋弁教习，究得其粗，而未及其精。目今各国环伺，争强竞胜，我必须讲求兵法，以图自立"。当时世界诸强中，德国陆军枪炮操法最为擅长，水师铁甲兵船亦日新月异，与英相埒。李鸿章于1873年曾委托德国克虏伯炮局，请代雇其国军官李励协到天津教习炮队。1876年，李鸿章选派查连标、王得胜、刘芳圃等7名青年军官赴德国深造，学习军械技艺，"师彼长技，助我军谋"。其中三人于1879年学成归国，王得胜因体弱及改学专业诸因素1882年才回国，李鸿章于亲兵营选拔一哨兵弁交其训练，并令德国军官汉纳根随时察看，督率讲究，颇有成效。

中法战争期间，李鸿章又从德国聘请一批军官来华教练淮军，先到的李宝等人奉命检阅驻防在天津小站的淮军盛字营，"炮队三营步伐止齐，似尚许可"，"至所演洋枪（队），经该员阅视，据称现在德新式微有不同……似大同小异，俟德弁到后，稍事变通，无不合度"。
不久，德员康腊克等到营，每营拨弁勇12名，交其教操，因操规无须大加更改，不过七八天就已熟练。"窥该洋弁之意，亦知卑军习操已非一朝。不过量为指授，以完教习之责。"由此可见，淮军盛字营的操法离德国陆军新式操法已非常接近。

李鸿章对近代兵制改革的另一贡献，是将淮军中的长夫发展成为一个新的兵种——工兵。长夫原用于为淮军正规士兵提供服务，协助作战，在平洪剿捻时出力不少。战争结束，淮军驻防各地后，有不少人觉得"长夫为征兵而设，防军可以不用"，户部为减少开支也"奏请裁撤"。

李鸿章则表示了不同看法："臣等所部各军皆分扎滨江沿海要地，各有修筑洋式炮台营垒及疏河垫道工程，防所距城市或数十里，或百数十里，且多孤悬海外，所需木石料物薪粮子药，均须隔海搬运，动资长夫之力。昔年行队坐营皆用土枪炮，尚须多夫帮运，近年因备外患，所操枪炮全系西洋精利之器，即如鸿章所部淮军，现领用后门枪二万余枝，后门大小炮共三石七十余尊……各炮台大炮每尊重者数万斤，开花子母实心各弹重者至五六百磅，非数百人不能运一炮，非数十人不能举一弹，较从前所用增至数十倍。凡操后门炮，自炮目至勇丁皆有应管之物，应做之事，缺一不可。弁勇既须亲操畚锸帮做土工，而练习枪炮口令准头又不能一日间断，实与正兵劳苦无异。其间粗重杂役甚多，若长夫太少，运用不敷，必致有器与无器等。西洋营制每军另有做工运物之人，名曰工兵队。工兵即长夫也，用以筑台浚濠修路及一切力作，而使正兵专练枪炮，各国若欲强兵，断无用兵而不用夫之理。"

在李鸿章的坚决抗争下，长夫得以保存下来，到19世纪80年代发展成近代军事意义上的工兵。淮军有了新的兵种，在建制齐全上向着军事制度近代化又迈进了一步。

十二

面对西方列强的海上入侵，清廷中的有识之士被激发出危机感，作为钦差大臣节制广东水师的林则徐就深深感到，没有海军和陆军的配合是无法与之抗衡的。因此，他加紧按西法制炮造船，先从美国人手中购买了一艘1080吨的英制商船"剑桥"号，改造成一艘战舰。1840年春，他又在广东仿照欧洲船舰式样，制造战船。林则徐还从西人手中购买了两艘25吨的帆船和一只划艇，准备组成一支海军，以抵御外国的侵入。

在京城内，宋晋于1856年上奏《请饬护送海运轮船入江剿贼疏》，主张租用轮船对付太平军，"火轮船转动迅速，炮械坚利，水面攻剿，较之红单船尤为迅猛，是以盗踪均望而畏避……则可解江南之急"。清廷肯定其"所奏不为无见"，决定动用火轮船镇压太平军，"如能添购数只，较之大号轮船，行驶更当便捷。著怡良等妥速会商……应需经费，并著该督抚等妥为筹划"。然而，雇佣的外国轮船虽有一定战斗力，却终究只听命于其本国政府，使清廷感到事权不属颇为掣肘，实有买舰自办的必要。

曾国藩在1860年也上书清廷提出，如要攻取苏州、常州、金陵，非有3支配备轮船的水师，否则不能得手，并计划由江北自行造船，以便就近攻取金陵。"购买外国船炮，近以剿办发逆，远可巡哨重洋，实为长驾远驭第一要务。"在攻占安庆后，曾国藩即设立军械所，将此想法付诸实施。第一次掌握地方军政大权的李鸿章也很快察觉到中外在器物上的最大差距所在，并尖锐地指出，讲求"戎政"和"洋器"为当务之急。

由于对此比较生疏，清廷将购买船炮之事委托给海关总税务司李泰国办理，前后三次共拨出80万两白银，打算购买中号兵船3艘、小号兵船4艘。不料，李泰国为人卑鄙猥琐，欺负中国人不懂行情物价，居然趁机大捞油水、中饱私囊，在船价之外又另向清廷索要了27万两经费。更令人无法容忍的是，李泰国擅自招募英国军官、水手600多人，并滥用权力，以清政府代表身份与英国皇家海军上校阿思本私立合同，内容包括：清廷必须任命阿思本为舰队司令，管辖调度所有外国舰只；阿思本只接受清朝皇帝谕旨，且须由李泰国转达，否则可不遵行；李泰国对皇帝的命令有权加以选择，可以拒绝接受。这种做法，实际上是妄图像占据中国海关那样，把中国海军牢牢地控制在英国人手里，居心可谓险恶之极。

清廷得知此事后，朝野大哗，经反复交涉双方意见仍难以达成一致，清廷只好支付高额的遣散费，令阿思本将舰队驶回英国变卖，清廷总计损失了约90万两白银。阿思本舰队的闹剧，迫使清廷转向自行设厂造船筹建海军之路。但是，这事并非如洋务派想象得那么容易，曾国藩、左宗棠仿造轮船的尝试先后失败，这使他们认识到必须采用机器生产和借重外国技术人员，于是李鸿章在东下上海后，就开始了洋务事业的兴办。

1866年福州船政局成立，制造兵轮，即为捍卫海疆起见。1868年7月23日，江南制造局第一号轮船竣工，曾国藩命名为"恬吉"号，意取"四海波恬，厂务安吉"，明显蕴含着抵御外侵保卫海疆的寓意。在加紧学习仿造的过程中，清廷从国外购买了大概10艘小兵轮，但吨位小且装备陈旧，散处各地难以成军，根本没有防御外来海上侵略的能力。当然，这与清廷统治者对海防不够重视有很大关系。

针对当时的国内外政治局势，李鸿章认为，历代备边多在西北，其强弱之势、客主之形皆适相埒，且犹有中外界限。今则东南海疆万余里，各国通商传教，来往自如，麇集京师及各省腹地，阳托和好之名，阴怀吞噬之计，一国生事，诸国构煽，实为数千年未有之变局。轮船电报之速，瞬息千里；军器机事之精，工力百倍；炮弹所到，无坚不摧，水陆关隘，不足限制，又为数千年来未有之强敌。

两次鸦片战争都是由于海防失利，从当时中国的政治经济现状和地理形势上考虑，沿海防务确实比西北备边更为重要和紧急。迫于时局，为防止列强"觇我要害，制我命脉"，李鸿章要求先全力加强海防。因此，他建议道，"海口各项艇船师船概行屏逐，仿立外国船厂，购求西人机器，先制夹板火轮，次及巨炮兵船，然后水路可恃"。可以看出，李鸿章是在为海防的近代化未雨绸缪。

十三

当本国的机器制造业获得初步发展后，时任湖广总督的李鸿章和淮系得力干将、江苏布政使丁日昌正式提出海防措施、建立新式海军，其构想相对其他清廷大吏所提出的而言是比较系统和完整的。1867年12月29日，李鸿章在丁日昌的建议下，向清廷上奏辨析利害："自海氛构衅，中国水师无能御敌，是不独师船不及轮船、夹板火轮，即沿海炮台亦呆而无用，沿海兵制亦散而无统，是以洋人游弋海上，厚集其势，由一路伺隙进攻，而中国必须处处设防，不能互为援应，正犯兵家备多力分之忌，此其所以不胜也。"所以，他提出"创建轮船水师，分为三阃"的设想，主张把中国近海水域分为北洋、中洋、南洋，分别设立"三洋"水师，"无事则出洋梭巡，以习劳苦，以娴港汊，以捕海盗；有事则一路为正兵，两路为奇兵，飞驰援应，如常山蛇首尾交至，则藩篱之势成"。李鸿章认为丁日昌的想法"是远大之谋"，应"酌量缓急轻重，次第设施，于时局当有裨益"，并将丁起草的《创建轮船水师》条款附呈在奏议后，作为一种积极的示意，希望得到清廷统治者的允准。

遗憾的是，此意见并没有引起清廷重视，一拖又是好几年。李鸿章感到焦急而无奈，"外洋以商贾为重，中国以耕读为重，是固人人皆知。然而，不重商贾可也，军事亦可不重乎？……方今环球诸国，各治甲兵，唯力是视……"尤其是在与东邻日本的飞速发展相较之下，更令人忧心如焚，1870年他扼腕叹息道："日本海隅小邦，与西洋通商甫数年，水陆兵制与枪炮利器事事募仿泰西，且严禁天主教、鸦片烟。强邻四逼，而不及时奋发，其何能支！"担心落后的中国会受到越来越多的欺辱，却不能奋起直追以抵御外侮。

清廷的顽固保守派对此不仅熟视无睹无动于衷，甚而叫嚣着反对兴办洋务、要裁撤造船。李鸿章在给曾国藩的信中颇为愤懑地说："兴造轮船兵船，实为自强之一策。惟中国政体官与民、内与外均难合一……及今吾师与左公尚存，异议已多，再数十年后更当如何？"他担心保守势力过于强大，会将初见端倪的洋务事业扼杀在摇篮之中。在反对撤销造船计划的奏折中，他进一步指出："日本小国耳，近与西洋通商，添设铁厂，多造轮船，变用西洋军器……方欲自保而逼视我中国，中国可不自为计乎？"1872年，又有人主张裁撤福州船政局，李鸿章坚决反对，并建议"裁撤各省内外红单拖缯艇船，而配以自造兵轮船，即以艇船修造养兵之费，抵给轮船月费"，以此办法借机逐渐发展近代化的水师。

到1874年春，日本"铁甲船"侵踞台湾，清廷才顿感海防乏力，丁日昌趁机再提"北东南三洋联为一气"的建议，清廷遂令沿海各省就此议奏。在全国范围的海防大讨论中，李鸿章的看法是，中国"财用极绌，人所共知，欲图振作，必统天下全局通盘合筹，而后定计"；而论"中国目前力量实不及专顾西域，师老财痛，尤虑别生他变"，如果"既备东南万里之海疆，又备西北万里之饷运，有不困穷颠蹶者哉""况新疆不复，于肢体之元气无伤，海疆不防，则腹心之大患愈棘。"因此李鸿章主张："出塞及尚未出塞各军似须略加核减，可撤则撤，可停则停，其停撤之饷即匀作海防之饷。"

12月10日，李鸿章上《筹议海防折》，再次主张三洋防务，并提出了10年之内创建北、东、南三洋水师的宏伟规划。他建议"北洋宜分驻烟台、旅顺口一带，东洋宜分驻长江外口，南洋宜分驻厦门、虎门"，各配两艘铁甲大船，一处有事，六船联络。并补充分析说："敌从海道内犯、自须亟练水师，惟各国皆系岛国，以水为家，船炮精练已久，非中国水师所能骤及。中土陆多于水，仍以陆军为立国根基。若陆军训练得力，敌兵登岸后尚可鏖战。"这说明，李鸿章并没有因发展海军就对陆军有所轻忽，而是有着海陆接力的战略考虑，尽管这与现代海陆空联动作战的整体战略相比尚有距离，但体现出李鸿章对近代国防的一种积极思考。

十四

经全国讨论议奏后，清廷终于下定了决心。1875年5月30日，清廷颁发《著李鸿章沈葆桢分别督办南北洋海防谕》，决定由直隶总督李鸿章和两江总督沈葆桢负责督办北洋、南洋海防事宜，着手近代海军的创建，"三洋"计划正式开始实施。李鸿章在谢恩折里表示，将择其最要者，不动声色，先行试办。1879年7月29日，清廷再次颁发上谕，著李鸿章、沈葆桢刻意讲求海防，但不久沈葆桢病逝，海军之规划即由李鸿章一人操持。李鸿章在天津设立水师营务处，专办海军事务，以道员马建忠负责日常工作。

督办海防、筹建水师，在当时是破天荒的创举，既然清廷信赖委以重任，李鸿章当然不能掉以轻心，他认为："今议海防，则必鉴前辙，揣敌情，其防之之法，大要分为两端，一为守定不动之法，如口内炮台壁垒格外坚固，须能抵御敌船大炮之弹，而炮台所用炮位须能击破铁甲船，又必有守口巨炮铁船设法阻挡，水路并藏伏水雷等器；一为挪移泛应之法，如兵船与陆军多而且精，随时游击，可以防敌兵沿海登岸，是外海水师铁甲船与守口大炮铁船皆断不可少之物。"将口岸防御和游击策应有效结合，需要配备相应的军事设施才能做到。

李鸿章经过缜密考虑，决定在旅顺、大沽、威海卫3处建立海军基地，以形成犄角，互为声援。1880年他派县令陆尔发及德国退役工兵少校汉纳根到旅顺修建炮台，翌年6月，旅顺黄金山第一座炮台竣工，水雷鱼雷营设立。1884年，李鸿章向清廷剖析军事地理："渤海大势，京师以天津为门户，天津以旅顺、烟台为锁钥。"其重要性不言而喻，而"综览北洋海岸，水师扼要之所，惟旅顺口、威海卫两处，进可以战，退可以守"。这两地自然成为李鸿章的首选，威海1883年设立了水师机器厂，旅顺口炮台1885年初步建成，其他各项也在逐步推进。

"从来兵合则强，分则弱，中国边防、海防万余里，若处处设备，非特无此饷力，亦且无此办法。"但是，由于清廷没有足够财力实行三洋并举，只能"先于北洋创设水师一军，俟力渐充，由一化三"。这也便于身在直隶的李鸿章运作，先创建北洋水师。不过由本国船厂制造舰船显然来不及，质量也难以与列强匹敌，"今急欲成军，须在外国定造为省便，但不可转托洋商误买旧船，徒糜巨款"。于是，在争论了多年之后，1879年，清廷向英国订造了两艘撞击巡洋舰"扬威"号、"超勇"号。1880年，清廷决定由李鸿章函令驻德公使李凤苞，向德国伏尔铿厂订造两艘铁甲舰，1885年铸成后驶抵中国，分别定名为"定远""镇远"。

从迅速加强国防力量以济急需的角度着眼，主张花费巨款购买当时最先进的铁甲舰，非但无可厚非，反倒可说是独具胆识与魄力。在李鸿章的积极建言下，清廷不惜重金，共向国外定购了15艘兵船。1880年，李鸿章在天津创设水师学堂，请严复赴津充任教习，并聘英国人葛雷森为北洋海军第一任总教习。1881年12月2日，李鸿章奏保丁汝昌堪任水师提督，统领北洋水师。并奏报续选派闽厂学生十名出洋肄业，以储人才。1883年7月25日，李鸿章致函总理衙门，认为铁舰、铁道才是真实声威，祈主持大计。他还下令修建大沽船坞，为舰船提供修理维护基地。为了中国近代海军的诞生，可以说李鸿章殚精竭虑，在各个层面都付出了一系列艰辛努力。

1884年3月10日，李鸿章致函总理衙门，建议成立海军部，统筹海军建设。"查泰西各国外部海部并设衙门于都城，海部体制与他部相埒，一切兵权饷权与用人之权悉以畀之，不使他部得掣其肘。其海部大臣无不兼赞枢密者，令由中出，事无旁扰。……鄙见外患如此其亟，必须变通，应请径设海部，由钧署（总理衙门）兼辖，暂可不必另建衙门，凡有兴革损益，筹饷用人，诸事悉听尊处主持。"

在讨论这个问题时，李鸿章称赞"日本讲求水师二十余年，虽船只无多，西人咸称其规模粗具，操练有法"，并说日本与德国一样，"皆以分年筹款逐渐添船为经世根本，中国甫经开办，极应仿照可大可久之谋"。他提议仿照日本的办法发展中国新式海军，还把翻译馆所译的《德国海部述略》《日本海军说略》译本送给总理衙门，呈备采择参考。

经过一段时间的酝酿，尤其是中法战争期间初建的福建水师遭到毁灭性打击，南洋水师也因受损而不振，迫使清廷不得不"惩前毖后，自以大治水师为主"。为收回军权统一指挥，清廷决定设立海军事务衙门，慈禧下旨，"著派醇亲王总理海军事务。所有沿海水师、悉归节制调遣。并派庆郡王奕劻、大学士直隶总督李鸿章会同办理。正红旗汉军都统善庆、兵部右侍郎曾纪泽帮同办理。现当北洋练军伊始，即著李鸿

章专司其事"。在这个充满皇室贵胄气息的海军事务衙门里，醇亲王奕
譞和庆郡王奕劻的挂名显然是为控制监督起见，帮同办理的善庆和曾纪
泽自然唯李鸿章马首是瞻。因此，李鸿章虽然只充当会办大臣，却是干
实事、负实际责任的人。

北洋海军组建中的大量具体工作是由李鸿章主持经手的。1885年
10月12日，"总理海军事务衙门"成立，统率全国海军，"举凡造船、
购器、选将、练兵"，均"由该衙门主持考核，次第办理"，并兼管兴
办铁路等工程。李鸿章主持了《北洋海军章程》的制定，这是中国海军
建设在制度上走向规范化的标志，北洋海军迈入了从初建到成军的新
阶段。

李鸿章利用海军衙门整顿海防的名义，排除各种干扰，大力开展北
洋海军建设，将其逐步推向顶峰。为了北洋海军的生存和发展，他函商
沿江沿海督抚筹银260万两，"专备购舰、设防一切要务"，各督抚支
持李鸿章开海防捐，来保证海军建设。终于，舰队在1888年12月17日建
成，总计大小舰艇近50艘，吨位约5万吨，用于作战的有20余艘。以丁汝
昌为北洋海军提督，林泰曾为左翼总兵，刘步蟾为右翼总兵，北洋舰队
正式成立。至此，清政府总算有了一支近代化的海军队伍。

在相关配套设施上，1890年底，旅顺船坞工程竣工，规模宏阔，为
全国坞澳之冠。在旅顺口东西两岸设置有陆路炮台和海岸炮台，还修筑
大连湾炮台，以作前后卫护。1888年到1891年，威海卫各海岸炮台陆续
建成，威海卫成为北洋海军的一个基地。经过李鸿章的苦心营建，旅顺
口和威海卫遥相呼应，已然为渤海之锁钥、天津之门户。此外，刘公岛
的海军公所、铁码头、船坞、弹药库、鱼雷营相继竣工，并在岛上扩建
了机器厂和屯煤场，刘公岛成了北洋海军的大本营，海军提督即驻节于
此。李鸿章对舰队与岛岸的后勤调度，海军与陆军的作战配合，都作了
相应规定。

北洋舰队1888年正式成军，1891年初具规模。李鸿章对此成就感到
比较满意，"海军一支，规模略具。将领频年训练，远涉重洋，并能
衽席风涛，熟精技术。陆路各军，勤苦工操，历久不懈。新筑台垒，凿
山填海，兴作万难，悉资兵力。旅顺威海，添设学堂，诸生造诣，多

有成就。各局仿造西洋棉花药、栗色药、后膛炮、连珠炮、各种大小子弹，计敷各舰操习之需，实为前此中国所未有。综核海军战备，尚能日新月异；目前限于饷力，未能扩充；但就渤海门户而论，已有深固不摇之势"。

身为会办大臣的李鸿章运筹帷幄，广购战舰，建设威海卫、旅顺口海军基地，拟定《北洋海军章程》，训以新式操法，中国近代史上最强大的北洋海军就在他的手上聚沙成塔般地逐渐建立起来，委实不易。李鸿章不愧为近代中国早期军事改革的主要推动者，对晚清的军事改革和国防建设做出了杰出贡献。

十五

早在轮船招商局筹建之初，李鸿章奏请从军事经费中拨借铜钱20万缗，作为官借资本。他向清廷表示："西洋富强之策，商务与船政互相表里，以兵船之力卫商船，必先以商船之税养兵船。"招商局建立数年，先后拨还各行省官本白银190万两，李鸿章就从中提拨百万，订造铁甲兵船。其后，招商局每年拨6万两，为北洋添造兵船，成为舰队一个重要的经费来源。李鸿章还说："海防非有轮船不能逐渐布置，必须劝民自置，无事时可运官粮客货，有事时装载援兵军火，借纾商民之困，而作自强之气。"在历次对外战争或军事冲突中，招商局帮助运送士兵武器，出力不少。

与近代化战争相配套的，是先进的通信设施和便捷的交通运输。对起步较晚的中国来说，"倘遇用兵之际，彼等外国军信速于中国，利害已判若径庭，其铁甲等项兵船，在海洋日行千里，势必声东击西，莫可测度，全赖军报神速，相机调援，是电报实为防务必需之物"。李鸿章奏请设立电报和铁路，"有事之际，军情瞬息变更，倘如西国办法有电线通报，径达各处海边，可以一刻千里，有内地火车铁路屯兵于旁，闻警驰援，可以一日千数百里，则统帅尚不至于误事"。"如欲合沿海各省逐处皆屯重兵，即使财富所入足资供给，设敌以偏师相扰，我即须全力因应，长年不休，何以堪此。有铁路则运兵神速，畛域无分，兵饷煤械，不虞缺乏，主灵而客钝，守易而攻难。"

为打消清廷顾虑，李鸿章解释说："臣等创兴铁路本意，不在效法外洋到处皆设，而专主利于用兵。""苟有铁路以利师行，则虽滇、黔、甘、陇之远，不过十日可达。十八省防守之旅，皆可为游击之师。将来裁兵节饷，并成劲旅，一呼可集，声势联络，一兵能抵十兵之用……"正是由于军事上的实际需要，才促使清廷下定决心兴办铁路、电报等近代化事业，而这些有利条件的出现，为李鸿章的军事构想打造出更美妙的憧憬，与早期所谓偏重海防、轻视塞防的议论相比，已无异于天壤之别。

李鸿章认为，中国自奉天至广东，沿海袤延万里，口岸林立，若必处处宿以重兵，"所费浩繁，力既不给，势必大溃"，唯有分别轻重缓急，选择尤为紧要之处，聚积精锐，方可固守。"如直隶之大沽、北塘、山海关一带，系京畿门户，是为最要；江苏吴淞至江阴一带，系长江门户，是为次要；盖京畿为天下根本，长江为财赋奥区，但能守此最要、次要地方，其余各省海口边境略为布置，即有挫失，于大局尚无甚碍。"因此，他的防守策略是固守海口、拱卫京畿，力保根本不动摇，即使边陲有失，也可伺机收复。

在具体的战术设想上，根据译书《防海新论》所言："凡与滨海各国战争者，若将本国所有兵船径往守住敌国各海口，不容其船出入，则为防守本国海岸之上策。"这当然是不战而屈人之兵，同时又可使本土免遭涂炭的好办法，但前提是必须拥有足够强大的海上力量。李鸿章觉得，"水师果能以全力经营，将来可渐拓远岛为藩篱，化门户为堂奥"。1884年李鸿章致函总理衙门时谈道："海防二字，顾名思义，不过斤斤自守，亦不足以张国威而慑敌情。"只有以战为守，才能建威销萌。因此，建设近代海军为重中之重，外海水师铁甲船为断不可少之物，"纵不足以敌西洋，当可与日本角胜海上"。如此一来，"海外之险有兵船巡防而我与彼共分之，长江及各海口之利有轮船转运，而我与彼亦共分之，或不让洋人独擅其利与险，而浸至反客为主"。即使暂时实力不足以压制，也可借本土之地利与之抗衡。

万一海战失利怎么办呢？李鸿章也有所考虑，他向清廷力奏："惟当于敌舟可以深入登岸处所，扼要守险，以杜窜越。守口之营兵数不必甚多，但以坚守炮台为主，并分布水雷旱雷制其冲突。其后路接应之师，须有大队以备游击，庶临事声援稍壮，而前敌军心益固。"他在旅顺后路大连湾，威海后路烟台、胶州口，天津后路新城、军粮城、小站、马厂等处营建陆基炮台，以"专备各路援剿者"，"总视海口何处警急，即调赴驰援，专为游击之师"。与此同时，李鸿章督饬陆军坚筑后垒，精习后膛枪炮，以为凭岸固守之计，"竭我兵力饷力，以萃聚于此三四处，设敌国大队水陆来犯，不敢谓有把握，当可力与撑持"。这是他早年海陆配合、纵深防御的国防思想的新发展。

十六

从19世纪70年代开始，李鸿章就把日本看作中国最主要的敌人，因为他敏锐地看出了明治维新后小小日本的大大野心。船小易调头的岛国日本在向近代化之路的迈进上已先于中国一着，更可怕的是举国上下齐心协力于近代化建设，紧跟欧美各国军火武器更新换代的进程。在1874年给总理衙门的信中，密切关注日本动向的李鸿章不由得发出"日本近亦全换成后门枪"的惊叹，他还述及，日本将换下来的旧式前膛枪"运至香港贱售"，而清廷"各省防军及西北征兵采买之件，全是此种人弃我取之物"。相形之下，李鸿章对中国"因循漠视，疆吏武臣虚心讲求者尤少"表露出"不胜危悚"的心情。

尽管洋务派兴办机器制造已有十余年，但收效甚微，即使是造一小船，假如不雇洋匠，也不甚得法，行动迟钝。时人批评，"各省设立制造船政、枪炮、子药等局，不下十余处，向外洋购置机器物件，不下千百万金，而于制造本原，并未领略……一旦有事，件件仍须购自外洋……各厂之设也，类依洋人成事……事事依样葫芦，一成不变"。由于在近代科技知识上的欠缺和落后，中国工匠没能较快地掌握核心制造技术，在很长一段时间内只能机械模仿，以至于经常造成似是而非的情况。

李鸿章对此当然是心知肚明，"窃谓西洋制作之精，实源本于测算、格致之学，奇才迭出，月异日新……中国仿造皆其初时旧式，良由师资不广，见闻不多。官厂艺徒，虽已放手自制，只能循规蹈矩，不能继长增高，即使访询新式，孜孜效法，数年而后，西人别出新奇，中国又成故步，所谓随人作计，终后人也"。可李鸿章毕竟也不是万能的，这些就让他感到很无奈，尽管他想了不少办法加以补救，比如鼓励创新等，但事急时仍只得向外国购买。

李鸿章说，"定购外国机器货料"，也应"自择各洋商评订"，以免受骗上当。其他的清廷大员，如左宗棠专任税务司法国人日意格，崇厚专任领事官英国人密妥士，李鸿章担心这样做可能导致"尾大不掉之势"，因此，当他从崇厚手中接管天津机器局后，立即采取措施，"精练华工，酌裁洋匠，并将主持局务之洋员密妥士撤退"。保持足够警惕是必要的，但对外国技术人员缺乏一定的信任，在某些方面造成了遗憾，如能使其安居乐业、流连难舍、一心向华，或许才是上策。

据资料记载，每年都有大批外国的军火商找李鸿章做买卖，"这些人都急流般地奔向天津去。每一个人都说他自己的枪是最好的，每一个人都说他的水雷是近代战争中唯一可靠的武器。……不幸北洋大臣对这些近代战争的奇异器械的性能或品质，在比较优劣如何上是一无所知的。各种买卖代理人便和他的部属及翻译结交朋友，他们贿赂李的幕客与门房……结果，给中国增加了费用，买了许多不必要的东西"。这些令人惋惜和痛心的失误，是由于个体知识体系不完整导致的认知欠缺，并非有心误国甚或卖国，所以当然不能全部拿来指责李鸿章。

后来的事实证明，李鸿章以日本为假想敌的海防战略无疑是合乎实际的。在1880年中俄伊犁交涉时，沙俄为迫使清廷屈服，不是派大兵压境，却是派军舰到中国沿海示威，由此可知当时的国防重心应在东南而不是在西北。在应对沙俄的策略上，李鸿章主张严守现有边界，且屯且耕，不必急图进取，意即杜俄人蚕食，屏蔽西北各城及内地，再俟机收回，并没有放弃新疆之语。有人以左宗棠收复新疆之功来贬抑李鸿章，殊不知，左宗棠在琉球问题上"言防不言战"，甚至认为"琉球归附中国与改隶日本，似无足轻重"，结果坐视琉球被日本吞并。实际上不是爱国卖国之别，而是海防塞防何者为先之分。当然，李鸿章在对付日本的战术上也不是没有问题。

十七

早在1884年，李鸿章上奏警醒："海防经费各省关历届短解，习以为常，以致购器、筑台规模遂难远拓。"海防军费已是如此短绌难筹，但清廷却置若罔闻，不仅不设法解决，在1888年还出现"停购船械之议"，甚至挪用海军军费兴造颐和园。1894年3月31日，李鸿章在《校阅海军竣事折》中疾呼："中国自（光绪）十四年北洋海军开办以后，迄今未添一船！"奏请分年添购海军各船新式快炮。5月底，即黄海海战爆发的前两个月，李鸿章又奏请为北洋主力舰"镇远""定远"号添置"海上制胜利器"快炮12尊，"以备制敌"，认为"船坚尤须炮利，若炮位不多，单薄过甚，遇有缓急，固不足持，亦无以壮声威，亟宜逐渐添购，以资战守"。

然而，主管财政开支的户部定议，以慈禧六十大寿"用款多，力不逮"而拒绝。国力固然困窘，但挪用军费庆祝生辰，显然是不分轻重、不识大体。虽然北洋海军初建时实力在日本海军之上，但经过近十年的损耗折旧，此消彼长，日本军事装备早已超过北洋海军，中日之战失败也就在所难免。当时一位西方战地记者开玩笑般地指出："中国人在鸭绿江上是可以得胜的，假使他们的炮弹不是装着泥沙。"另一方面，北方战事紧急时，清廷调遣南洋舰队北上共同御敌，南洋大臣为保存个人实力竟拒不执行，以致李鸿章只得以北洋一隅之力，搏日本全国之师，岂有不败之理。

除了武器军舰外，中日在海军人才的培养方面也存在差距。1876年9月，李鸿章在烟台检阅英国铁甲操练，看到一位日本青年武官"随同英弁起居操作"，学习各项章法，颇有感触。当时清廷的兵船统帅，如彭玉麟、李成谋、李朝斌等人都是旧有水师将领，不熟悉西式战法，难以与日本海军将领相较。1879年7月，李鸿章对沈葆桢说："日本兵船之将，闻俱赴英、法学成，且由公使在西国水师内选请好手来日教练。其武学院与练船规制一仿西法，大有日进益上之机。中国办法似尚未臻美善。李、彭诸君皆所索稔战阵，虽有阅历，西法茫然不知，又未肯虚心求益……然天使公与鄙人在位，此事终无端绪，负疚于国家者滋大。"

在海军的战法上，李鸿章早就指出："今欲整顿海防，力图自强，非有铁甲船数只，认真操练，不足以控制重洋。"在陆战士兵的训练上，李鸿章也指出，"若不于平时操练纯熟，临时张皇无措，虽有利器亦同虚设"。为此，他专门组织力量将新式洋枪洋炮的使用方法条列成书，让官兵在训练中有所依据。西方军队的队列操练井然有序，李鸿章羡而慕之，下令部队认真学习，以期像西方军队一样"步伐齐整"，"进则俱进，止则俱止，莫敢独为先后"。这些措施，给清军带来了近代化气息，但是后期军纪松弛、训练无方，严重影响了战斗力。

1894年6月24日，朝鲜局势紧张时，李鸿章就打算增兵，令部队做好随时开赴朝鲜的准备，并密饬北洋各将领慎防日军发动侵略战争。李鸿章还致电两江总督刘坤一，请饬南洋各将领"严防"日军犯长江口，这是他认为比较重要的兵家必争之地。此后，李鸿章更加紧战备，这说明他对国家利益负有极强的责任心。

黄海海战以后，李鸿章的态度是"能和则和，不能和则战"，清楚地表明了他的底线，绝不会屈膝投降。他曾多次指示北洋海军提督丁汝昌迅速修整舰只，出海巡洋觅机击敌。如9月28日，李鸿章电令丁汝昌说："督催修理各船早竣，以后专在北洋各要口巡击，倭犹有忌惮也。"29日电示："师船速修，择其可用者，常派出口外，靠山巡查，略张声势。"10月2日，李鸿章令丁汝昌速将"定远""镇远"两舰修整出海，并指出："此二船暂往来威、旅间，日运兵船必不敢深入，关系北洋全局甚大。"6日又电："鄙意出海可相机趋避，遥为牵制，彼运兵船多，稍有顾忌，当不敢深入也。"9日再电："水师六船，何日出巡？须往来旅、威之间，俾彼大队运船稍有牵制。"28日电："相机探进，不必言死拼"。

1894年11月6日，李鸿章电丁汝昌："敌踪距旅若干里，旅本水师口岸，若船坞有失，船断不可全毁。"8日电："旅顺警急，朝旨严催派兵往援，并令章高元八营渡海，唐仁廉赴旅督守。寇在门庭，汝岂能避处威海，坐视溃裂？速带六船来沽，面商往旅拼战，渡兵运粮械接济，成败利钝，姑不暇计，尽力为之而已。即刻启碇，勿迟误。"但丁汝昌并没执行李鸿章的命令，22日，旅顺失守。27日，李鸿章再次急电丁汝昌及各海陆军将领，严明纪律："旅失威益吃紧，湾（大连湾）、旅敌船必来窥扑，诸将领等各有守台之责。若人逃台失，无论逃至何处，定即奏拿正法；若保台却敌，定请破格奖赏。闻日酋向西船主言，甚畏'定''镇'两舰及威台大炮利害。有警时，丁提督应率船出，傍台炮线内合击，不得出大洋浪战，致有损失。"

12月25日，李鸿章电丁汝昌："昨早成山报：日兵轮一在龙须岛，有小火轮欲渡兵上岸。……应速统现有师船赴龙须岛、成山一带巡探，如日船少，即设法驱逐。否则，听其由后路包抄，则威危，而兵船无驻足之地，弟获罪更重矣。"1895年1月13日，李鸿章电丁及各将："查倭如犯威，必以陆队由后路上岸抄截，而以兵船游弋口外，牵制我师。彼时兵轮当如何布置迎击，水陆相依，庶无疏失。"22日电询："口外有无敌船？若敌船少，应出击，多则开往口门，与炮台夹击。"23日电："若水师至力不能支时，不如出海拼战，即战不胜，或能留铁舰等退往烟台。"李鸿章对战局的判断基本是正确的，但只能是纸上谈兵，因为前敌总司令丁汝昌无动于衷。清廷当日任命云贵总督王文韶为帮办北洋事务大臣，有取代李鸿章之意。

十八

清廷当然也没有坐以待毙，然而苦于并无良策。1895年1月13日旨谕丁汝昌，由李鸿章转达："旅顺既为倭踞，现又图犯威海，意在毁我战船，占我船坞，彼之水师乃可往来无忌，其谋甚狡。"同日再电丁汝昌："昨因倭寇欲犯威海，已谕李鸿章等飞饬严防，第念海军战舰数已无多，岂可稍有疏失。若遇敌船逼近，株守口内，转致进退不得自由，应如何设法调度，相机迎击，以免坐困。"22日清廷电旨："闻敌人载兵，皆系商船，而以兵船护之，若将'定远'等船齐出冲击，必可毁其多船，断其退路。此亦救急之策。"23日清廷电旨："我海舰虽少，而铁甲坚利，则为彼所无，与其坐守待敌，莫若乘间出击，断其归路。"28日清廷再电，次日丁汝昌收悉："此时救急制胜，舍断其接济，助台夹击，更无别法，决无株守待击之理。"

丁汝昌究竟是怎么想的呢？1895年1月中旬，丁汝昌与总教习马格禄等一起电呈李鸿章，汇报对战局的认识："汝昌、格禄早与刘镇及诸将等再三筹画，若远出接战，我力太单，彼船艇快而多，顾此失彼，即伤敌数船，倘彼以大队急驶，封阻威口，则我船在外，进退无路，不免全失，威口亦危。若在口内株守，如两岸炮台有失，我船亦束手待毙，均未妥慎。窃谓水师力强，无难远近迎剿，今则战舰无多，惟有依辅炮台，以收夹击之效。查威、旅海口情形迥异，旅顺口窄澳狭，船必候潮出口，非时不能转动，临阵不能放炮，既难依辅炮台，又实无益陆路。威海则口宽澳广，随时可以旋转，临敌可以攻击，事势不同。倘倭只令数船犯威，我军船艇可出口迎击，如彼大队全来，则我军船艇均令起锚出港，分布东西两口，在炮台炮线水雷之界，与炮台合力抵御，相机雕剿，俾免敌舰闯入口内。即使陆路包抄，南北两岸师船，尚可支撑攻击彼船。若两岸全失，台上之炮为敌用，则我军师船与刘公岛陆军，惟有誓死拼战，船没人尽而已。"

丁汝昌在丰岛和黄海两次海战失利，连遭清廷革职留任处分，背上了沉重的思想包袱。1895年1月24日，他在致李鸿章电中说："致海军如败，万无退烟之理，惟有船没人尽而已。旨屡催出口决战，惟出则陆军将士寒心，大局更难设想。"丁汝昌觉得当时的处境是进退两难，既难积极求生，又不能浪战寻死，心态非常矛盾复杂，最后竟然万念俱灰地选择了消极待死。

在战事不利的情形下，2月12日，丁汝昌自杀，威海卫海军及刘公岛守军降，北洋舰队覆灭。李鸿章精心构筑的以旅顺、威海卫、大沽三地为主的三角形战略防御体系彻底瓦解，清军不仅进攻失败，防守也宣告失败，丧失了抵抗能力，一时真有人为刀俎、我为鱼肉之感。

甲午战后，负责北洋防务的清军由于作战不力被清廷陆续裁撤。淮军中只有聂士成所部武毅军约30营、15000余人得以完整保留，并集中了淮军中较先进的装备，驻防京师。清廷及直隶总督都全力发展武毅军，北洋购入的新式武器总是优先装备该军，使其成为当时全国最强大的军队之一，能与其比肩的只有袁世凯的新建陆军。1898年，清廷命荣禄掌管兵部事务，节制北洋各军。到该年底，经荣禄整编后仅存9686人，分为步队16营、马队2营、炮队2营和卫队9棚，配有重炮30余门，驻守山海关、北塘、大沽一带炮台。次年3月正式成立武卫军，聂士成所部淮军被编入武卫前军，"淮军"遂成为一个历史名词。

十九

李鸿章"用沪平吴"成功镇压了太平天国运动，可谓一鸣惊人；30年后，甲午战败，李鸿章声望一落千丈，真是成由军事、败也由军事。

时人谴责李鸿章说，督直20余年，长期经营洋务，编练新式海陆军"靡帑千数百万，而至今不能一战"。表面上看来，李鸿章似乎确实说不过去。淮军的西化程度最高，装备、训练、战斗力为其他各支军队所不及。北洋水师更非南洋、闽洋等水师可比，在80年代末90年代初期，其实力也确实在日本海军之上。

甲午之败，身为统帅的李鸿章自然应该负主要责任。他事前战备不足，临战指挥不灵，直到日本大举入侵朝鲜之际，还一味依靠外国调停。其婿张佩纶记载时况说："和议无成，合肥甚愤，始决用兵议。"然而，"陆军无帅，海军诸将无才，殊可虑也"。更为严重的是，各省大吏只知划疆自守，事不关己，高高挂起，没有出一分一厘，更没有出一兵一卒以救急难。由此可见，年逾古稀的李鸿章多么被动与无奈。

严格说来，北洋海军是防御性的而不是进攻型的海上力量，是国防近代化抵御外侮的开端。李鸿章运用西方近代国防建设理论，主持了北洋海军大沽、旅顺、威海三大基地的选址和营建，使之形成一个旨在拱卫京师的三角防御体系，"标志着晚清国防近代化进入了一个新的阶段，也为以后中国海军基地建设创造了可贵的先例"。

北洋舰队成为一支按西法编制训练的、具有一定战斗力的近代海军，无论从兵源、素质、士气、训练、纪律、装备还是从战斗力等方面来看，都远胜于包括淮军在内的陆军。它的建立起到推迟日本进攻中国的作用，并在其侵略时给予一定的打击。李鸿章提出的"出海迎击"、建设"外海水师"，以及"径设海部"等一系列主张，打破了传统的漠视海权的思想格局，构成了其海军战略思想的理论基础。他为中国建成了第一支比较完整的海上武装力量，其作用值得重视。甲午战败是实力和战略上的失败，不是李鸿章个人的失败。

李鸿章的军事改革主张和实践基本上停留在更新装备和改善教育训练的较低层面上，对于军事制度和军事思想的改造，则没有明确考虑和主张。另外，他对军事变革须与政治变革同步缺乏清晰认识。

由招募制形成的兵为将有的私有化军队形态，可能是近代军阀产生的一个重要因素。军阀统治的实质，已不是分权，而是分裂，湘淮军从来没有具备这些条件，李鸿章也不能被视为军阀。军阀至少应具备以下几条：一是对于中央有极大的离心力；二是据地自雄；三是军事行动为个人目的，而非为国家利益，或中央政府。另一方面，李鸿章并没有保荐袁世凯继任直隶总督，而且无论如何，北洋军阀的所作所为只能由他们自己负责，不能统统往李鸿章身上一推了之。

淮军在对外战争（包括中外冲突）中还是发挥了很大作用，其负责守卫的直隶、奉天、江苏、广东等海防阵地，并未丢失过。"把每次对外战争失败的责任强加到二万多名的淮军身上，是不客观的。"淮军的近代化，在中国军事史上占有一定的地位，它构成了清代军队从使用刀矛弓箭的落后的八旗绿营发展到完全近代化的新军的过渡阶段，在中国近代军事发展史上是值得大书特书的重要一章。

经济"变计"——李鸿章与中国经济近代化

国家的强弱，某种形式上固然表现为军事实力的消长，但归根到底仍是经济实力的较量，没有坚实的经济基础的支撑，先进的军事装备就无异于镜花水月，国防力量也就根本无从谈起。

近代中国之所以羸弱，受尽外国列强欺辱，很大的原因在于贫困，落后就只能挨打，想反击得先有足够底气，因此必须从经济入手，这样才有希望可以渐趋富强。李鸿章指出："中国积弱，由于患贫。西洋方千里、数百里之国，岁入财赋动以数万万计，无非取资于煤铁五金之矿、铁路、电报、信局、丁口等税。酌度时势，若不早图变计，择其要者逐渐仿行，以贫变富，以弱敌强，未有不终受其敝者。"他看到了西方富强的基本原因，中国若想改变贫弱局面，唯有尽早"变计"。穷则变，变则通，通则久，这是中国几千年传统社会总结出的经验之谈。

一

自1842年门户洞开之后，列强对中国明目张胆的经济侵略再也不可避免，李鸿章觉得，长江通商以来，利权操之外夷，弊端百出，无可禁阻。依靠行政手段抵挡外国商品输入已经是徒劳，发展近代企业、与之展开商战、自扩赋税利源才是积极办法。他的设想是，"设机器自为制造，轮船铁路自为转运，但使货物精华与彼相埒。彼物来自重洋，势不能与产自内地者比较。我利日兴，则彼利自薄"，既能满足海防所需，又能"渐开风气,以利民用"。

更加严重的是,外国资本逐渐侵入我国一些有关国计民生的经济要害领域,对民族经济的生存和发展构成了极为严重的威胁。李鸿章清楚地看到,"维古今国势,必先富而后能强手工制作的,尤必富在民生,而国本乃可益固"。由于各国制造均用机器,较中国手工制作的土货费用倍减,售价既廉,行销愈广。李鸿章指出对策:自非逐渐设法仿造,自为运销,不足以分其利权。"盖土货多销一分,即洋货少销一分,庶漏卮可期渐塞。"

基于这种认识,李鸿章积极向清廷奏请,轮船招商局、开平矿务局、电报总局、上海机器织布局等先后开办,目的就在于"顺商情而张国本""渐塞漏卮"和"寓强于富"。

在身履十里洋场后,上海开设的外资工厂和航运公司等近代企业,直接向李鸿章作了新的生产方式和企业经营管理方面的示范。这时,军用工业已稍有进展,李鸿章希望借此带动民用工业的兴起,富强相因,共同促进。

"泰西以商立国,商务之盛衰,即国势强弱所由判。凡有益商务者,必竭全力以图之。年来日本步趋泰西,亦四出通商,以为利国利民之本。"李鸿章不仅留意到欧美重商主义的盛行,更警惕到近邻日本的模仿学习。这时,美国在我国设有旗昌、金利源轮船公司,英国设有怡和轮船公司和太古航运公司,连日本都设有日清、大连等株式会社。

李鸿章不禁感叹,"中国内洋任人横行,独不令华商展足耶,日本尚有轮船六七十只,我独无之,成何局面?"他感到,中国要富强,要振兴商务,就不能容忍这种局面长此下去:"我既不能禁华商之勿搭洋船,又何必禁华商之自购轮船。"李鸿章致力于开办中国人自己的轮船公司,"庶使我内江外海之利,不致为洋人占尽。其关系于国计民生者,实非浅鲜"。

在李鸿章等洋务人士的努力下,轮船招商局于1872年成立,它是我国近代最早设立的轮船航运企业,总局设在上海,分局遍布于天津、牛庄、烟台、汉口、宁波、镇江、九江、福州、厦门、汕头、广州、香港等国内12个港口。用轮船"揽运货物","富国便商"。招商局在这些城市揽载货运，开拓业务，对长江流域及沿海地区的商品贸易和物资交流起着积极的作用。根据海关记录，1872年时出入上海的中国船仅有272只，共1.8万吨，至1906年时已达2338只，共206万吨，这种迅速增加的商品流通对城市化和近代化是一种巨大的推动力量。

招商局的启动资金，有沙船商郁熙绳现银1万两，李鸿章私人拿出5万两，但还是不够。无奈之下，李鸿章从直隶军需练兵饷银项目下拨出20万串制钱（约合银123000两），作为官方借款。虽然管理方式是官督商办，但经理"不领官币"，这就促使商人不得不努力经营，不断提高管理水平，以争取把公司业务经营好。

李鸿章还从人事和业务上为招商局提供了多方支持，他向清廷奏明："各口岸轮船生意已被洋商占尽，华商领官船另树一帜，洋人势必挟重资以倾夺，则须华商自立公司，自建行栈，自筹保险，本钜用繁，初办恐无利可图，若行之既久，添造与租领稍多，乃有利益。然非有熟悉商情、公廉明干、为众商所深信之员，为之领袖担当，则商人必多顾虑。自有此议，闻华商愿领者必准其兼运漕粮，方有专门生意，不至为洋商排挤。"

1877年，招商局把美商旗昌轮船公司挤垮，英商太古轮船公司也被迫从英国借债5.7万英镑救急，死力硬撑；甚至连怡和洋行的老板也无奈地感到，华海轮船公司的船队只有由招商局买下才是最好的出路。当然，尽管轮船招商局对外商取得了绝对优势，但还没有足够强大的实力，可以把外国航运势力全部逐出中国水域。

招商局兼并旗昌后，"天津、烟台各口轮船生意多归招商局揽载"。到1881年，"长江生意，华商已占十分之六，南北洋亦居其半"。1887年4月29日给清廷的上奏中，李鸿章说："约计创设招商局十余年来，中国商民得减价之益，而水脚少入洋商之手者，奚止数千万，此实收回利权之大端。"可以说，李鸿章等洋务派的富强运动取得了初步的成效，挽回了部分利权，增加了财政收入。

"欲自强必先裕饷，欲浚饷源，莫如振兴商务，商船能往外洋，俾外洋损一分之利，即中国益一分之利"，这就是李鸿章创设招商局的初意，随着国内航线的陆续开辟，沿海沿江的水运已渐成规模，他开始产生了更远大的规划。李鸿章分析当时的世界经济形势说，"当商务未兴之前，各国原可闭关自治，逮风气大开，既不能拒之使不来，惟有自扩利源，劝令华商出洋贸易，庶土货可畅销，洋商可少至，而中国利权亦可逐渐收回"。

李鸿章授意唐廷枢等人筹划设立对外贸易银行和宏远贸易公司。据1876年3月18日《申报》报道："传得唐君景星现客福州，与丁雨生中丞商酌，拟由中国纠集股份，设一大银行，并在东洋各埠及英京伦敦亦设分行云。"1876年5月9日，《北华捷报》这样叙说："一家中国人的贸易公司宏远，资本为30万两，……即可开业……营业中心在伦敦，总号则设在上海，并在香港和福州设分号。""除去经营一股商业及代理生意以外，这家公司还充当中国政府在海外的代理人，因而政府需要的武器、舰只和机器，都可由他们代买。"遗憾的是，李鸿章的这个创意后来因资本难集而没能实现。

招商局还试图开辟海外航线、创立外洋轮船公司，早在1875年，李鸿章就派招商局轮船"驶往新加坡、小吕宋、日本等处"。1879年，在东南亚设立轮船招商局南洋分局，招徕侨商资本，次年7月，派"和众船"试走夏威夷的檀香山、美国的旧金山，这两处华人云集，客货装载都很兴旺。李鸿章还大力支持黎兆棠等广东商人组织公司赴英贸易，"以为中国开拓商务之倡"。1881年10月，由广东殷商富户集资兴办的肇兴公司派"美富号"轮船装载茶叶，驶往伦敦。李鸿章特意以清政府的名义命令驻英法公使曾纪泽，在轮船赴英期间随时设法予以支持和保护，使得该商等遇事有所禀承，若遇洋人阻拦，"应由中外合力维持辩论以为华商保护"。

对于专门开拓外贸的肇兴公司，李鸿章奏请"给谕与该公司，仿照泰西通例，五年之内，只准华商附股，不准另行开设字号，免致互相倾轧，贻误大局"。李鸿章规定"不准洋商附股，一切进出口货完税章程请照洋商一律办理，以昭公允"。"惟事属初创，必须官为维持，并转咨中国驻英大臣随时主张，俾得与各国在英商人一体优待等。"

1883年，李鸿章命唐廷枢赴欧洲游历，考查船务、商务，约请英国怡和、太古两洋行行主来华重订为期六年的齐价合同，以争取为招商局赢得更好的运营环境。招商局还努力带动各地方航运事业的发展。1884年，李鸿章支持广东商人在烟台成立一个小轮船公司，叫作"江海民轮船局"，招商局出资60%，商人集资40%。1888年，李鸿章令招商局拨银2万两，向台湾商务局主持的轮船公司投资，支持其自办航运。

二

第二次鸦片战争后，更多江海口岸被迫开放，英法等国商人可往内地通商，外国商船可在长江各口岸自由往来，洋货日增月盛，源源涌入国内市场，致使清朝对外贸易严重逆差，白银大量外流。"中国财源频年漏于外洋，元气暗亏，无所底止。"但李鸿章清楚地看出，这个时期，"洋人所图我者，利也，势也，非真欲夺我土地也"。

此时所说的"利权"，已不仅指中国传统的税收、盐业专卖和漕运等有关的官办事务，在复杂的国际背景下，李鸿章等洋务人士显然对其赋予了新的含义，即运用政府的行政权力，发展近代民族企业，夺回洋商侵占、掠夺或正在设法加以控制的民族经济权益。然而，用"自行贩运"的贸易方式收回利权，还不足以"抵洋"，必须"利源自开"，自己设厂制造，才能"渐敌洋产"，最终达到"彼所售于我者。复有机器制造以绝其销路"的目的。

李鸿章对日本工商业的发展也很注目，日本"各口岸机器纺织已有大小三十余厂，皆本国人凑股添机自办"，"日本近多设机器缫丝，洋商畅销，胜于湖丝十倍，中国愧弗如也"。并指出，"自来火……日本仿造运入通商各口尤多……日本既能仿造，必应劝谕华商，集资购器，设厂自行制造，以敌洋产而保利源"。

在当时的各种进口商品中，以洋布为大宗。"英国呢布运至中国，每岁售银三千余万"，且"洋布为日用所必需，其价又较土布为廉，民间争相购用，而中国银钱入洋者，实已不少"。外国不仅对华进行大量商品输出，还打算在各通商口岸直接设厂生产。1868年，上海的轧拉佛洋行出面组织了机器织布公司，公开登报招集华商资本。1875年，传闻一个在印度加尔各答经营纱厂的英国人来到上海，表示"有意在此创办这种工业"。

李鸿章对上海外资企业的生产和经营十分羡慕，他说："在上海，亲见旗昌、怡和各洋行，皆设有机器缫丝局，募千百华人妇女于其中，工贱而丝极美。"同时，李鸿章看到，"布缕为民间日用所必需，其机器所纺织者轻软匀净，价值尤廉"。市场需求很大，产品质量能得到保证，成本不是很高，自然就可期待丰厚的利润，表达出模仿外国、创办新式工业的愿望。

于是，1876年李鸿章"遴派绅商，在上海购买机器，设局仿造布匹，冀稍分洋商之利"，"庶几华棉有销路，华工有生机，华商亦沾余利"，在上海筹建机器织布局。在历经了种种挫折后，织布局于1890年开始投产，每日夜出布600匹，销路顺畅，利润优厚。1893年织布局遭火灾后，李鸿章在旧址上建起"华盛机器纺织总厂"，并在上海、宁波和镇江等处招集华商分设10厂，计有纱机32万锭，布机4000张，加上湖北官办纱机8万锭，布机1000张，共有纱机40万锭，布机5000张，生产的纱、布供应国内市场的需要，抵御洋纱、洋布进口。

上海机器织布局的诞生，打破了洋货独霸中国市场的局面，结束了洋纱洋布独霸中国市场的历史，实现了"稍分洋商之利"的夙愿，开中国近代民族纺织工业之先声，进而引发了一批民用企业的创立，为建设中国近代化的工业体系做出了不可磨灭的贡献。可以说，在甲午战前，外国侵略者没能染指中国的纺织工业，与李鸿章的竭力抵制是分不开的。

不过，与日本相比较，中国这方面还是落后一些。日本于1867年建立第一家机器纺织业，到1890年增至30家，开始成为棉纺织品出口国。同时，日本整个工矿交通事业都得到了比较均衡的发展，1877年举行第一次全国劝业博览会，1887年至1893年出现了早期产业革命的热潮。尽管如此，但假如没有李鸿章的大力推动，中国的棉纺业可能落后得更多。

三

城市公用事业、交通运输业的创办和发展，对燃料提出了更高的要求，需煤殷切。但是，依赖外国出产的煤铁为原材料，"一旦海疆有事，洋舶不来，而我之制造无所取给，将何以御之？"因为"炮船机器之用，非铁不成，非煤不济"，"设有闭关绝市之时，不但各铁厂废工坐困，即已成轮船，无煤则寸步不移，可忧孰甚"。

退一步说，即使购买无虞，清廷每年在进口煤铁上花费白银达六、七百万两之多，加上大量的其他舶来品，就会造成经济上的严重入超。李鸿章感慨道，"利源之涸日甚一日，复岁出巨款购用他国煤铁，实为漏厄之大宗"，对此状况痛心疾首。

另一方面，"天地自然之利，乃民生日用之资。泰西各国以矿学为本图，遂能争雄竞胜"。李鸿章指出，"东西洋无不开矿之国"，"且皆以此致富强"，主张效法当时世界第一强国英国的成功经验，认为它的富强与采煤、冶铁工业发达有着密不可分的关系，"英国之所以雄强于西土者，惟藉此两端耳"，从经济角度来说的确如此。

中华大地幅员辽阔、资源丰富，但因没能有效地开采利用而坐愁饥寒，甚至常忧国用匮竭，实在无异于守着巨大宝藏却叫穷不迭。李鸿章认为，除了采用机器与新技术开采这些地下矿藏以求自力更生外，别无他途。如果能够自行开办煤矿，只要采炼得法，销路必畅，利源自开，榷其余利，且可养船养兵，于富国强兵之计，殊有关系。"藉地宝以资海防，实取不尽而用不竭。"

李鸿章分析说，"事事购自洋商，殊无以备缓急"，"若南省滨江近海等处皆能设法开办，船械制造所用煤铁无庸向外洋购运，榷其余利并可养船练兵，此军国之大利也"。有了自己的煤铁矿后，"海口若有战争，后路自制，储备可源源济运"，"从此中国商兵轮船、机器制造各局用煤，不到远购于外洋，一旦有事，庶不致为敌人所把持"。在工商方面，所出土煤"价值必视洋煤轻减，通商各口皆可就近广为运售，而洋煤不阻自绝，船厂亦应用不穷"，这样就可"免洋人之居奇，开华匠之风气"。

在李鸿章不遗余力的奏请下，1875年5月，清廷采纳了李鸿章等洋务派官员提出的用西法兴办矿务的建议，颁发谕旨说："开采煤铁事宜，著照李鸿章、沈葆桢所请，先在磁州、台湾试办，派员妥为经理。"从此不仅开始了近代机器采矿业，更揭开了中国迈向近代化的新篇章。

1876年，李鸿章派唐廷枢到直隶滦州一带勘察矿藏情形，得出开平地质富含煤铁的结论，唐廷枢详加探询后提出开采计划。翌年，李鸿章批准了该计划，委派唐廷枢具体负责其事。同时，李鸿章增派前天津道丁寿昌和天津海关道黎兆棠会同督办，以保证在与地方接洽相关事务时更为便利。1878年，开平矿务局正式成立，为官督商办形式，由唐廷枢任总办，丁、黎为会办，1881年迁调，李鸿章遂委任徐润和吴炽昌接任会办。后因技术和经费问题，决定开平专采煤矿。

1881年开平煤矿正式投产后，年产量逐年递增。1882年产量为38383吨，运往国内各口岸者为8158吨。1887年增为45792吨，1894年剧增为250000吨，1898年更增至731792吨，有力地支援了国防及生产生活方面的需要。中国的客货轮船航运及各地机器制造局的用煤，不需要再耗费巨资从外洋远购，一旦有事，也不用担心燃料问题，"开利源而应军国要需"，在实现自给自足的同时，"亦可免利源之外泄。富强之基，此为嚆矢"。

在1884年中法战争期间，天津、上海、南京等机器制造局因"海氛孔亟，工匠昼夜开工"，加班加点生产军火武器。所需大量煤炭，主要就是依靠当时国内兴办不久的新式煤矿供应。

当然，"议开煤铁……固为练造军器所需，亦欲渐开风气，以利民用也"。在李鸿章的积极倡率下，许多商人由最初"视洋务为畏途"到转向纷起响应，踊跃认股集资。李鸿章派唐廷枢创办开平矿务局时，开始集股80万两，实未收足。1878年仅募股20余万两，1881年出煤时已用经费七八十万两，不足之数，全靠李鸿章动用官款及其他贷款。但到了1882年，人们看到了它的产量和利润，开平矿务局的募股达100余万两，1899年为120万两。

开平煤矿刚建成投产时，每日出煤有五六百吨之多，除供应机器局生产用煤和轮船运输用煤外，多余之煤还可以兼顾内地民间的生活所用。10余年后，每日可出煤一两千吨，年产量达到50万吨以上。很好地解决了李鸿章最担心的招商局和各机器局的燃料问题，同时减少了外购开支，增加了国库收入。

开平煤还对抵制洋煤进入天津口岸起了重要作用。据海关报告统计，1880年天津进口的洋煤为19409吨，1881年为17445吨，1882年即骤降为5416吨，1885年又下降为566吨，1888年剧减至120吨，洋煤基本退出了天津市场。当时天津市场大多为日本煤，利用中国开发较晚的弱点，极力掠夺经济利益，而开平煤在短短几年时间内，就成功地抵制了日煤的进口和销售，并最终将其挤出了天津市场，"裕国便民，获益无算"。随后，旅顺、大连的国内市场也相继被夺回。随着规模的逐渐扩大，开平不仅可以完全满足中国自身的用煤，甚至每年还能出口数万吨。

李鸿章曾指出："开平局振兴，则他省人才亦必闻风兴起。似于大局关系非浅。"有识之士认识到若要使中国走上近代化道路，必须以开矿为契机建立起强大的工业体系，"开矿救国"的口号响彻一时。在开平矿务局的示范下，山东、承德、河北、徐州、内蒙古、黑龙江、云南、安徽等全国各地的煤、铁、铅、铜、金矿"闻风兴起"，一时出现了全社会办矿业的可喜势头，一定程度上抵制了外国资本对中国矿业生产的控制，也扭转了部分原材料全然依赖进口的局面。从这个层面来说，开平矿务局的成就和意义显而易见，李鸿章的丰功伟绩不容抹杀。

四

中国矿藏丰富，一旦"大加开采，不惟足济中国轮船之用，并可贩运出洋，必有补于国计"。工矿交通企业是进一步发展国民经济最起码的基础，既可以节省购置洋货所用巨款，而且矿产品的税收、盈利又能补助国库。与此同时，矿区开辟之后，"民人迁往贸易，增建房屋"，百货流通，各种辅助性工业和服务性行业不断涌现，促进当地工商业的发展，有利于社会民生。

在山东，发起筹办矿局的是枣庄士绅金铭、李朝相等，他们被近代新式矿产企业的赢利所吸引，希望借助官府的力量，通过投资新式矿业获取利润。经过勘探调查，他们打算在峄县开矿，李鸿章得知情况后，表示可以"推广采用，以济南北洋兵商轮船、机器各局要需，免致远购外洋，并可备徐州利国矿局炼铁之用，冀以收回利权"，支持他们的开矿活动。1879年，李鸿章委派直隶候补知县戴华藻到峄县筹办，1880年中兴矿局正式成立，由戴华藻任总办，这样就挂上了"官督商办"的招牌。峄县枣庄煤矿是山东境内兴起的第一家煤矿，中兴矿局的开办使得"商贾流通，无业穷民皆得佣工糊口"，"赖以生活者数千家"。

1883年，李鸿章上奏《峄县开矿片》，希望能依照成案减税，以便与洋煤竞争，清政府减免了枣庄煤矿的部分税银，从而打开了销路。峄县枣庄煤矿在开办初期发展比较缓慢，到20世纪初叶，在运输、资金、设备等条件改善后，就摆脱了困境，年产量逐步上升，达到七八十万吨，很快发展成为一个有名的大矿。正是在李鸿章的支持下，山东的近代矿业才得以发展，并呈现出遍地开花之势。

1885年，当外国人觊觎胶东的矿产资源并试图开采时，李鸿章支持道员李宗岱抢先办起平度金矿。然而，由于1883年上海金融风潮之后，私人资本视投资矿业为畏途，使得集资十分困难，李鸿章便令淮军银钱所参股6万两。平度矿局1887年正式投产，建立起了中国第一架采石机器，开始用近代科学方法开采金矿。但后来因经营不善，亏损严重，1891年停办。

1887年成立的淄川铅矿和煤矿也是根据李鸿章的指示创办的。当时京城及各省都在鼓铸制钱，对铜铅的需要量非常大。铅主要产自贵州、湖南，"今该两省办解无多，尚不足供京局之用，而洋铅因各省铸钱争购，货缺价昂，未可常恃，必须另筹接济"。李鸿章查知淄川县有着丰富的铅矿资源，于是指示山东巡抚张曜"迅即遴员，酌带矿师确勘，妥定章程，速筹试办，以其事兴利便民"。据此，张曜便在淄川办起铅矿，同时办起淄川煤矿，由太守徐祝三任总办，采取官办形式，具体资本数目不详。在徐祝三的主持下，商矿很快投入了生产。1888年夏季，由于"山洪陡发，各矿井皆遭淹没"，生产大受影响，1891年不得不停闭。

虽然山东境内采矿业取得的成就不大，有的甚至营运几年就停闭，但为山东矿业的发展奠定了基础，促进了新兴工业基地的兴起。正是因为有了这些早期的试验，淄博、枣庄、胶东一带的工业在山东一直居于领先地位，至今仍相对发达。

黑龙江漠河金矿与俄国只有一江之隔，早就被沙俄淘金客盯上，偷采之事常有所闻，据黑龙江将军恭镗1886年奏报，"漠河地方，上年曾有中俄匪徒过江偷挖金矿，自应及时开采，以杜外人觊觎"。清廷认为此矿不仅具有较大经济价值，而且其开采在国防上也有着重要意义，马上命李鸿章负责筹划，选派熟悉矿务干员前往勘办。李鸿章郑重指出，"漠河开矿之举，实关边防利害，与内地矿务专言利者不同"，主张一面调兵戍守，一面积极开采。李鸿章推荐李金镛负责经营，1888年成立漠河矿务局，1889年初正式生产。产量逐年上升，年产黄金最多时近三万两。1900年后一度被沙俄军队侵占，生产遭受严重破坏。

在吉林，1890年3月，吉林将军长顺先用土法对桦川县三姓金矿进行开采。同年7月，清廷谕令"李鸿章会同长顺遴选干练之员前往三姓，切实察勘，议章覆奏"。旋即委派漠河金矿督办李金镛就近筹划，拟订了章程。1895年正式开采。"招集华股十万两，设立公司，派道员宋春鳌经理，颇著成效。"嗣因义和团运动导致亏折暂停，1905年后恢复生产，"听民自办"，改变了经营方式，业务上"颇有起色"。

洋务运动时期兴办的近代矿业，很多都是经过李鸿章批准的。根据当时程序要求，一些新矿的开办，不仅要经过当地督抚的同意，还要报送北洋通商大臣李鸿章审批。如1878年开办的安徽池州煤矿、1882年开办的长乐鹤峰铜矿等，不过与李鸿章的关系并不太密切。

李鸿章还左右了一些地方的矿业发展。如1889年11月2日，他致电海军衙门："窃思粤既购机炉，雇矿师，极应就湖北大冶勘办。西洋开矿至炼成钢轨，节目甚繁，器款甚巨，岂能各省同时并举，多糜费少实际。黔中购机不全，运道艰远，断不可指。"他否决了在贵州开矿的设想，支持在大冶开办，当然，这是根据实际情况提出的。

五

毋庸讳言，也有一些不太成功的例子。1876年，李鸿章委派盛宣怀在湖北试办广济兴国煤矿，奏拨直隶练饷制钱二十万串，却因措置失宜而停办。后改归商办，移到湖北荆门继续开矿，不过发展一直处于迟滞状态。

制造枪炮子弹需要铜料，从外国购买价格昂贵运输困难，热河承德地方产铜，1853年就曾招商开采，但因施工难度大关键技术不过关而被迫停歇。1881年，李鸿章派道员朱其诏等前往筹办，提取砂石交机器局分析，验明"确有铜质，成色尚佳，可合制造之用"。李鸿章遂奏明清廷设局开采，所出产铜"即归机器局收买，以兴地利而济军需"。平泉铜矿采用官督商办制度，招股24万两白银，初期颇有盈利，1884年聘请德国人德璀琳经管实际矿务。1888年，因管理不够完善而遭贼，损失较大被迫停办。

1882年，李鸿章委派候选郎中钮秉臣招集商股，筹建临城煤矿，开采临城及其毗邻的内邱、高邑、赞皇等处煤矿，每年都略有盈余。1883年，盛宣怀请求开采登州府属栖霞、招远两县铅矿，以备制造铅弹而佐军国要需。李鸿章批准试办，但由于经营情况不佳，1894年甲午战争爆发，山东巡抚李秉衡恐兵连祸结，奏请清廷将山东登州莱州等府矿务一体封禁。1896年，登州铅矿正式停闭。

1887年，李鸿章奏请开办承德银铅矿，保荐直隶候补道朱其诏筹办矿务，"采用西法"，以期"铅银并取"。李鸿章前后拨借官款约20万两，首次购买机器即用去3万两，后又陆续添购机器，共花费十余万，"人工、布置一切用款在外"，但经营多年，矿产不多，"收入仅足该厂中经费开支"，未能如预期中那样迅速发展，所借官本也无法偿还。另外，热河金丹道1891年起义后，当地又值连年歉收，李鸿章遂札委徐润筹办建平金矿，以工代赈。翌年五月正式开办，开始几年生产状况不佳，1897年底才有所好转，然而生产规模却未能随之扩大。

失败的原因是多方面的。概而言之，主要是资金匮乏、经验不足、技术力量薄弱、保守派的阻挠和压制，以及外国侵略者的破坏、摧残等。不过，采用近代地质技术开矿毕竟是神州大地上亘古未有的新事物，难免要经历一个从无到有、从小到大、从失败到成功、从挫折到发展的曲折过程。因此，期望它立竿见影、一蹴而就显然是不太现实的。

李鸿章倡议用西法开矿，不仅仅是从解决当时面临的经济、军事等迫切需要出发，还要着眼于规划建立以矿区为中心的新型工业基地。如开平煤矿创办后，运煤河道得以浚通，唐胥铁路随之修建，使得原来十分冷落的唐山获得空前的发展，使得它成为一个新兴的工业城市，所以李鸿章说："可见矿物起色，裨益闾阎。"又如漠河金矿开采后，"商贾骈集，屯牧并兴"，很快使这一小镇成为重要的边防城市，"可与黑龙江北岸俄城声势对抗，外以折强邻窥伺之渐，内以植百年根本之谋"。

他深信，中国的许多矿区在发展数十年后一定会成为工业发达、人文荟萃的都会。1887年徐州利国驿矿务局由于资金短缺难乎为继之际，经办人胡碧澂北上天津面谒李鸿章请求予以支持，李鸿章根据徐州的地理位置、煤铁矿产的丰富蕴藏，认为这个地方是有发展前途的。于是批示说："徐州利国铁矿所产铁质甚美，煤亦合用。"该地濒临运河，北至京津，下达江海，一水可通。如果将来"添设机器"，建立各种工业，"南北均可接应，兴办铁路，取材尤为适中"。计划把徐州建设成为一个交通便捷、人物辐辏之区，这显然十分具有战略眼光。唐山、秦皇岛、漠河、徐州以及其他许多工业城市的兴起，在某种意义上都与李鸿章倡办矿业有着一定的关系。

另一方面，由于"手推磨产生的是封建主为首的社会，蒸汽机产生的是工业资本家的社会"。因此，当许多蒸汽机相继在古老的中国大地上开始隆隆轰鸣之后，意味着中国的社会正在发生深刻的变化，矿业资本家会越来越多，矿业工人也成为中国早期工人阶级中的一支重要力量。

李鸿章办理近代矿业，无论成功还是失败的经验与教训，都为后来者提供了有益的借鉴。从19世纪70年代李鸿章倡办开平煤矿开始，中国出现了采用机器生产的新式矿业，到后来张之洞筹建大冶铁矿，再到20世纪初矿区的扩大和民国初年各地矿业的继续发展，以及培养各种矿冶人才的专门技术学校从无到有到日益增多，都证明了中国近代化矿业一直在向前走。

新式采矿业的出现，表明近代化的生产方式终将取代传统中国长期沿袭的落后的手工业生产方式，这意味着时代的进步，是积贫积弱的晚清中国跻身于世界富强行列的必由之路。民国时期，著名地质学家丁文江表示，当时的官办矿业大半开于前清，明确承认李鸿章的首倡作用，并以开平煤矿和漠河金矿为各矿之翘楚。正因为有此根基，中国的近代矿业在进入民国之后才能取得较大发展，从中可见李鸿章敏锐的观察力、非凡的气魄、卓越的胆识和切实的执行力。

六

太平天国的洪仁玕在《资政新篇》中提出过兴建铁路的主张，但天王洪秀全虽表面上表示赞同，实际上只顾享乐无心于此，未能着手实行。1863年，英国商人就有兴造上海苏州铁路之议，被时任江苏巡抚的李鸿章婉言谢绝。随着形势发展，1867年底李鸿章改变主意，认为，"与其任洋人在内地开设铁路电线，又不若中国自行仿办。权自我操，彼亦无可置喙耳"，遂向清政府提出建议。1872年，李鸿章致函丁日昌，指出，在经济上抵制洋商，必须"竟改驿递为电信，土车为铁路，庶足相持"，而当时负责统筹洋务的总理衙门"不敢置议"，"闻此议者，鲜不咋舌"，铁路电信之事又陷入停顿。

然而，此时沙俄进犯新疆，日本觊觎台湾，海防、塞防同时紧张。李鸿章深感交通阻滞，调兵运饷缓不济急，"倘如西国办法……有内地火车铁路，屯兵于旁，闻警驰援，可以一日千数百里，则统帅当不至于误事"。1874年底海防议起，次年李鸿章赴京面见慈禧，向奕䜣"极陈铁路利益"，再次提出修铁路计划。并建议先试造从清江浦到北京的铁路，慈禧"未置可否"，奕䜣也就不敢私擅主持。

1876年英商擅自修筑吴淞铁路，不料在6月通车数日后轧死一名中国人。7月，清廷令李鸿章和南洋大臣沈葆桢"妥商归宿之法"。美国驻华公使西华向李鸿章建议，吴淞铁路"准令洋商承办，照各国通例，由中国抽纳捐税十年，再照原价收回"。李鸿章予以拒绝，他认为英商背着中国政府，擅自修筑铁路，"实为有心欺藐"，为维持中国主权，必须收回。清廷出资收回后，沈葆桢将重金买回的铁路拆卸，铁路器材运往台湾，放置海滩任其毁坏，令李鸿章颇感无奈。

李鸿章深刻地认识到，建造铁路"尤属富强切要之图"，"顾铁路之妙用，在调兵运饷，铁路之命脉，在商贾贸迁，商贾辐辏之地，多一里得一里益"。洋人早已觊觎，"久思在中国兴建铁路"，常以代中国兴利为词，"今我先自兴其利，且将要路占造，庶足关其口而夺其气，使之废然而返矣"。

淮系干将丁日昌就任福建巡抚后，李鸿章致函丁日昌表示，"俄土战争方始，日本内乱甚长，似台防目前必可无事"，鼓励他"专致力于铁路、电线、开矿、招垦等务"。丁秉承李的意旨，上奏清廷主张在台湾修建铁路，以防外安内。清廷考虑到台湾地形特殊，1877年表示同意。但遗憾的是，没有良方解决经费问题。甚至，台湾绅士林维源、林维让兄弟自愿捐银50万元作为筑路经费，清廷却将这笔巨额捐款用于救灾，这无异于釜底抽薪，台湾铁路计划濒于破产。李鸿章亲自出马筹款，向英商丽如银行商借，但因利息过高而未成，不久丁日昌因患重病离台，台湾铁路遂成泡影。

李鸿章并没就此甘心罢休，1880年12月，他授意老部下刘铭传，向清廷上奏《筹造铁路以图自强折》，这道重要奏折分析了中国所处的国际局势，指出北邻沙俄"自欧洲起造铁路，渐近浩罕，又将由海参崴开铁路以达珲春。不出十年，祸将不测"；东邻日本"恃有铁路，藐视中华，亦遇事与我为难"。建议修造南北铁路各两条，但工程浩大需款甚巨不能同时进行，先修清江至北京一线，这正是李鸿章的一贯主张。尽管这个奏议是为国家自强起见，并非为个人或小集团的私利，没料到却引发了一场大论战。

翰林院侍读学士张家骧第一个站出来反对，他认为，铁路与官道并行，"拥挤磕碰，在所难免，伤人坏屋，易启争端"，这点虽然还算有些道理，但并不足以影响大局。其他理由则就未免可笑：如铁路会夺轮船招商局之利，导致该局营业不振，所购轮船，归于无用；清江浦为水陆通衢，铁路建成后更为繁荣，担心洋人要求增开为商埠。意思就是说，宁愿继续做抱残守缺的穷人，也不能冒着被强盗打劫的危险努力去做富人。

1881年初，李鸿章根据清廷妥议具奏的谕令，上呈《妥筹铁路事宜折》，在附片中指出，"我苟能自强，而使民物殷阜，洋人愈不敢肆其要求。若虑远人觊觎，而先遏斯民繁富之机，古今无此办法"。一针见血地批驳了张家骧的论点。进而，李鸿章论述了铁路的几大好处，如便于运兵御侮，保卫京师；"有无得以懋迁"，促进生产发展经济繁荣，国家税收增多；装载南方漕粮至京；邮件更便捷稳妥，可裁撤驿站，节省国库开支；铁路更快更经济，且无盗贼抢劫之虑；及时运送救灾物资，"多保民命"，等等。

但反对力量颇为顽固，通政使司参议刘锡鸿上奏反驳李鸿章，说修铁路"不可行者八，无利者八，有害者九"：中国险要尽失，外敌即可长驱直入内地城乡；购买外国铁路器械导致白银大量外流；铁路运费高昂，导致货价猛涨；丝茶出口量大增，其价格必下跌；最要害的一条是，国库不裕、民力贫弱，没有财力修筑铁路。

双方势均力敌僵持不下时，另外一位封疆大吏刘坤一的意见显得特别重要。刘坤一表示赞成修筑铁路，但他认为有两个问题须先考虑清楚：一是铁路建成后，成千上万靠车马人力运输为生的老百姓必将失业，无以为生就铤而走险，有可能激起民变；二是火车运载货物"雨骤风驰，何能节节停待"，内地税无法征收，会影响朝廷财政收入。这两点都是清廷命脉所系，统治者不敢贸然轻试，发出上谕对刘铭传所奏"著无庸议"。

七

万般无奈之下，李鸿章决定采取先斩后奏的办法。1881年，因开平产煤向外运输的急切需要，在李鸿章的主持下，终于较为隐蔽地建成了唐山至胥各庄全长为11公里的铁路，这是近代中国第一条自建的铁路。在修建铁路这件事上，李鸿章一再碰壁，至此方才有了实质性的突破，尽管唐胥铁路比1825年英国建成的世界第一条铁路（斯托克顿至达林敦）晚了半个多世纪，在中国却具有里程碑意义。以此为开端，中国的铁路修造工作逐渐铺开。

由于有醇亲王奕譞的支持，清廷没有为难既成事实的这条小铁路，也没有斥责李鸿章。其后，中法战争的实际情形更使得这个局面发生改观，奕譞和左宗棠等都公开表示赞同修筑铁路。1885年海军衙门成立后，负有兼管铁路事宜之责，李鸿章作为掌握实权的会办大臣，兴修铁路名正言顺。他决定，先在直隶辖区内施工，计划在唐胥铁路基础上分段兴建，北至山海关，南至天津，稳步前进。这种做法工程小，集资易，见效快，既促进开平煤矿发展，又有利于加强北洋防卫，可称得上一举两得。

1886年，李鸿章组成开平铁路公司，招集商股25万两，任命伍廷芳为总办，唐廷枢为经理，由该公司出面购下原属开平煤矿的唐胥铁路，再从胥各庄展修至芦台，1887年建成，改称唐芦铁路，全长约85里。这段铁路耗银10多万两，没有借洋债，保守派见奕譞支持就没敢公开反对，于是李鸿章商议将唐芦铁路续造至天津。清廷批准后，李鸿章遂将开平铁路公司从矿务局中分离出来，改组成中国铁路公司，任命心腹幕僚、津海关道周馥为督办，伍廷芳仍为总办，负责修筑津沽铁路，计划增添股金100万两，招商股1万股，每股100两，官督商办。

商人见诸事由官方做主，商股无权，大多不愿冒险，只募得10.85万两入股，即使加上李鸿章从天津海防支应等局借拨的16万两，仍远远不足。无奈之下，李鸿章只得考虑借洋债，先向英商怡和洋行借款60余万两，再向德商华泰银行借款40余万两，这才凑齐所需工程费用。津沽铁路1887年开工，次年10月完工，总长约130公里，全部建成通车。李鸿章试乘后说："自天津至唐山铁路，一律平稳坚实。桥梁、车机均属合法。除停车检查工程时刻不计外，计程260里，只走一个半时辰，快利为轮船所不及。"

李鸿章趁热打铁，打算继续将铁路从天津修筑至通州，全长200多公里。1888年冬，李鸿章通过海军衙门奏请修筑津通铁路，清廷仍表示同意。保守派终于忍无可忍地再次跳了出来，翁同龢、孙家鼐、徐桐等十余名京官群起反对，挑起近代中国铁路建筑史上的第二次风波。在一片气势汹汹的责难声中，李鸿章不得不暂时停下津通铁路建设，但并没有退却认输，他综合保守派的所有谬论，写下《议驳京僚谏阻铁路各奏》，一一批驳。

关于铁路有利外敌入侵，李鸿章说："敌乘我路，必须用车运载，将夺我车钦？……车已收回，无可夺也"，况且"铁轨已撤，地雷已伏"；关于修铁路"纷纷滋扰，民何以堪"，"环官府而诉者，日数百人"。李鸿章说，规划线路时会反复讨论，"以避民间庐舍、邱墓为最重要之端，不独津通铁路为然，即唐山之至大沽，大沽之至天津，亦莫不然，偶有一屋一坟，关碍大势，万不能避，则给以重价，谕令迁徙"；关于夺民生计，李鸿章说，国外情况表明，铁路运行后，原来以水陆运输为生的劳动者仍操旧业，或从事同铁路有关的职业如搬运货物行李、卖报纸、贩茶果、巡察货栈等，绝不会造成大量劳动者失业，而且唐山至芦台的铁路已通车两年，铁路旁新河的民船往来如故，国内的实际情况表明，铁路不会夺民生计。

奕譞痛斥保守派在中法战争期间"空言盈廷，杳无实际"，战后仍不思悔改，"局内创一事，则群相阻挠，制一械，则群讥縻费，锢习不化，相率若狂"。他还指出，像内阁学士文治"睹电竿而伤心，闻铁路则掩耳"之辈已无可救药。清廷谕令各省督抚对铁路之事发表意见，大多数人模棱两可，唯两广总督张之洞赞成修筑铁路，不过，他主张先修卢沟桥至汉口一段。清廷觉得此路更为重要，于是采纳了张之洞的建议，实际上隐含有扬张抑李之意，湖广总督裕禄不明就里上奏反对，被降调为盛京将军，清廷以张之洞为湖广总督主持修路。保守派见清廷决心已下，纷纷偃旗息鼓，不敢自找霉头。

奕譞赞扬张之洞"别开生面，与吾侪异曲同工"，"西果行，东亦可望"。但李鸿章心里明白，卢汉路长达3000里，工程艰巨，约需经费3000万两白银，几乎占清廷年财政收入的一半，在当时的情形下根本无力修建，张之洞此举无非是借修卢汉路之名、行扼杀津通路之实。然而，清廷同意，奕譞支持，李鸿章却有苦难言。因为自津通路批准后，他就向英商汇丰银行借银200万两，对方已支付13余万两。原打算用津通路通车收入归还津通与津沽路所欠洋债，支付津沽路商股利息，并为修筑唐山至山海关铁路提供资金，津通路停建使得李鸿章的计划全盘落空，对他无疑是一个沉重打击。

李鸿章当然明白张之洞的心思，他对奕譞说，"继思香涛之意，不过调停言路，不值与之辩难"，并建议奕譞在上奏清廷赞同修建卢汉路时，必须声明修建津通路确有益处，否则"知者以为优容，不知者且以为认错"。对张之洞修筑卢汉路，李鸿章并不看好，认为张"大言无实"，"恐难交卷，终要泻底"。张之洞却也不是泛泛之辈，他向清廷建议将卢汉路分为南北两段，汉口至信阳为南段，由他负责；卢沟桥至正定府为北段，由李鸿章主持。此举既不让李鸿章袖手旁观，同时又减轻自己任务和压力，万一不成还有个垫背，可谓一狡计。

李鸿章表示"自愧年衰力薄，不获目睹其成耳"，断定卢汉路难以成功。这时，沙俄侵略朝鲜步伐加紧，直接威胁着清王朝龙兴之地——满洲的安全。李鸿章看准这一机会，会同总理衙门上奏，建议缓修卢汉路，用此财力修筑关东铁路，当即获清廷批准。原卢汉路常年经费200万两转为关东路用款，由户部每年拨款120万两，16个行省各分摊5万两。关东路实行官办，清廷谕令李鸿章督办一切事宜，他万分欣喜，受命后马上派人前往勘路，计划每年修建200里。

此时，津沽铁路已修筑至滦州的林西镇，李鸿章决定从林西接修至山海关，再延至牛庄、沈阳和吉林。关东路1890年动工，1894年春林西至山海关全长100多公里建成通车。李鸿章校阅北洋海军后，就从山海关乘火车回天津，"六百余里，半日而达，极为便速。沿途阅视所作桥轨工程，均极坚稳，每里工价，较之西国犹为节省"。可惜的是，在这大好形势下，户部挪用关东铁路经费，用于筹办慈禧六十寿辰庆典，导致铁路经费竭蹶。不久甲午战争爆发，关东铁路遂被迫停建。

从1881年至1894年，经过李鸿章不断努力，在不损害国家主权的前提下，总计在北方修建了300多公里长的铁路线。他还全力支持刘铭传在台湾修筑铁路，1891年台湾铁路完成基隆至台北段，1893年向南修至新竹，全长约92.5公里。至1895年，全国已修造了400公里左右的铁路，其中由李鸿章主持修造的占大半。这些措施，促进了煤矿业和其他铁路相关工业的发展，并培养了近代第一代铁路工人和技术人员，有益于国计民生。

为了推广铁路事业，1896年12月，中国铁路总公司成立于上海，以公认"堪以胜任"的盛宣怀为督办，铁路修筑开始进入有组织有规划阶段。这一时期，铁路也开始被普通民众接受。1898年，被拆毁近20年之久的淞沪铁路重新修复通车，算是了却了李鸿章的一个夙愿。李鸿章以其独特的个人胆识和世界性眼光，力克顽固保守派的阻力，推行中国铁路的早期建设，并取得一定的成绩，加速了中国向近代化的转变，不愧为"我国路界惟一之元勋"（曾鲲化语）。

八

城市是信息高度聚集之地，频繁的信息交流是近代城市活动的一个特征。大容量的信息交流对城市通信技术提出了更高的新要求，尤其是商业信息和开拓新市场的需要，使得外国商人从19世纪60年代开始就积极在华铺设电线。

李鸿章发现德商企图在中国架设陆线，迅速致函总理衙门，指出："查各国旱线从未有准别国设立者，以权利所在，军务商务消息岂能使别国操之。"他认为，必须敬告洋人，"电线等事皆我自由之权"，"已设的电线必须拆去"。1865年春节刚过不久，总理衙门就密函各地将军暨各省督抚，征求他们关于设置电报线的意见。李鸿章在回复中认为，电报确实很便利，肯定难以长期加以禁阻，到了万不得已之时，"惟有自置铜线，以敌彼飞线之一法"。但遭到保守派的强烈反对，他们认为此时开办时机还不成熟。

1870年，英国用欺骗方式使清政府同意外国在中国设置海线。实际上，他们已偷偷在上海铺设了一段海线，此后更有恃无恐，将业务范围从香港延至上海，陆路则达九龙。受沙俄控制的丹麦大北电报公司也于

1871年将海线由香港、厦门接至上海，并经营上海至吴淞的陆线。法、美等国也争先恐后，不断向清政府条陈设置电线，并擅自在通商口岸架线通报。此后愈演愈烈，外国资本主义列强"欲并收中国通商各口之电利"，且"骎骎有阑内地之势"。

在这种情况下，洋务派不得不奋起反击，开始着手发展电线电报业。李鸿章多次奏请朝廷，强调电报实为防务必需之物，与其任洋人在内地开设铁路电线，不若中国自行仿办，权自我操，"若中国不亟自为，无以杜外人之狡谋，保我自有之权利"。强调必须要杜外人觊觎之渐，而保中国自主之权。1872年10月12日，他致函丁日昌说，"电线由海至沪，似将盛行，中土若竟改驿递为电线、土车为铁路，庶足相持。闻此议者，鲜不咋舌。吾谓百数十年后舍是莫由"。从中可见李鸿章的先见之明和高瞻远瞩。

1874年，日军侵犯我宝岛台湾，另一洋务派代表人物沈葆桢率军往援，在急如星火的军事实践中，他痛切感到"断不可无电线"，于是提议创办电报并奉旨奏准办理，然而由于保守派反对和洋商的借机敲诈，"因循迄无成就"。12月10日，李鸿章借题发挥，上奏说："今年台湾之役，臣与沈葆桢函商调兵，月余而始定，及调轮船分起装运，又三月而始竣，而倭事业经定议矣。""有事之际军情瞬息变更，倘如西国办法，有电线通报径达各处海边，可以一刻千里；有内地火车铁路屯兵于旁，闻警驰援可以一日千数百里，则统帅尚不至于误事。"希望以军情紧急不容延误的事实，说服清廷同意开办电报。

此时，轮船招商局已使用电报在上海总部和各地分部之间联系，1875年后，中国驻外的使节一般也都是通过轮船招商局上海总部向国内传递电信的。1878年，轮船招商局内正式成立了政府电信处，这一做法遂成为制度。在李鸿章的主持下，请天津鱼雷学堂教习贝德思指导，1879年塘沽军用电报线铺设并收发成功，尽管此线仅有百余里长，但"号令各营，顷刻响应"，它是中国第二条电报线，也是较完整的一条电报线，是中国自建电报之始，起到了"渐开风气"的作用。

1880年，当时清政府正与沙俄交涉伊犁事件。钦差大臣曾纪泽从俄国打电报到上海只用不到一天时间，而由上海传达消息到北京却少则六七天，多至十天以上。这种国际比国内方便、长途竟比短途快的现实讽刺，使李鸿章迫切感到全面铺设电报线的必要性。他向清廷建议："用兵之道，必以神速为贵。是以泰西各国于讲求枪炮之外，水路则有快轮船，陆路则有火轮车，以此用兵，飞行绝迹。而数万里海洋，欲通军信，则又有电报之法。于是和则以玉帛相亲，战则以兵戎相见，海国如户庭焉。近来俄罗斯、日本国均效而行之，故由各国以至上海，莫不设立电报。瞬息之间，可以互相问答，独中国文书尚恃驿递，虽日行六百里加紧，亦已迟速悬殊。查俄国海线可达上海，旱线可达恰克图，其消息灵捷极矣！"

限于国家财力，李鸿章根据轻重缓急，提出先行设置津沪电报线，由天津陆路循运河以至江北，越长江经镇江到达上海。"现自北洋以至南洋，调兵馈饷，俱关紧要，亟宜设立电报，以通气脉。如安置海线，经费过多，且易蚀坏；如由天津陆路循运河以至江北，越长江由镇江达上海，安置旱线，即与外国通中国之电线相接，需费不过十数万两，一半年可以告成，约计正线、支线，横亘须有3000余里，沿途分设局栈。"这项建议终于得到清廷批准。

李鸿章先命人"察看由津至沪设线地道，沿途应立巡线汛房分报料理，于天津设立电报总局"，在紫竹林、大沽口、济宁、清江、镇江、苏州、上海7地各设分局，任命盛宣怀为总办，郑观应、谢家福为会办。天津至上海的电报线1881年4月正式开工，至12月全部完工，耗时半年多，共开销白银17.87万两。12月27日津沪线全线连接成功，次日正式发报，第一份电报就是从李鸿章行辕发至江南制造局，其电文内容为"行辕正午一刻"六字。

电报局经费先由李鸿章从军饷内筹措垫办，打算等办成后，再仿照轮船招商局办法，挑选公正商董招股集资，按年分期缴还本金，免计利息。李鸿章为开办电报总局前后共拨款17.87万两白银，电报局改归官督商办后，先后归还了6万两，5年后又每年续还5000两，缴至2万两为止，其余的9.87万两，以头等官报费的方式抵扣。1887年9月1日，李鸿章代电报局上奏清廷，要求官报"按月结算报费，以一半由众商报效，一半……归出使经费项下按月核给"，以减轻电报局的成本负担。

另外，所有电线杆料免纳进口税；政府分派铭军200名，协助线路敷设。而且，电报学堂师生的一切费用也由官方支付，仅津沪线铺设时的电报学堂经费即达1.9万两之多。电报线沿途各汛弁兵马干口粮、修理汛房费用每年1.1万两，也由清廷从淮军协饷中开支，5年间共支出5.5万两。1883、1884年沪粤线设置时，李鸿章更征得清廷同意每年给予2万两的巡防费，5年共10万两。累计下来，李鸿章为近代电报事业提供了近35万两白银的官款支持。

电报局创设伊始"系归官办"，是鉴于电报线"绵亘三省，地段甚长"，而且创办之初一般国民思想还不够开通，觉得设线会有碍风水，导致拔杆、毁线的状况常有出现，所以李鸿章认为"非官为保护不可"，津沪电线在初期就是如此；另一方面，"电报原为军务、洋务缓急备用，自北至南所经之地，绝少商贾码头，其丝茶荟萃之区，尚无支线可通，线短报稀，取资有限，非官为津贴不可"。因此，从1882年3月后电报局即改由官督商办，"听其自取信资，以充经费"。

李鸿章这样向清廷释疑："窃思电局所以更归商办者，总分各局迢遥千里，常年用费甚繁，未便官为经理，各州县驿站，岁支正饷钱粮已巨，断无余力再筹此费。若酌取商民电资贴补，则以官吏较此锱铢，稍失体统。且出纳之间，稽核难周，弊混滋甚，必改归商办，斯国家收消息灵通之益，而无耗损巨帑之虞。惟是商民势涣力散，非善为倡导，则不能集事，商民见利则趋，非稍与盈余，则无由鼓舞。"清廷虽同意商办，但商人唯利是图，精于计较，不肯受意外之亏累，对电报这个新兴产业能否获利"茫无把握"，所以"初招商股甚难"，因此不得不由官方出面支持，并提供资本的方便。

九

电报可以挽救中国旧式军事系统内外联络的缺陷，1882年朝鲜壬午兵变时，中国军队之所以能很快平叛，实赖电报灵捷。李鸿章对此加以肯定："今年朝鲜之变，调船调兵及与各国驻使往返密商要务，迅捷已多，实属著有成效。"由此产生了铺设海线的打算。

英国公使格维纳见津沪电报线开通，趁机请求添设上海至广东各口及宁波、福州、厦门、汕头等口岸的海底电线。接着，法、美、德各国公使也向清政府请求在上海设立万国电报公司，打算增设上海至香港各口海线。格维纳甚至援引1870年的成案，即总理衙门允准上海迄南海底各口电线由英国铺设，希望由英商来负责添设上海至宁波、温州、福州、厦门、汕头各口的海线，甚至不待清廷批复，英商径自装运材料前往各口准备架设。

李鸿章觉得不能任由外国把持中国电报，与总理衙门反复进行函商，提出"釜底抽薪，息争止沸"之策，即由华商独造从上海到广东的沿海陆线，则外国海线必衰，英人将闻之夺气，即大北（丹麦大北电报公司）亦无所挟持，得到总理衙门同意。1883年1月16日，李鸿章正式上奏清廷，认为"惟有劝集华商，先行接办由沪至粤沿海各口陆线，以杜外人觊觎之渐，而保中国自主之权，使彼族无利可图，或者徘徊中止。且沿海各省与京外筹商军国要事，调兵催饷，均得一气灵通，于洋务海防，实有裨助。而商民之转输贸易者，亦借电报速达，利益更广"。

李鸿章一面以"电归商办，官不能帮"为由拒绝外国的设线要求，一面派盛宣怀到上海，劝谕众华商自设沿海各口陆线，以争先着，"当此外人窥伺，必须激励华商，群策群力，共图抵制"。盛宣怀会同商董候选道郑观应、候选主事经元善、国子监学正谢家福、副将王荣和等联衔驰禀，拟请自苏州、浙江、福建通商各海口，以达广东，与现在粤省所办陆线相接，计将六千里。李鸿章请清廷敕下沿途督抚转饬各地方官，随时照料保护，"勿使稍有阻挠损坏，以期事在必成，庶免华商裹足，外人贻笑。而各国添设海线之谋，当渐消阻，实于交涉大局有裨"。

其时，港粤商人已经组织了华合电报公司，从广州架设陆线到九龙连接香港。李鸿章便命上海电报局赶建苏浙闽粤陆线，以与华合公司的陆线相联结，希望英国见无利可图自动放弃设线活动。该线1883年2月开始兴建，从浙江动工，自北而南逐节架线，于1884春夏之交完成。这样一来，上海成了连接南北电线的枢纽，电报总局遂从天津迁到上海，李鸿章命盛宣怀任督办，郑观应、谢家福、经元善为会办。

1883年9月17日，李鸿章说，电线必改归商办，斯国家收消息灵通之益，而无耗损巨帑之虞。这当然是因为清廷财政拮据，无力继续承担开办电报的巨额费用，然而，电报的收益之大却是他没有料到的。到1885年4月17日，电报总局创办不到三年，官报电报费的收入便抵偿所欠之官款而有余。在众多的官督商办企业中，电报总局是盈利较高的，分配的股息也较优厚。"中国兴造电线，固以传递军报为第一要务，而其本则尤在厚利商民，力图久计。"

电报总局后来又铺设了长江电线，完竣后开始进行广西、云南线的架设。有电线的地方消息灵通，未设电线地方则消息迟滞，商情市况不免会畸轻畸重。因此，各该地将军、督抚纷纷上折请求架设电线，于是，广东连接广西和海南岛的线路，以及奉天、吉林、黑龙江、山东的电线也依次架设起来。福建到台湾的水陆线路于1886年建成，进入90年代，新疆的南、北两线设好后，还在乌苏和塔城之间铺了一条支线。

至1894年甲午战争前，我国除沿海各要地间均已建成陆线外，内地各主要商业城市之间也都陆续建立了电报联系。电报线总长度已达23000公里左右，总投资至少250万两白银。有线电报从上海北至北京，"东北则达吉林、黑龙江俄界，西北则达甘肃、新疆，东南则达闽、粤、台湾，西南则达广西、云南"，连成了一个"殊方万里，呼吸可通"的电报网，全国各行省都可通过电报进行联系，十分便利。

在中法接线的问题上，1888年盛宣怀向李鸿章禀称："只须章程严密，中国界内不准该国陆线侵越尺寸地步，亦不准该国设立电局，无事时不妨接线以收利益；有事时仍可断线，以示隔绝，自无窒碍。"12月14日，李鸿章据此上奏，"借通中外消息，甚于大局有裨"，只要"操纵由我"即可。这无疑是正确的识见，事实上，也并未因中国电线与外国电线相接而丧失主权。这表现出李鸿章不拘泥守旧、灵活机变的处事方式，有利于中国与国际的接轨。中国的国际有线电报通信，到1897年底，已可以与日本、东南亚及欧洲直接通报，不仅有海底电缆，而且有上海、北京至恰克图与西伯利亚的陆线相通。

到19世纪末，中国近代电报通信网络已初具规模，东至东三省，南至山东、河南、江苏、浙闽、两广，缘江而上至皖、鄂，入川、黔以达云南之极边，东与桂边相接，腹地旁推，"交通几于无省不有，即隔海之台湾，属国之朝鲜，亦皆遍设"。电报通信技术的使用和普及，使商业信息不再为外国商业资本家所垄断，推动了华商企业积极发展生产和参与贸易竞争。

十

在第二次鸦片战争后，中国民间传统的手工业形式受外国竞争影响逐步衰落，幸存下来的少数生产部门，虽然也有使用小型动力和简易车床等机器设备，但其规模力量和技术水平实在难成气候，"商困民穷，势已岌岌"，无法形成新的生产力，更不能完成晚清中国的经济近代化任务。

开府上海后的李鸿章清晰地认识到，"洋人要挟与否，视我国势之强弱，我苟能自强，而使民物殷阜，洋人愈不敢肆其要求"。"强与富相因，而民之贫富又与商埠之旺废相因。"也就是说，富与强之间、工商业发展与老百姓贫富之间存在着对立统一的辩证关系，李鸿章作为地方大吏对兴办近代民用工业自然不遗余力。在当时的社会经济条件下，引进机器是工业化迅速起步的捷径。但从国外引进大批机器，普通私人力所难及，因此引进机器的主体只能是政府，大型工厂也只有政府主办才比较现实。

然而，由于清廷疲于应付连年外侵和内乱，耗费国力无算，"军兴以来，凡有可设法生财之处，历经搜刮无遗"。甚至"百方罗掘，仍不足用"，维持各地军工制造局的运营已是勉为其难，遑论有余力开展民用企业。启动资本的严重缺乏，是制约近代中国经济发展的一个重要因素。

晚清的财政状况，造成了"全恃官力，则股本不足"的困难，"非商股不能辅官本之不足"。幸而，在近代中西交往之间应运而生了一批买办商人，由于机缘凑巧加上自身的灵活应变，他们迅速积累了大笔财富，同时因为对西方比较了解，也有投资新式工业的主观意愿。李鸿章兴办民用企业时舍弃军工企业的国家独资形式而采用政府与民间合资的形式，就是这个原因。

若没有政府出面主持其事，就很难迈出近代工业化的第一步；若没有买办商人的鼎力支持，洋务运动也很难深入发展下去。李鸿章发明的"官督商办"模式，为官僚地主、士绅买办、传统商人投资新式企业开辟了一条重要的渠道，也为晚清中国的经济近代化探索出了一条可行之路。当然，官督商办不能简单地理解为由官方掌握企业经济行政大权，经营亏损却由商人自行承担。所谓"官督"，指官方委派代表对企业进行监督、稽查，并对企业提供政策保护和扶持；所谓"商办"，指企业的经营管理全由商人负责，官方不得随意加以干涉，企业盈亏均由商人自认。

客观地说，这种做法在当时的社会发展水平下还是比较合理的。企业"由官总其大纲，察其利病，而听该商董等自立条议，悦服众商"。"官总其大纲"，既有政府对企业的护持，同时也含有对企业的支配和控制之意。当企业在生产、销售、资金周转等方面遇到困难，政府即相应给以官款垫支、专利保护或减免税等营业特权，以资维系。另一方面，为避免企业的经营活动逾越统治阶级所允许的范围，其用人、财务及基本经营方针，政府都须严格控制和掌握。因而，"商务应由商任，不能由官任之"，"商为承办"只是指资本来自私人，盈亏由商人负责。"事虽商办，官仍督察"，"不过此后盈亏与官无涉，并非一缴公帑，官即不复过问，听其漫无钤制"，"盖专指生意盈亏而言，非谓局务不归官也"。

当时，顽固保守势力排斥一切新事物，反对引进机器生产，反对借支官款开办新式工业；外国侵略势力也百般打压中国的新式企业，以免其成长壮大后影响它们在华的既得经济利益。在这种情况下，如果没有掌握实权的封疆大吏的保护和扶持，大型的新式企业是难以建立起来的，即使勉强建起也会朝生暮死、难以为继。

李鸿章看出，"外国官与商合，商之势大，故日臻富强；中国官与商分，商之势单，故日趋贫弱"。因而大力提倡官督商办。在他的主持下，官方资本形成的速度和规模都比较可观，成功地解决了首要的启动问题。机器生产由军火制造的狭小范围正式推广到"民生日用"的广阔天地，从而使近代化的重心由兴办军事工业转向兴办民用企业。

十一

李鸿章给予官督商办企业的保护和扶持是多方面的。首先是积极出面倡导，选派专门委员公开招募商股，购机设厂。这样清政府才予以承认或批准，新式企业才能迅速取得合法地位，一般的官僚、地主、商人才肯踊跃认股投资。比较重要的大型民用工业，如轮船招商局、上海织布局和开平煤矿，以及电报局、铁路局等，大都是李鸿章如此操办而成。

为了使近代民用企业能够顺利举办，李鸿章挑选了一些"极一时之选"的洋务人物，如唐廷枢、徐润、郑观应等，他们先后担任过大洋行的买办或总办，独自经营过与外贸有关的企业，既熟悉西方商情，能与洋商周旋，又手握巨额资本，拥有经营新式企业的丰富经验，在华商中享有崇高的威信。郑观应更赋予商战较完备的近代概念，"初则学商战于外人，继则与外人商战"，对如何与洋人进行商战有着清醒的认识。

招商局的启动资金除了官款之外，主要来源于徐润、唐廷枢及与之有交谊的商人。在招商局的第一期资本额100万两中，徐润拥有24万两，唐廷枢投资额至少在10万两。开平煤矿的主要投资人，也是唐、徐以及与他们有联系的"港粤股商"，徐润自称他在开平煤矿有股本15万两。有人追述说："溯招商、开平股份，皆唐、徐诸公因友及友，辗转邀集。"

其次，是为官督商办企业提供相应专利或特权。这里又包括多种形式，如垫款、借款、津贴，给予减免税厘或独占经营等。李鸿章多方设法为民用企业提供官方贷款，一般规定在8年内归还，利率非常低，假如企业遇到资金困难，则分年还本，缓缴利息。招商局开办的经费是李鸿章从户部争取而来，从1872至1879这短短的几年时间里，李鸿章先后共拨出官款约200万两白银给轮船招商局。这巨额款项，不仅帮助招商局度过了重重难关，也使其有经济力量一举兼并美国旗昌轮船公司。

李鸿章向清廷陈奏："查泰西各国专以商务立富强之基，故于本国轮船莫不一力保护，使其可以坚守，不致为他船侵夺。其维持之法各有不同，英、法、美三国公司轮船，其国家每年津贴一百万金……今招商局先后借拨官款一百九十余万两，每年再加拨漕粮装运，似与英、法、美国家津贴之意相合。"

轮船招商局享有运输漕粮的专利权，也是李鸿章争取而来，"必准其兼运漕粮，方有专门生意，不至为洋商排挤"。日常运营中，轮船招商局"除报纳关税外，其筹防落地等捐概行免缴"。1877年，"准其搭货二成进出海口，免予输税"。1886年，给予招商局运漕回空船只载货免缴北洋三口出口税二成的权利，还将黑龙江的米豆"改由官雇轮船承运……借可革除浮费，撙节用项"。招商局同外商轮船竞争陷入困境，李鸿章奏准，所借款项"仿照钱粮缓征、盐务币利缓交之例，将该局承领各省公款，暂行缓缴3年利息，借以休息周转，陆续归还旗昌及钱庄欠款，3年满后，自光绪六年（1880）起，即分4年提还官本。……分年带缴，为数较轻，或尚不甚吃力"。

时刻关注国外情形的李鸿章看到，"泰西各国进口税则，有值百抽十五、抽二十者，甚有值百抽四十者"，实行贸易保护主义，而中国"仅值百抽五"，税率如此之低，自然造成洋货蜂拥而入，对我国民族经济的正常发展构成严重威胁。因此，改变这一不合理状态，提高进口税额是当务之急，"以期商务渐旺，税课日增"。对民族产品，李鸿章则努力争得采取轻税减厘等一系列优惠措施，"征外人之利而护本国之商"，保护民族企业健康发展，增强与外商的竞争能力。

上海机器织布局到1893年共借得北洋官款达26.5万两，它还在上海享有10年特许的专利经营权，产品销售则获得减免税厘的权利。布匹织成后，"在上海本地零星销售，应照中国通例，免完税厘，如由上海径运内地及分运通商他口转入内地，应照洋布花色，均在上海新关完一正税，概免内地沿途税厘"，这样可以比洋布少负担5%的进口税和2.5%的子口税。

开平矿务局在税捐方面也甚获优惠，原来土煤税银每吨为0.672两白银，李鸿章建议清政府减税，"以恤华商，而敌洋煤"。经清廷批准后，李鸿章将开平煤税减为0.1两。税率降低，意味着减少了经营成本，这样开平煤对洋煤就更具有竞争力，在市场上很快打开了销路。又如，电报总局初创时不仅获得清政府的垫款，而且得到巡路津贴。李鸿章提供或争取而来的这些低利率官款和轻税免厘的优惠待遇，有力地保证了新兴民族企业的顺利起步，大大增强了它们与洋商竞争的能力，有利于这些新式企业的成长和发展。

第三是对官督商办企业予以各种指导和扶持，防止顽固保守势力的干扰和破坏，以及遏制外国侵略势力的排挤和倾轧。假如没有李鸿章提供的种种庇护，这些新式企业或许早就已经被扼杀于摇篮之中。

保守派视近代科技为奇技淫巧，并惊呼"通商之患，将无底止"，百般设法进行阻挠抵制，然而，中国放弃闭关自守，实行对外开放，发展国际贸易，进入世界市场，这是非人力可阻挡的近代化大势所趋。再如，借洋款修铁路之事，竟然被说成是"假外援以窥神器"。实际上，对于贫穷落后的国家来说，开展近代化建设，借用外国款项有时是必需的，只要借款条件合理合法，这是正常的经济来往和相互交流。

李鸿章与保守派之间存在天壤之别，他主张以变应变，正因如此，他向清廷提出了三个计划，其中重要的一条就是添口通商、提高税率。70年代中期，李鸿章在致友人信函中多次谈到添口通商的问题："滇案及通商各事，将就议结，非多添口岸，无以饵英人，然添口通商，于中国利害参半，未为全失。""中土门户早经洞开，即添数口，利害各半。""人皆震惊于添口之多，无论口岸非自我准添也，添十口与添一二口利益轻重适均。"其实，当时开埠通商已是世界通例，"西洋各国到处准他人寄居贸易，而仍日益强盛，可知其病不在添口，而在不能自强"。

十二

　　轮船招商局创办之初，就受到旗昌、太古轮船公司的联袂相倾，李鸿章明确表示，"洋商既拼命挤跌，公家需倍示体恤"，因此"准令华商轮船沿江沿海及内河不通商口岸，自行贸易，独擅其利"，"外人断不能觊觎均沾"，从经济、道义上鼓励华商与外商积极竞争，以为国家民族挽回利权。

　　李鸿章非常注意维护华商利益。1873年招商局改订章程，李鸿章坚决支持唐廷枢等人的建议，明确写上：商局事属商办，请政府免添委员等人，"以节糜费"。在招商局归还官款问题上，他一再强调，官款官息可以"缓缴"，但"非万不得已，不可议减商息也"。此外，他有次偶然发现天津海关勒索浮费，立即奏请派官查明，禁止吏役肆意勒索，"以除积弊，以恤商民"。

　　洋商对我新办企业"抵牾尤甚……以条约似是而非之处附会恫吓"，"思欲倾轧中国商局，以逞其垄断之心"，李鸿章毫不买账。招商局等企业在中国较早地实行股份制，为防止被洋人利用新式规则暗中插手，所发行的股票及取息手折上均编列字码，填写名册，"以杜洋人借名"，并向本国股东明文规定"不准让与洋人"。1886年，轮船招商局已先后借洋债100余万两。为避免洋人利用债权干涉局务，李鸿章一再告诫经办人员，尽可能先还洋债，缓还官款，"若令官本洋债一齐拨还，商力仍不能逮，……俟洋债归结后，即责令分年筹缴官本"。在中西内外之间，李鸿章分得十分清楚。

　　1880年，刘铭传奏请借外债修筑铁路。在"欲筹之官，则挪凑无从，欲筹之商，则涣散难集"的情况下，李鸿章认为向外国借债实"系不得已之办法"，但他强调向外国借债时必须慎重，提出了三项防范性的规定：首先，一切招工、购料与经理铁路事宜，由我自主，借债之人不得过问，以防止铁路被洋人明火执仗地占据或把持；其次，"不得将铁路抵交洋人"，并且"不准洋人附股"，以免被其悄然渗透；再次，必须事先议明"借款与各海关无涉"，但由朝廷指定日后所收铁路之利陆续归还，以免外国势力借铁路债款侵害中国财政或肆意勒索。我国自行修筑铁路的目的，就是为了"息各国之垂涎"。李鸿章明确表示，违反这三点要求，便拒绝借款。

1872年，李鸿章在请求广开矿山时就提出"用洋器洋法而不准洋人代办"。上海机器织布局《招商集股章程》里也明确规定"凡雇洋匠，必择妥慎洋行主保荐，立有华洋合同笔据，注明督教华人、兼理夜工字样。不准酗酒滋事，玩忽误公。除礼拜停工外，援照局定时刻在厂办事，月得辛资若干。倘该洋匠不守本分，贻误公事，将所扣银两备抵另邀洋匠川资"。

对洋匠中的桀骜不驯之徒，李鸿章坚决予以制裁。1867年天津机器局成立，崇厚聘请美国驻津领事密妥士主持局务。李鸿章接办后，改派沈保靖为总办，密妥士十分不满，处处为难，使沈无法工作。1871年秋，李鸿章以密妥士"因病"、"机器未甚精核"为由，予以辞退。再如马格里，他在辅助李鸿章之始比较认真负责，但任职金陵机器局期间组织私人武装卫队，在局内横行肆无忌惮，李鸿章1874年将其降为工头。

1875年大沽炮台试放金陵机器局制造的两门大炮发生意外爆炸，马格里不积极查找事故原因却极力推卸责任，李鸿章便下令撤销了他的职务，此后金陵机器局一直由中国工匠主持。当时一位外国人对李鸿章任用洋匠的做法如此评论说："国内的领导人物，尤其是李鸿章，决心尽量开发中国的富源，不要外国人帮助，开头当然需要外国的工程监督以及技术工人，但是要把这些人严格地置诸中国人监督之下，对他们的努力慎加戒备。"

1882年美国商人魏特摩（旧译为"华地码"）等拟在上海开办纺纱厂，被上海道以李鸿章为机器织布局奏请的10年专利为由拒绝。魏特摩不服，致函美国驻上海总领事哲沙尔向上海道交涉，并由美国公使杨格照会总理衙门。总理衙门明确指出，机器织布系中国创办之举，"予限十年内只准华商入股，不准他人再设，业已奏明在案，……是故不准华商另行设厂，然则何能反而允准洋商得设厂欤？"义正词严地加以驳斥，在李鸿章和其他洋务派的坚决抵制下，该洋商的设厂企图终被制止。

几年后，又有日本大阪纺织会社筹划在上海建轧花厂，纠集英、美、德三国商人，不经中国政府允许，就擅自在浦东购地建厂，也被李鸿章勒令停工。但日商悍然无视中国方面的抗议，竟然于1893年将大批轧花机径直运入上海。李鸿章态度非常强硬，令海关禁止入口。日商又啸聚各国驻沪领事纠缠不休，但李鸿章始终没有妥协。

十三

李鸿章采用官督商办或官商合办等形式创办近代民用企业，"商招股以兴工，不得有心隐漏，官稽查以征税，亦不得分外谋求，则盈亏全归商人，与官无涉，上下相维，二弊俱去"。他不仅这样说，在实际过程中也是这样操作的。比如，"轮船招商局之设，系由各商集股作本，按照贸易规程，自行经理"。《招商局局规》规定"商总为商局主政"，"总局、分局、栈房、司事人等由商总商董挑选精明强干、朴实老诚之人"充任，董事任职"以三年为期，期满之日公议或请留或另举"。这既可以集中闲散资金用于经济建设，又可以精选经营管理人才提高公司的经营管理能力，三可以增强企业的凝聚力与吸引力，四可以相互监督，尽量减少腐败现象的发生。

上海机器织布局的招商章程中也明文规定，"事虽由官发端，一切实由商办"。在创建开平煤矿时，李鸿章再次强调："煤铁仍由商人销售"，一切"悉照买卖常规"。《开平矿务局招商章程》规定，"股份一万两者，准派一人到局司事"，大股东可派代表驻局；企业内部的用人权也由商人执掌，开平矿务局所以取得成功，除了市场需要和矿藏丰富之外，更重要的是在资本招募、利润分配、财务管理以及人事制度方面具有较高的近代化程度。

晚清中华大地上涌现出的官督商办企业，都采用了股份公司的形式，特别是轮船招商局、开平矿务局历年经办的示范作用极好，堪为典范。统计数字表明，轮船招商局在初创时，每股价值100两，到1880年6月，经七届结账分红，股息所得累计已达70两。至1882年底，轮船招商局集股即达200万两，仅在1883年这一年，就"添招新股一百万两"。招商局还每年公布账略，向社会宣告经营、盈利情况。开平煤矿的商股资金，在1889年增加到150万两。开平煤矿、轮船招商局的股票，在市场上以高出面值80%～130%的价格出售，竟然都还供不应求。

在1877年至1883年期间，很多中小型矿业公司都以官督商办的名义到上海招股，招集到的私人资本数量极为可观。凡开办工矿企业，"一经禀准招商集股，无不争先恐后，数十万巨款，一旦可齐"。外国人在上海办的《字林西报》1883年1月22日报道："沪上股份风气大开，每一新公司起，千百人争购之，以得股为幸。"轮船招商局、开平矿务局、电报总局等企业的股票，除了在80年代初金融风潮那段短暂的期间外，市价一般都大大超过了其实际的票面值，人们争先恐后地抢购。

李鸿章对官督商办制度多次作了阐述，这种特殊制度深受官僚、地主、商人的欢迎，为他们投资新式企业开辟了一条重要的渠道。官督商办这种新形式的出现，既避免了封建政权对兴办近代工矿业的限禁，又排除了封建传统观念和守旧势力的阻挠，促使货币财富的投资由土地、钱庄向近代工业完成一个巨大转变，顺应了社会发展。据有关统计，甲午战前通过官督商办形式兴办的近代工矿交通企业就有30多个。

当然，由于新生事物的特殊性，一开始不可能那么成熟和完美，不得不采用一些特殊办法。有些企业章程虽议定商总由商董中推举，但实际上最后仍由李鸿章等上奏札委，假如总办上任后不符合他们的要求，或者被认为有什么"过错"，就会被随时撤换。企业虽然由总办具体负责经营，但诸凡章程议定、招集股本额、置办机器设备、财务收支、盈余分配和亏损处理，都须向洋务派官僚禀准；遇有揭控，官府则要随时派员整顿清理。

如1887年，李鸿章奏定漠河金矿章程和委派李金镛总办局委时，就指出"重大事体应禀商北洋大臣、黑龙江将军酌夺"，只不过，因为"该厂地处极边，驿程积滞"，才允许"遇有小事由该员相机酌量妥办"。人事、理财等主要权力为政府所掌握，企业的运营就在实际上被政府所控制和支配。

十四

此外，民用企业在享受特权的同时，也必须报效清政府。如轮船招商局的船只须随时听候南北洋大臣的调遣，并减收水脚费用为清政府运送军队或军火；电报总局须优先拍发清政府有关军务、洋务的"头等官报"等等。不过，总的说来，在中日甲午战争前，洋务派对官督商办企业提供保护和扶持是主要的，超过了企业为此所付出的相应代价。因此，当时一些大型的官督商办企业几乎都获得了不同程度的发展，并在一定程度上赢得了社会的信任。

但是，19世纪八九十年代洋务派官僚盛宣怀和张翼接替唐廷枢、徐润和郑观应，担任轮船招商局、开平矿务局和上海机器织布局这中国最早的三大民族企业的总办之后，企业的商办性质很快就改变了。新兴民族工业的成败兴衰，在很大程度上取决于具体经办人的思想水平和管理能力。

与此同时，19世纪90年代以后，官督商办企业中"官"的扶植护持作用越来越小，束缚抑制反而日益明显，曾经对官督商办满怀期待的上海商人也都裹足不前了。长期从事官督商办工矿企业活动的李金镛谈到当时上海的严峻事实："中国自泰西集股以来，就上海一隅而论，设公司者数十家，鲜克有终，而矿为尤甚，承办者往往荡产顿产，犹有余累，'公司'二字久为人所厌闻。"

另一方面，洋务企业的兴衰，不仅仅取决于自身的经营状况，还与清朝财政的盈虚休戚相关。在洋务运动期间，清廷对军用工业的投资在5000万两以上（包括军工企业的常年经费），民用工业的投资估计不会超过1500万两，合计在6500万两左右，其中军用工业占到3/4以上。这说明，近代工业财政投资的基本结构是军用工业远远大于民用工业。

尽管如此，晚清中央财政对洋务企业的支持算不上十分积极有力。慈禧太后主政后，采用权力制衡手法，在支持开办洋务的同时，以清议制约日渐强悍的地方督抚。保守派一直在喋喋不休："奈何以中国礼义之邦而下同外夷之囷利乎？""山川之神不安则旱潦之灾易召。""直欲破坏列祖列宗之成法以乱天下也！"诸如此类，李鸿章为之深为感叹，"中兴之初，深宫忧劳于上，将帅效命于外，一二臣者主持于中，有请必行，不关吏议。乃事定后，朝廷无人力能主持大计，于是兴革大政，犹豫不决，朝令夕改，终则多无所成"。

除了天津机器局、江南制造局、金陵机器局、汉阳铁厂等少数大型企业得到中央财政的补助或拨款外，大多数洋务企业都是依靠地方财政的调剂而兴办起来的。这从一个侧面说明，洋务经济活动的主要动力来自地方。由于太平天国起义造成清廷财权的下移，为各省督抚经营洋务企业提供了一定的有利条件，但事情的另一面是，他们把企业视为自己的禁脔和私产，机随人走，即使调任也不放权，制约了企业本身的做大做强。

在近代化的初始阶段，以国家为主投资经办企业，对近代经济的起步无疑是有利的。但在发展一段时间后，一些弊端和矛盾逐步暴露出来，政府直接经营的近代企业，因机构臃肿、效率低下而成效不著。在民间经营近代企业的条件逐渐成熟以后，设若以国家资本大力扶助私人资本，或许能加速生产力近代化的步伐。然而，洋务运动时期国家资本的特点，决定了它不仅无意扶植私人资本，反而极力将私人资本纳入自己控制的轨道。这样，洋务企业在中国经济近代化过程中的作用就显得极为有限了。

十五

李鸿章"为中国数千百年国体、商情、财源、兵势开拓地步"，义无反顾地投身近代企业的筹建和创办，"冀为中土开此风气"。他发明的官督商办经营模式，是符合近代化早期阶段中国的特殊国情的，由官办到官督商办，再到官商合办、纯粹商办，构成了中国近代企业发展的曲折线路图，也凝聚着李鸿章审时度势、反复斟酌的辛酸血泪。

与实业发展相配套，在经济立法方面，1898年清廷制订颁布了一些章程法律，如《路矿章程》和《振兴工业给奖章程》，有利于民族经济的发展。到1903年，《公司律》《商人通例》《奖励公司章程》《商标注册试办章程》《奖给商勋章程》《商会简明章程》，以及《商部接见商会董事章程》《铁路简明章程》《大清矿务章程》等一系列法规出台，规定了商人的权利，提高了商人的地位，有助于改变"重农抑商"的社会风气，并号召商人组织商会，保护商人的利益，这些都大大提高了商人们投资工商实业的热情，促使中国近代经济比过去有了更大的发展。当然，这已是后话了。

李鸿章不止一次剖明心迹，这些举措都为"收回中国利权起见，事体重大，有裨国计民生，故须官为扶持，并酌借官帑，以助商力之不足"。官督商办形式的出现打破了经济发展迟滞的困顿局面，既从经济政策上为商业资本投资近代工业提供了保障条件，又得以用股份制集资的新办法集中社会上的闲散资本，开办如航运、纺织、电报、矿产、铁路等大型民用企业。

在近代中国，高税率、高运费是许多企业无法克服的困难，只有得到像李鸿章这样的高层官员支持，这些企业才能得到一些便利，得以顺利发展。官督商办可以在税收、营业专利等方面取得政府的扶植和支持，以官款助商力之不足，加强它们抵制外国资本的竞争力量。更重要的是，官方的这种表率和激励，促发了民间风气的开化，从而使得经济近代化有了星火燎原之势。

制造局大都采用机器生产，组织了大批工人，尽管机械化程度还不是很高，但毕竟引进了西方先进的机器和工艺，在生产技术方面发生了空前的大变革。李鸿章早就肯定地指出："洋机器于耕织、印刷、陶埴诸器皆能制造，有裨民生日用，原不专为军火所设。妙在借水火之力，以省人物之劳费。"并料定，数十年后，"中国富农大贾必有仿照洋机器制作以自求利益者，官法无从为之区处"。果不其然，在李鸿章等洋务派人士创办上海炸炮三局、江南制造总局、轮船招商局等一系列使用机器生产的企业之后，民间仿效者日益增加。

近代工矿企业获得一定发展，在80年代后发展尤其迅猛，至1895年已达近百家。据统计，1858—1911年间全国由民族资本设立的资本在1万元以上的民用工矿企业有953家，创办资本总额为2亿多元。而1901—1911年就设立了650家工矿企业，资本总额为1.4亿多元，其中江苏162

家，湖北82家，广东54家，四川42家，直隶37家，浙江36家，奉天30家，福建22家，安徽21家，山东20家，湖南11家，江西10家。

当时晚清全国共有人数在500人以上的企业39家，其中外国资本经营的11家，工人约2万人；清政府经营的13家，工人约2.5万人；民间经营的15家，工人约1.4万人。也就是说，中国经营的近代企业在数量上占了72%，工人人数占了2/3。相对而言，华资企业比外资企业在某些方面还是具有一定优势的。至甲午战争前，以李鸿章等洋务派创办的洋务企业为骨干，中国经营的近代企业已发展到了一个新的阶段，对外国资本主义的经济侵略起了一定的抵御作用。

李鸿章还倡议自铸银币、设立近代银行。早在光绪初年，他即认定："铸洋之议……，有王者起，扫除一切敝政，必来取法。"为此，他提议自铸银圆、统一币制，但却无人支持。他非常感慨地说："西国银币可行五洲而传数世，极为裕国善策。往在都中力言于当事，顾阎相等皆不谓然。"1885年10月，他还向慈禧请设"官银行"，但户部满尚书崇实反对，奕谖和慈禧都不当回事，以致中国第一家银行延后12年才得以设立。

十六

当外轮霸占航运，纱布等各种洋货以铺天盖地的势头涌向内地，列强贪婪地觊觎着中国矿产、铁路电报、纺织缫丝等民族利权之际。利源外泄，主权不保，是中国积贫积弱的根本原因。李鸿章对这严峻的形势有比较清醒的认识，先后在江海航运、工矿企业、铁路电报和纺织等行业中倡导、推行了一系列"收回利权""保我利权""与洋商争利"的措施，在一定程度上捍卫了民族主权和利益，推动了中国民族经济的发展，从而使其经济近代化思想焕发出"民族自强"的奇光异彩。

李鸿章决心循西法以日进于富强。首先，他先后提出"寓强于富""必先富而后能强"等主张，说明他对洋务的认识有一个不断深化的过程。这种认识的发展，又对洋务运动的深化起到了全局性的指导作用。其次，针对外商纷至沓来，舶来品充斥市场的状况，他主张振兴商务"与洋商争利"，目的在于抵制与制约外来商品的流入和外商的经济侵略，这就有利于中国资本主义工商业的发展，顺应了中国近代化的历史潮流。

李鸿章深知，国家的富强，除练兵制器、发展实业之外，必须加强交通建设，以资配合，所以交通的各方面，如航运、铁路、电报、邮政，都成为他全力以赴的目标。李鸿章在洋务运动中创办的军事工业、民用工业和交通运输电信业对近代城市的发展起着直接促进的作用，近代矿业则为近代城市的发展提供了必要的能源，加速了城市化的进程。企业招募的工人大都是自由出卖劳动力的雇佣劳动者，其工资基本由技术熟练程度决定，也说明这些洋务企业已具备了近代企业的性质。

作为一个时代的佼佼者，李鸿章在主持南洋和北洋通商事务的过程中，不断向外界吸收各方面的近代知识，充分认识到商务在当时国际事务和富国强兵的要求中占中心地位，力主进一步对外开放，以参与商业竞争来改善中国在国际上的实际地位。在初始阶段，如果没有政府的支持、完全靠商人自己去参与国际市场的竞争，确实是很困难的。李鸿章恰好起到了这种不可替代的引领作用。

近代中国的纺织、开矿等产业，直到甲午战争前都未被外国侵略者染指，说明了李鸿章挽回利权的措施在一定程度上抵制了外国经济侵略势力的扩张，延缓了中国半殖民地化的进程。甲午的失败并没有宣告洋务运动彻底破产。军事上的失利，没有造成工矿企业、铁路邮电全部破产的严重后果。恰恰相反，其后还有不少新的洋务企业陆续兴办，民族企业也更加活跃，这些企业继续为中国经济的近代化发展发挥着积极作用。

李鸿章提出并付诸实施的堵塞漏卮、收回利权的行动，吹响了抵制外国经济侵略的集结号，警醒了中华民族，发20世纪初收回利权运动的先声。

"师夷长技"——李鸿章与中国科技文教近代化

在几千年的封建框架束缚和几百年的闭关锁国之后，中国人对外界的认知大受影响，"徒知侈张中华，未睹寰瀛之大"，认为我教化远播四方，超越夷人之上，对夷俗、夷技不屑一顾。尽管在洋枪洋炮驱迫下打开了国门，但随便与洋人打交道，接触洋人和西方文化，是有悖"严夷夏之大防"伦理观的，严重的甚至被看作离经叛道、里通外国的汉奸行为。

在西方强大武力的胁迫下，本来中国长时期的强势急速蜕变为绝对弱势，可以想象，绝大多数中国人都是难以接受的，甚至是发自内心排斥的，在民族文化感情上存有一种无奈与不甘，但同时也饱含着对民族复兴的一种热切期待。

一

作为国家的优秀人才，士大夫们面对危机时急切地希望通过自身的努力来达到救国强国的目的。然而由于知识体系所限，他们尽其所能、倾其所学而为的，只能是从中国浩繁的古籍典章中，找寻能正确解释现实的根据和合理应对现实的妙计。他们的愿望非常美好，心情又是如此迫切，提出了无数设想和对策，但终究难以找到正确的方案。

这是因为，经历产业革命与政治革命而成长起来的西方体制，无论是政治军事还是经济文化，在人类历史上原本就是前所未有的，所以即便阅尽中国古籍也不可能找出确切具体的解答。唯一的办法，就是虚心向先进的西方学习，穷尽其奥妙，再设法迎头赶上。

西方文化的进入，对近代中国的传统文化产生了突破性的冲击和难以估量的影响，改变了中国社会和文化的性质。中国不再是"不藉外夷以通有无"的天朝大国，不少有识之士认识到中国已落后于世界形势，继续故步自封就等于是坐以待毙，必须正视现实奋起直追。

另一方面，"经世致用"在封建社会里一直被士大夫们颂扬秉承，也算是一种"有善可陈"的传统吧。到中外激荡的道光年间，读书人中又涌现出一批有见识有作为的士大夫，如林则徐、龚自珍、魏源等，他们主张经世致用，学有所长，以解决社会现实问题。

鸦片战争爆发后，林则徐、魏源、奕山等作为身处战事一线的官员，比其他人更先了解英国等西方国家的强大，为了实现"制夷"目的，他们认识到必须要"洞悉夷情"。林则徐不但注意调查敌方的即时动态，组织人员翻译外文报刊，搜集外国讯息，而且主持编译、刊印《四洲志》，努力改变国人对西方历史和现状的无知状态；还翻译国际法，与世界接轨，运用新的知识捍卫国家的利权。

面对强大、先进但一再侵略和欺侮中国的西方列强，晚清部分开明的中国人，没有因为内心的排拒而影响到他们在现实理性上卧薪尝胆式地主动学习西方。战争的失败，催生出对新文化的探索，如魏源的《海国图志》和梁廷枏的《海国四说》等作品，向国人详细介绍西方的史地概况。

为突破"夷夏之防"的传统观念，从意识着手改变国人的旧有思维，魏源从理论上寻求"师夷长技"的根据，他说："夫蛮狄羌夷之名，专指残虐性情之民，未知王化者言之。故曰先王之待夷狄，如禽兽然，以不治治之，非谓本国而外，凡有教化之国，皆谓之夷狄也。且天下之门有三矣，有禽门焉，有人门焉，有圣门焉。由于情欲者，入自禽门者也；由于礼仪者，入自人门者也；由于独知者，入自圣门者也。诚知夫远客之中，有明礼行义，上通天象，下察地理，旁彻物情，盘串今古者，是瀛寰之奇士，域外之良友，尚可称之曰夷狄乎？"

在强调"欲制外夷者，必先悉夷情始"的同时，魏源还提倡设立译馆"专译夷书夷史"。但遗憾的是，"师夷"策略遭到顽固保守派强大的政治抵制，这股"师夷"思潮仅局限在少数开明士大夫中，没有坚持多久便被扼杀了，对社会大众的直接影响并不太明显。后来冯桂芬提倡"采西学"，主张"以中国之伦常名教为本，辅以诸国富强之术"，可以说是引发洋务运动的直接思想先驱。

至咸丰、同治之交，以"治平""经世"为己任的学者和官吏将经世学风发展为广泛传播的经世思潮。在此思潮推动下，士大夫们将知识应用于实践，务实地解决一些现实问题，可以说是对"以天下为己任"士人优良传统的继承和发展。直到洋务运动渐次开展起来后，曾、左、李等人以此为蓝本，才坚定地提出"师夷长技以自强"的鲜明口号。

洋务派的共同点是对传统夷夏观开始破除，他们在对外交流中认识到西方并不是"性如犬羊"的鄙陋蛮夷，而有其独到的长处，尽管中国的礼仪制度远胜于西方，但在其他很多方面都须向西方学习。"师夷长技以自强"的提出，标志着中国古老的文化堡垒被打开了缺口，这一命题具有醒世惊俗之功效，为向西方学习之事创榛辟莽，开一代进步思想之先河，并在其后较长的时段内影响着中国人的学习方向。可以说，洋务运动为中国文化近代化向更深层次迈进做了物质的和思想的准备。

二

文化是客观社会的政治和经济发展到一定程度在观念形态上的反映。一般来说，具有政治远见的伟大历史人物，都十分重视教育，因为教育不仅是一种学习，一种发展，更是一种重要的传承。李鸿章可谓近现代史上重视教育、注重人才培养的杰出代表，他主持或参与创办了一系列的近代文化教育事业。

面对中国的失败，深居朝廷的理学大师们的根本对策是"立国之道，尚礼仪不尚权谋；根本之图，在人心不在技艺"。认为"师夷"的做法是"变而从夷，正气为之不申，邪气因而弥炽，数年以后，不尽驱中国之众咸归于夷不止"。在倭仁看来，读圣贤书的中国士子，是维持圣道人心的砥柱，是维系中国之所以为中国的民族精英。让他们去奉夷人为师，"无论所学必不能精，即使能精，又安望其存心正大，尽力报国乎？恐不为夷人用者鲜矣"。

针对这种论调，李鸿章有力地反驳道："中国士夫沉浸于章句小楷之积习，武夫悍卒又多粗蠢而不加细心，以致所用非所学，所学非所用。无事则嗤外国之利器为奇技淫巧，以为不必学；有事则惊外国之利器为变怪神奇，以为不能学。不知洋人视火器为身心性命之学者已数百年。"

在给总理衙门的上书中，李鸿章还表示："盖中国之制器也，儒者明其理，匠人习其事，造诣两不相谋。艺之精者，充其量不过匠目而止。洋人则不然，能造一器为国家利用者，以为显官，世食其业，世袭其职。故有祖父习是器而不能通，子孙尚世习之，必求其通而后止。"指出了中西对待技艺的不同态度。

在李鸿章看来，"天下万物万事皆有制造之法之意，何可藐视？"而中国文人士子蒙蔽于"重道轻艺"的传统观念，以儒家道统为"身家性命之学"，李鸿章毫不掩饰地说，"我却未见圣人留下几件好算数器艺来"，真可谓冒天下之大不韪。

率淮军到上海后，他亲往英法军中参观，从"常胜军"统领戈登、马格里那儿学到了不少东西，在各种对外交涉活动中了解一些西方情况。通过清朝驻外使节（如郭嵩焘、李凤苞）和懂西学的幕僚，间接获取近代知识，不耻下问。同时，从各种报刊、译著中增加对西方的认识，如《防海新论》就带给他不少新知和启发。

随着对西方的了解，李鸿章也逐渐从表象走向深入，"彼西人所擅长者推算之学、格物之理、制器尚象之法，无不专精务实，渐有成书。经译者十才一二。必能尽阅其未译之书，方可探赜索隐，由粗显而入精微。我中华智巧聪明岂出西人之下，果能精熟西文，转相传习，一切轮船、火器等巧技，当可由渐通晓，于中国自强之道似有裨助"。

到洋务运动后期，他们才把西方的根本特质看得更清楚，正如郑观应在《盛世危言》初刊自序中说："乃知其治乱之源、富强之本，不尽在船坚炮利，而在议院上下同心，教养得法。兴学校、广书院、重技艺、别考课，使人尽其才……育才于学堂，论政于议院，君民一体，上下一心……此其体也。轮船火炮，洋枪水雷，铁路电线，此其用也。"

三

李鸿章认为，"经国之略，有全体有偏端，有本有末"。所谓"本"，就是"事事远出西人之上"的"中国文物制度"。刚开始学习西方时，他坚持中国文物制度"迥异外洋獉狉之俗"，"固自有在"，是"郅治保邦、固丕基于勿坏者"的根本，而"仿习机器"只能用作"治标"。因此，当时学习西方的原则是，"以中国之纲常名教为本，辅以诸国富强之术"。

到1877年，李鸿章看到，"西洋水陆兵法及学堂造就人才之道，条理精严，迥非中土所及"。北洋海军管带留洋、天津水师学堂等等，即是这种认知下的产物。对比1864年所言"中国文武制度，事事远出西人之上，独火器远不能及"，说明李鸿章在学习西方上有了较大的飞跃。

李鸿章觉得最重要的是，"取彼之长，益我之短，择善而从"，不存在什么夷夏之防的问题。"若不稍更成法，于洋务开用人之途，使人人皆能通晓，将来即有防海万全之策，数十年后主持乏人，亦必名存实亡，渐归颓废。"将培育人才与重视西学作为海防建设的根本，说明李鸿章具有长远的战略眼光，也唯其如此，才能得到清廷足够的重视。

洋务派在文化教育上的一个重要举措是设立洋务学堂，"择通晓时务大员主持其事"。其创办的影响较大的洋务学堂有10多所，按具体门类可分为语言学堂、军事技术学堂和水师武备学堂3种类型，其中由李鸿章奏准创设的最少有5所，有的甚至是近代中国教育史上的首创。在众多洋务派中，热心培育人才、积极创设洋务学堂和派遣留学生者，当首推李鸿章。

1862年京师同文馆设立，李鸿章非常赞同，他觉得，与洋人交接，必先通其志，达其意，周知其虚实诚伪，才能有称物平施之效。平等交往的前提当然是必须懂得外国语言文字，而当时对外交涉的官吏大都依赖买办或通事之流，甚至是懂汉语的外国人，李鸿章忧心忡忡地说："洋务为国家怀远招携之要政，乃以枢纽付若辈之手，遂至彼己之不知，情伪之莫辨，操纵进退迄不得其要领，此非细故也。"所以，设立同文馆培养专门外语人才，"实为良法，行之既久，必有正人君子、奇尤异敏之士出乎其中，然后尽得西人之要领而思所以驾驭之，绥靖边陲之原本实于此"。

受此启发，李鸿章也认识到，上海为洋人总汇之地，书籍较富，见闻较广，是培养外语人才比较理想的地方。"互市二十年来，彼酋之习我语言文字者不少，其尤能谈我经史，于朝章、宪典、吏治、民情，言之历历，而我官员绅士中绝少通晓外国语言之人。"向清廷奏请设立广方言馆，1863年3月底正式开馆，"选近郡年十四以下资禀颖悟、根器端静之文童"入馆学习。

广方言馆的监督例由上海道兼任，首任监督是应宝时，其后依次为涂宗瀛、沈秉成、冯焌光、刘瑞芬、汤小秋、聂缉椝、刘麟祥、吕海寰、袁树勋和蔡钧。1870年迁入江南制造局之后，又设有总办一职，通常由制造局总办兼任，陈兰彬、冯焌光、李兴锐等十余人先后担任。其中颇多李鸿章的淮系成员或湘系后裔。另外，设监院一人负责掌管学务，首任监院为冯桂芬，章安行、叶承铣等人都曾出任监院。

师资力量上，广方言馆聘请林乐知、傅兰雅、金楷理，分别为英、法、德文教习；中文教习则有徐寿、华蘅芳等4人，分经学、史学、算学、词章四类，另聘品学兼优的绅士为总教习。馆中选派精通外国语言的委员董事4人，在每天外语教习课读时，充当翻译。

与同文馆不同的是，广方言馆招生对象更广，李鸿章认为，"惟多途以取之，随地以求之，则习其语言文字者必多，人数既多，人才肆出"，因此不分满汉。在教学内容上，《上海初次议立学习外国语言文字同文馆试办章程》规定："凡肄业者算学与西文并须逐日讲习，其余经史各类，随其资禀所近分习之。专习算学者，听从其便。"算学列为正式教学内容，是李鸿章在广方言馆的首创，算学在当时被看作各门科学的基础，"西人制器尚象之法，皆从算学出，若不通算学，即精熟西文，亦难施之实用"。京师同文馆最初仅设英文馆，1863年"添开法、俄文馆"，1867年才增设天文、算学馆，而此时上海广方言馆已经培养出了第一批既懂外文又懂算学的人才。

1868年，上海广方言馆学生严良勋、席淦、汪凤藻、汪远焜、王文秀等5人奉命进京考试，奕訢对他们的表现都很满意，认为"该生等于算法颇能通晓，即翻译汉洋文字亦皆明顺，均无舛错"。可以说，是一种比较高的肯定了。

广方言馆前后历时42年，总共培养了14期560名学生，分布在外交、教育、科技、军事、政治等各个领域，其中不少人都取得了一定成就。如有9人担任公使，2人位至外交总长，2人代理过国务总理，这个成绩在晚清的同类学堂中是非常突出的。

上海广方言馆是一所集外语与近代科学于一体的新式外国语学堂，在课程设置、考核评价以及实际应用能力培养等方面具有一定特色，其传承与借鉴价值比较突出。如广州的广方言馆，就是仿照上海成例，由广州将军瑞麟、两广总督毛鸿宾在1864年奏请设立的。

李鸿章在上海还参与创办了重视科技实用的格致书院。1874年，得知其不能筹足开办经费后，李鸿章带头捐银1087两，在此垂范下，随后不少淮系军政人员和绅商积极出资赞助，总计占到总数的80%以上。格致书院1876年6月22日正式开学，李鸿章为其亲笔题写匾额，并先后5次为书院的春季考试出题。

1873—1913年，从倡议到停办，格致书院为中国近代新制教育之滥觞，更是近代科学教育之先驱，为各地所纷纷仿效，如1875年的厦门博闻书院和1884年的宁波格致书院。康有为1895年到上海开办强学会时，还特意托人介绍，前往拜访王韬，参观格致书院，汲取其办学经验，表明了中国士绅对格致书院尊崇之重和寄望之殷。

四

除了在上海所做的努力外，担任直隶总督期间，李鸿章在天津陆续创办了电报、水师、武备、医学等洋务学堂。他建立的各类学堂，同其他省份创办的学堂比较，不仅在数量和类别方面占有优势，而且其中许多还具有开创和示范意义。

1880年，他提出设立天津电报学堂，雇聘外国教习，"造就人材"，"以备各分局总管报房之选"，很快得到清廷批准。其招生条件，是"兼通英国语言文字"。10月6日，天津电报学堂正式开学，聘请丹麦人璞尔生（Paulsen）等为教习，教授"电学与发报技术"。学堂课程设有基础电信问题、电报地理学、数学、制图、电力照明、电磁学、电测试、材料学、铁路电报设备、电报线路勘测、陆上电线与水下电线的建筑、仪器规章、各种电报制度与仪器、国际电报规约、电报实习、英文和中文等。

它是中国最早的电报学校之一，也是近代中国第一所工业技术学校。较好的学生用四五年时间即可毕业，然后分配到各地的电报局工作，暂时不能胜任工作的毕业生则被送回电报学堂进行补习。到1895年为止，天津电报学堂共有毕业学生约300名，是近代中国最早的一批电报人才。天津至上海的电报线竣工后，清政府又计划在几个主要城市之间架设电报线，因此急切需要电报生，简直供不应求。

晚清之际，列强"以兵胁我，殆无虚岁"，而中国却缺少"练达兵略精通洋法"之人，为此洋务派开办了不少军事学堂。李鸿章1876年创办天津水雷学堂，聘请外国教习，招收少年学子，为海军制造铁舰、快船、鱼雷艇以及各种水雷等。1878年11月12日，他在上清廷的《机器局经费奏报折》中称："臣以水雷为海防要需，于光绪二年四月（1876年5月）已延订西士，选募生童，就局内添设电气水雷局，教练一切。"这个电气水雷局指的就是水雷学堂，是中国第一所培养水雷技术人才的军事学校。

天津水雷学堂当时已经能够仿制世界上的先进水雷，包括重约500磅的触雷、1000磅的沉雷和150～700磅的撞雷，并多次到沿海水域进行试爆，效果良好。1880年第一批学员毕业，被分别派赴大沽、北塘海口，负责水雷和电报事宜，学堂继续招收新生。1881年9月24日，李鸿章在上奏的《机器局请奖折》中，对水雷学堂研制的水雷装置予以肯定，

"轰放皆能应手"，赞赏局员匠目"锐意研求，故能不借师承，自成利器"。

这是一所学、产结合的技工学校，开创了近代中国海军职业技术教育的先河。不仅为晚清海军培养输送了一大批水雷电气技术人才，而且为近代海防武器力量的强大发挥出重要作用。继天津之后，南京、广州、旅顺、威海等地也先后办起了自己的水雷学堂。1883年旅顺设立水雷鱼雷营，到1891年，在威海湾南北两岸各增水雷营一处，并于南岸水雷营内附设水雷学堂。李鸿章巡阅时，认为"肄业生多颖异勤谨之士"。旅顺鱼雷学堂先后毕业学生三届，计23名。

天津水雷学堂作为近代军事技术教育的发源地，在我国军事发展史上自有一定地位，只是由于其附设在天津机器制造局而名气不响。天津水师学堂建成后，水雷学堂正式改组为"水师管轮学堂"。

五

李鸿章深知晚清军事制度和文化教育远远落后于西方，要开展近代化的军事教育改革，必须从培养人才入手，选拔具有近代军事知识和作战能力之人来充实清军军官队伍。他明确指出，腐败怯懦的绿营将官不能胜任近代军事管理，必须打破清朝的祖制成规，用新的标准来衡量选拔军事人才。他认为新型军事人才的最理想标准是"道贯中西"，既懂得中国礼法，又掌握西方军事技术、操法和战法。然而，传统的八股取士无法培育出此种人才。

此时，晚清的近代海军学校只有创办于1866年的福州船政学堂。1875年，根据《筹议海防折》，光绪帝特命北洋大臣李鸿章创设北洋水师。北洋海军初创时，所需管驾、大副、二副、管理轮机炮位等人员，"皆借材于闽省"，但从福建调配需要时日，而且南北方水土各异，尤其到后来，北洋海军的舰船数量增加，"需人甚众"，靠借材已不能解决用人之需，"必以学堂为根本，乃可逐渐造就，取资不穷"。

1880年，李鸿章为作养轮船、将才之计，奏请设立天津水师学堂，

"参酌西国成规、拣派监督、教习，招考学生入堂肄业，逐渐练习"。李鸿章奏请由熟谙制造及驾驶学堂事宜的吴仲翔担任学堂总办，并将刚从英国学成归来的原福州船政学堂学生严复聘为驾驶科洋文总教习。1881年7月校舍建成，即招收学生入堂学习。

学堂原来仅设驾驶科，1882年5月添设管轮科，专门培养轮机人员。驾驶科的课程有：天文、地理、重学、几何、代数、微积分、平弧三角、驾驶御风、测量、演放鱼雷等项，管轮科则有算学、几何、三角代数、重学、物力、汽理、行船、汽机、机器画法、机器实艺、修定鱼雷等。天津水师学堂是中国近代第二所海军学校，在华北则是最早的一所，"开北方风气之先，立中国兵船之本"。

1884年秋季水师学堂第一届学生毕业，李鸿章委派罗丰禄和吴仲翔、严复于10月30日至11月4日对学生进行全面考试，4日还邀请英国助理领事霍伍德（W.Howard）和俄国炮舰舰长史塔克（Stork）一同检查。7日，李鸿章本人也到校会考。结果，"该兵官等金谓，欧洲水师学堂所留、以俟上练船后指授之学，此堂均已先时预课"。罗丰禄也表示，堂中所授繁难诸学，多为从前闽厂驾驶学堂洋教习所未及。其办学成绩可见一斑。

1886年11月水师学堂季度考试，李鸿章前往考察中英文各科目的教学。数学题目采用英国皇家海军学院考察海军上尉的试卷，参试者除个别外均获通过，其中40%的学生表现优秀。

1887年秋天，驾驶学堂第二届学生毕业考，科目包括代数、三角、航海术和理论、航海、天文学等。试题仍由严复选自英国皇家海军学院，难度相当高。考试结果，多数人成绩达到合格之上。各科平均分分别为55、53、50、51，如去除一两个因病假而状态不佳者，则平均分数为60、56、53、54。在20名学生中，有8人的分数在80分以上。此外，立体几何及几何学锥线法，平均成绩为46分，其中四人成绩超过75分。航海天文实践课难度较大，平均成绩为48.4分，有两份答卷达到皇家海军学院的荣誉标准，一人满分，另有三人在80分以上。静力学难度最大，平均成绩只有34分。测绘学平均成绩在60分以上。

李鸿章创设天津水师学堂，培养炮船、快船和铁甲舰"管驾、大副、二副、管理轮机炮位人员"，为中国近代海军建设做出了贡献。1888年北洋海军正式成军后，1889年，李鸿章还奏请添设威海水师学堂，是年冬，从上海、福建、广东等地招收学生36名，另有10名学生自费附学，共46名。学堂总办由北洋水师提督丁汝昌兼任，下设委员、提调、总教习、洋文教习各一名，汉文教习两名。1890年5月，威海水师学堂开始授课，课程设有英文、几何、代数、驾驶、天文等，其章程制度按天津学堂办理，因此基本相似。

因地处北洋海军基地威海港内，威海水师学堂在教学上有着独特优势，北洋海军可为其提供操场、武器，并配有"敏捷""康济""威远""海镜"四艘训练船，供学生操练。该校学生在进行课堂学习的同时，得以兼习外场课中的枪炮和体育课程，这是当时其他学堂所没有的。威海水师学堂共开办四年，培育出一届驾驶班共30名学生，后毁于甲午战火，学生并入天津水师学堂继续学业。著名的毕业生有吴纫礼，历任北洋、国民政府要职，中将军衔，新中国成立后曾任安徽省委委员、全国政协委员、中央人民政府军事委员会委员；罗开榜历任国民政府陆军部次长，代理陆军部总长，中将军衔。

天津水师学堂与更早的福州船政学堂，都被后来新设的水师学堂所效法。如张之洞创办广东水陆师学堂，"其规制课程略仿津闽成法"。天津水师学堂毁于1900年。在它开办的20年时间里，共有毕业学生210名，比较知名的有曾任民国大总统的黎元洪、南开大学创始人张伯苓，以及伍光鉴、谢葆璋、刘传绥等。毕业生中驾驶学生125名、管轮学生85名，不少人参与了甲午海战，有的以身殉国。

六

中法战争后，在加紧海防建设的过程中，为学习西方各国陆军学校培养人才的经验，提高北洋陆军的素质，李鸿章于1885年创办天津武备学堂，从淮军及北洋各营中挑选"精健聪颖、略通文义之弁目，到堂肄业"，又从弁兵中"择取精悍灵敏者"百余人及"文员愿习武事者"，入堂学习西洋行军新法。这些学员主要来自周盛波、李长乐、曹克忠、唐仁廉、刘盛休、叶志超、吴育仁、徐道奎、史宏祖、宋庆等部，绝大部分是淮军骨干。李鸿章委派亲信幕僚杨宗濂为学堂首任总理，以牢牢控制这一培养近代军事人才的基地。

天津武备学堂于1885年2月正式开学，雇聘德国军官李宝、崔发禄、哲宁、那珀、博郎、后阉士等充当教习。具体学习内容有天文、舆地、格致、测绘、算化、炮台、营垒等，并操习马队、步队、炮队及行军、布阵、分合、攻守等近代军事战术。当然，经史是必不可少的课目。要求两年肄业期满，学生"于西洋后膛各种枪炮、土本营垒及行军布阵，分合攻守各法，必能通晓"。从1887年起，学堂开始招收13—16岁的良家子弟，每年40名，学制5年。

学堂所开设课程大都为首次列入学校教学，这使中国在军事教育内容上开始向近代西方国家靠拢。在教学方法上，开始强调军事教育与实践的结合。武备学堂学生在完成课堂教学外，还须每年到旅顺口、山海关等军营炮台实习两个月，第一个月练习步兵、骑兵、野战炮兵和工程兵的军事指挥，第二个月练习测量和绘图等技术操作。这些都促进了中国近代军事教育的变革和发展。

醇亲王奕谖1886年巡阅北洋时，对武备学堂的印象是"规制整肃，各生徒于陆路枪炮台垒之法，童而习之，长令入营带队，必得实用，将才自日出不穷"，虽不无夸大，但可看出清廷对其寄望甚殷。1891年热河发生骚乱，李鸿章遴选学堂学生，"赴前敌各营练习战事，考证所学，屡获胜仗，颇著成效"。

学员学成之后，发回各营，"由各统领量材授事，转教员弁"，以使成效最大化。在李鸿章看来，"学堂为储备将材之地"，将来"材武之士全赖学堂为之甄拔造就"。武备学堂的创办，正是为对抗船坚炮利的西方列强做准备，"故居今日而言武备，当以其人之道，还治其人；若仅凭血气之勇，粗疏之才，以与强敌从事，终恐难操胜算"。

李鸿章首创的武备学堂，积极主张通过学堂培养陆军人才，明确提出"学堂为培植将材根基"，在当时实在是远见卓识。天津武备学堂是中国近代最早的陆军学校，它使陆军军官的产生由行伍选拔变为学校培养，从而最终导致了武举制度的变革和废除。可以毫不夸张地说，近代中国的陆军正规化教育，正是开始于天津武备学堂。李鸿章的设想是，这样坚持下去不间断，"数年以后，教学相长，观摩尽善，北洋各营，必全晓西洋近日行军制胜之方矣"。不仅如此，它在教育管理制度、教育方针、教学内容与形式等方面都进行了有益的探索，带动了其他武备学堂的开办，为其后的武备学堂提供了一个可资借鉴的办学模式。

此外，李鸿章还计划建立"武备书院"，培养将才，"可备国家干城御侮之用"，但由于经费不足未能建成。天津武备学堂共开办15年，培养出1000余名毕业生，其中不少是通晓西方"行军制胜之方"的军事干部，为20世纪初清政府编练新式陆军提供了一批人才，如段祺瑞、冯国璋、王士珍、曹锟、陆建章、张怀芝、田中玉、雷震春等都是天津武备学堂的毕业生，后来成为北洋新军的骨干力量。

李鸿章创设的天津水师学堂和天津武备学堂是当时两所影响较大的军事学堂。他曾有以下论断："泰西各国讲究军事，精益求精，其兵船将弁必由水师学堂，陆营将弁必由武备书院造就而出，故韬略皆所素裕，性习使然。闻其武备书院，学舍林立，规模宏廓，读书绘图有所，习艺练技有所，专选世家子弟年少敏干者童而习之，长则调入营伍，由队目荐充将领，非可一蹴几也。当其肄业之初，生徒比屋而居，分科传授，其于战阵攻守之宜，直视为身心性命之学，朝夕研求，不遗余力，而枪炮之运用理法，步伍之整齐灵变，尤为独擅胜场。我非尽敌之长，不能致敌之命。"这段话，清晰地表明了其心迹。

七

在军队建设服务方面，北洋海军创办之初，李鸿章就雇募洋医分派各舰，但"为费不赀"，所以"兴建西医学堂造就人才，实为当务之急"。他接触西医机会较多，在有一些成功的经历后开始信奉西医，认为"西方各国行军以医官为最要，而救治伤科，直起沉痼，西医尤独擅专长"。早在1880年，李鸿章资助英国教会医生马根济在天津设立总督医院，次年开办北洋医学馆，招收学生学医，聘请马根济医生和驻天津英美海军中的外科医生担任教习，但规模较小，毕业生不到20名。

在此基础上，1893年12月8日，李鸿章创立天津西医学堂，附设在天津总医院内。它沿用天津水师和武备学堂章程，学制为4年，不分科，以英语医书为课本。初设时分为第一、第二两班，"其第一班学生十名，拟于上海、香港文学堂挑选已通英国语言文字者……第二班学生十名，拟于天津紫竹林丁家立中西书院及武备幼学堂挑选"。课程设置大体按照西方医学校的标准，设有解剖、生理、内外科、妇产科、皮肤花柳科、公共卫生、眼耳鼻喉科、治疗化学、细菌及动物学。李鸿章心想，"如各医官学生等技艺精进，能与西医颉颃，则拟将期满之洋教习随时裁撤"。

李鸿章创办天津西医学堂的目的，是为北洋海军培养医官，因此学生学成后，即"派赴海军各营舰充当医官"。到甲午战前，天津西医学堂共毕业近50名学生。在战船"镇远""定远"上设有二等医官一名和管病房司事一名，"致远""济远""靖远"、"经远""来远"上设三等医官一名，在"超勇""扬威"快船上也设有三等医官一名，在各个守船、练船、运船上也都各设有三等医官一名。

这是中国自己设立的第一所正式西医学校，开近代西医教育之先声。学堂一直持续至1930年停办，共有毕业生16届，培养了218名陆、海军军医，他们对中国早期军事现代化、官办医学教育乃至医药卫生的发展做出了贡献。尽管其创办稍嫌太迟，在中日之战中没显出什么大的功效，但总览其前后过程不难看出，李鸿章的考虑还是比较周到的。

据不完全统计，1895年前，洋务学堂培养出各类学生有近3000名，所学主要分为外国语言、工程技术、军工和医学四类。尽管现在看来或许层次不高，知识体系也没那么完整，但在近代已殊为难得，对创建中国新式高等教育起到了一定的奠基作用。

除正式学堂外，洋务企业也起着传播西方科技知识的作用。李鸿章创办洋务企业，开始由于缺乏技术支持，不得不雇洋人指授，不过，他这样做是含有深意的，"所望内地员匠学其器而精通其意，久之自能运用，转相传习，乃为经久之道"。如办电报局时附设电报学堂，雇洋人教习中国学生，"自行经理，庶几权自我操，持久不敝"。他对关心国家前途的知识分子寄以殷殷厚望，多方鼓励，希望能够"师其所能，夺其所恃"，最终取而代之。

1866年，容闳建议在江南制造局内设立兵工学校，经曾国藩批准后，江南制造局予以采纳。两江总督马新贻在建立该学校时明确表达了其性质与任务，他说："查外国造船行船及制各种利器，皆有专门之学。上年局中觅雇洋人翻译制造诸书，正欲先明其理与数之所以然，使门径既辟，得以循序渐进。"制造局附设学校，就是要"挑选聪颖子弟分门学习，以期日起有功"的"明其理与数之所以然"。因此，它带有实业学校的性质是很显然的，容闳称这个学校"造就无数机械工程师"。

无独有偶，在郑观应的发起下，轮船招商局于1894年创建了驾驶学堂。他如是说："商战需从学问上讲求。既需船械，精制造；既精制造，要识驾驶，所谓有人才而后可与人争胜也。"学堂对总教习一职要求很严，"必须由驾驶学堂出身，考领超等文凭者，应教法得其上乘乃克膺此重任"。郑观应认为"江裕"船主萧克适合担任总教习，于是和萧克签订合同，条款规定："限期五年，尽心竭力教导诸生，务期于限内洞悉行船一切技艺，绝无隐瞒挂漏。"可惜的是，萧克的教学成效不太显著。

八

李鸿章敏锐地看出，对西学"欲因端竟委，穷流溯源，舍翻书读书无其策"。1867年，江南制造局聘用了几名曾经在安庆为曾国藩工作的中国数学家和工程师，其中包括徐寿、徐建寅和华蘅芳。在这些人的建议之下，制造局征得两江总督同意后，先行试译。到1868年上半年，傅兰雅等人共译出四种，即《汽机发轫》《汽机必以》《运规约指》和《泰西采煤图说》，曾国藩阅后给予高度肯定，遂上奏请求开办翻译馆。

　　1868年6月，制造局翻译馆正式开馆，出版中文版的西洋科学技术书籍。翻译馆先后聘有伟烈亚力、傅兰雅、玛高温、林乐知、金楷理等英、美传教士，他们在华生活多年，汉语水平足以向中国的笔录人员口述技术著作的译文。制造局中长于化学物理的徐寿、徐建寅父子，及长于数学的华蘅芳、华世芳兄弟等，都参与这一工作，或直接译著，或协助西人。

　　在广方言馆并入之前，翻译馆已译出了一些书，但到1871年才开始刊印出版。多数为科学技术方面的书，少数属于社会政治历史著作。前者如《汽机发轫》《汽机新制》《汽机必以》《制火药法》《开煤要法》《井矿工程》《代数术》《微积溯源》《三角数理》等，以及化学方面的《化学鉴原》、《化学分原》等书。这些科技知识的基本书籍，是当时中国介绍西方科技最早的一部分图书，被各地机器局广泛采用，并被后来开办的各类新式学堂当作教材。

　　广方言馆的12个中国人和5个传教士学者通力合作，把许多从伦敦订购来的书籍准确地译成中文。到1875年，已译出这类书籍40余种，到1877年底，已经出版的翻译本和改编本著作达54种之多。其中不少是关于蒸汽轮机、制模和铸造技术以及格林炮、克虏伯炮之类的手册。另外一些是比较有战略性的著作，例如封·希理哈的《防海新论》（1868年版），中译本于1874年出版后，李鸿章很快就加以仔细阅读，认为"所论极为精切"，并在筹议海防奏折中采纳了此书的一些观点。还有一些是数学和自然科学的教科书，诸如白起德的《运规约指》（1855年版）、鲍曼的《实用化学入门》（1866年版）以及田大里的《声学》（1869年版）等等。

　　广方言馆归并到江南制造局的翻译馆后，译书实力更为强大，内容仍以介绍近代科学技术知识为主，兼及各国政治历史。翻译馆译成一大批最早传播西方科技知识的书籍，"藉是稍窥要领，牖启高明"。梁启超称赞这些书籍，是光绪年间人们求知识于域外的"枕中鸿秘"。到1904年，先后共译印出各类书籍159种，总数达1075卷，译书活动一直持续到清末，共出版西书180种。在翻译西书引进中国方面，制造局翻译馆的作用最为突出。

此外，1874年，江南制造局附设建立操炮学堂，专门培养军事工程技术人才。课程有汉文、外文、算学、绘图、军事、炮法等。1881年，操炮学堂改为操炮营，1898年，并入江南制造局工艺学堂，后又改为兵工学堂，并附设有兵工小学。

工艺学堂是江南制造局为培养生产技术力量，于1898年设立的。原先制造局设有画图房，有生徒10余名，授以汉文、外国文、算学、绘图等课，各厂的一般机器图样，都由这些生徒绘制，是培养工艺练习生的机构。工艺学堂即在画图房的基础上扩充而成，学生名额增加至50名，除原有画图学生外，还调取各厂匠童20名，不足之数，招选广方言馆的学生及社会聪颖子弟补入。学堂规定4年毕业，课程内容除保留画图房旧章外，还仿照日本大阪工业学校章程，设立化学工艺和机器工艺两科，并以制造局所属各厂为学生实习实验场所。

课本首先选择翻译欧美各国及日本的各种工艺书籍切于实用者，还聘请日本人藤田丰八协助翻译。全年固定经费约需银6000两。教员人数，学堂规定聘用国文教习2人，西文教习6人。西文教习并未聘用外籍人员，全部由局中熟悉化学机器等学者分别担任。如教授算学的是华蘅芳，教授化学的是徐华封，另有王世绥、杨渐逵、华备钰等3人，分别教授工艺、绘图、机器等课程。这些人员，都是当时制造局里的中方工程技术骨干，他们能够担任教学工作，说明他们的科学技术知识已达到一定水平。

工艺学堂实收学生各20人，专门造就制造人才，学生毕业后，除由总理衙门选调赴京者外，均留充沪宁两地学堂的教师，或担任制造局中的员司。不过，由于工艺教学这一工作进行得太晚，规模也不大，所获成果也微不足道。1899年，工艺学堂被并入广方言馆中。

洋务企业里以翻译馆和附属学校为中心培养出一批近代科技人才，形成了一支较早的科技队伍，他们是近代中国最先进技术和生产力的掌握者，也是我国近代工业化的推进力量，在近代化的早期有着不可低估的历史作用。例如，上海近代化学工业创始人吴蕴初（先后创办了天厨味精厂、天原化工厂、天利氮气厂）、中国化学工业社的创始人方液仙、上海鉴臣香料厂的创办人李润田均为广方言馆的学生。可见，这些洋务企业的文教机构也孕育出了民族工业的一代人才。

九

在留学耶鲁回国的容闳的影响下，李鸿章认为，选募学生出洋肄习西学、培养人才是"中国自强根本"和"目前当务之急"，因此积极主张向国外派遣留学生，直接学习西方科学技术，并打算把派遣留学生作为培养人才的一种长久性的战略措施。

当此时，北京已设同文馆、上海设广方言馆选文童肄业，上海、福州、天津都已开始设局仿造轮船、枪炮、军火，因此有人质疑说，"似中国已有基绪，无须远涉重洋"。为促成其事，李鸿章在同曾国藩的会奏中力陈，"一旦遽图尽购其器，不惟力有不逮，且此中奥窔，苟非遍览久习，则本源无由洞澈，而曲折无以自明"。最后得出结论说，"设局制造，开馆教习，所以图振奋之基也；远适肄业，集思广益，所以收远大之效也"。

他们还列举外国成例："凡西人游学他国得有长技者，归即延入书院，分科传授，精益求精，其于军政、船政，直视为身心性命之学。"他竭力说服清廷当权者采纳留学建议："今中国欲仿效其意，而精通其法，当此风气既开，似宜亟选聪颖子弟，携往外国肄业，实力讲求，以仰副我皇上徐图自强之至意。"

1871年6月26日，曾、李联名致函总理衙门，正式阐明：拟选聪颖幼童送赴泰西各国书院，学习军政、船政、步算、制造诸学，使西人擅长之技中国皆能谙悉，然后可以渐图自强。8月18日，曾、李又联衔上奏，请求恩准幼童出洋留学，派员在沪设局，访选沿海各省幼童，每年以三十名为率，四年计一百二十名，分年搭船赴洋，在外国肄习。不久，总理衙门复奏，同意了这个建议。

随后，"幼童出洋肄业局"在上海设立，陈兰彬、容闳分别为正、副监督（委员），专门负责挑选学生出国。陈专司汉文和德行等事，容专司各学科事宜，财务则由陈、容共同主持。另设汉文教习2人，翻译1

人。1872年2月27日，李鸿章单独上折奏请，令陈兰彬、容闳驻扎美国，经理一切事宜。同时命候补知府刘翰清总理沪局事宜，头批出洋后即挑选次年之第二批，又挑选第三、第四年各批，并与出洋之员保持即时联系。

陈、容与李鸿章磋商后，制订了《挑选幼童前赴泰西肄业章程》，共十二条。根据此章程，开始招收第一批学生，挑选的少年年龄一般在12到16岁之间，因为预定学习期限为15年，如果年龄太大"再行出洋肄业，未免时过后学，难望有成"。但由于识见所限，人们无法很快接受出国留学这个新事物，一开始几乎没人报名。据一位留美幼童回忆："当我是一个小孩子的时候，有一天，一位官员来到村里，拜访各住户，看哪一家父母愿意把自己的儿子送到国外接受西方教育，由政府负责一切费用。有的人申请了，可是后来当地人散布流言，说西方野蛮人，会把他们的儿子活活地剥皮，再把狗皮接种到他们身上，当怪物展览赚钱，因此报名的人又撤销。"

招生难以满额，而时间又比较紧促，容闳大急，经过探查和思索，他将招生重点地域转移到家乡所在的粤港澳一带，并赶到香港学校"遴选少年聪颖而于中西文略有根柢者数人，以足其数"。这或许是因为广东与西方接触较早，风气相对开放之故。因此，后来正式赴美的120名幼童中，广东籍占了绝大多数，也就不难理解了，并非容闳为照顾家乡特意为之。

曾国藩逝世后，李鸿章独立撑持此事，令容闳先期赴美，联系解决留学生住宿等问题。经上海预备学校培训后，1872年8月11日，第一批包括詹天佑、容尚谦在内的30名中国幼童在陈兰彬率领下，从上海出发，踏上了横渡太平洋的航路。抵达美国不久，中国留学生事务所在哈特福德的克林街正式设立，由陈、容分任正、副监督，负责留学事宜。其后，按既定计划，1873年6月、1874年11月、1875年10月都派出数目相同的幼童，这样，4年共有四批120名赴美。

为尽快提高英语水平和适应当地生活，这些幼童到美国后，先被安排寄宿在愿意接纳中国留学生的美国人家中，这种"家庭式"的留学方式自然而易于融入，非常有助于减轻对异质文化的排斥。英文基础较好

"师夷长技"——李鸿章与中国科技文教近代化

的幼童可直接进入美国学校，不合格者留在教师家庭继续学习。留学生事务所规定，幼童肄习西学，仍兼中学，除学习军政、船政、步算、制造诸学外，还要学习《孝经》《小学》《五经》及《国朝律例》等书。每逢节日，由监督召集学生，宣讲《圣谕广训》，在重大节日和朔望（初一、十五）等日要望阙行跪拜礼，并瞻仰孔子像，以防丢弃中国古老文化传统。

经李鸿章推荐，1875年，清政府任命陈兰彬、容闳分别为钦差正、副使，即外交使节，常年在美国主管中国留学生事务。学生在国外待15年，最后两年可以到各地游历。这些幼童在美国的学习成绩有目共睹，他们在"绘画、地图、算法、人物、花木，皆有规格"，"洋文数页，西人阅之，皆啧啧称赞"。当时的随行翻译认为：这些幼童在哈佛读书二年，远胜在香港读书五年。

＋

留美学生原定经费为每名幼童每年400两白银。但由于美国"税增物贵"，学生又渐次考入中学、大学，以及技艺、军政、船政等专门学校，费用与年俱增，原定经费显然已不够开销。根据实际情况，李鸿章提出酌情增加经费，第一年到第六年，经费仍照原额；第七、八两年，每名每年增银200两；第九、十两年每名每年增银300两；第十一年至第十五年，学生学成游历，费用较大，每名每年增银400两。"庶出洋幼童学业可成，不至以经费不敷，浅尝辄止。"

经费虽然增加了，不料，却传出撤回留学生之议。1881年6月，已升任驻美公使的陈兰彬上奏，转述留学监督吴嘉善的意见，认为留美幼童"腹少儒学，德性未坚，尚未究彼技能，先已沾其恶习，即使竭力整顿，亦觉防范难周"。针对这个批评，美国学者罗兹曼说："如果认为这些聪慧幼童，仅由工程、数学、科学的领域中以得到满足，而他们对美国政治及社会的影响而无动于衷，则将是不可思议之事。"但在当时的中国保守人士那里，对此是不能理解和无法接受的。

"留学生事务所"内部对撤回学生之事也存在矛盾，主要分三种意见：原留学生监督、时任驻美公使陈兰彬"坚持全裁之议"；留学生副监督、驻美副公使容闳"不愿裁撤"；留学生监督吴嘉善先主张"悉数可撤"，后改成"半留半撤"。李鸿章原本不主张全部撤回，一是留美幼童"无端全撤"怕引起美国政府"疑骇"；二是幼童留美已越十载，用费已数十万，一旦全部撤回，则皆"付之东流，亦非政体"。

　　所以，他觉得"半撤之法，既不尽弃前功虚靡帑项，亦可出之以渐，免贻口实"。具体办法是：进入大学的学生应当继续读完，然后选择聪颖可成才者酌留若干，此外逐渐撤回；"留学生事务所"的人员可酌裁省费。当时已有50多名幼童进入大学，加上"酌留若干"，这一方案，真正撤回的只是少数。李鸿章的苦心，可见一斑。尽管如此，但由于他没有明确提出反对，并在总理衙门征求"作何遣撤"意见时，一再强调"刻下驻美人员资望权位皆推荔秋（即陈兰彬）为最优"，"必需荔秋综其大纲"，这等于把留美幼童撤留的决定权交给"坚持全裁之议"的陈兰彬。

　　总理衙门不加细辨肆意曲解，称李鸿章有"不撤而撤之意"，奏请清廷"将出洋学生一律撤回"。清廷当天即批示同意，要留美全体师生尽速撤退返华，命令一出，李鸿章也无回天之力。对此，容闳的看法是，"李文忠此时不愿为学生援手，即顺反对党之意而赞成其议"，指责李鸿章的消极应付。在这一决策过程中，如果李鸿章的态度不是基本赞同陈、吴的意见，而是坚决反对，或许撤回事件就不会发生。

　　此外，也有不少人认为，幼童被拒绝进入美国军校学习，这是清政府撤回留美幼童的唯一原因所在。关于这一点，1872年李鸿章曾在天津约见美国驻华公使镂斐迪，明确提出，待学生学业长进时，量才选拔到军事学院和海军学院。至于入大学的程序，则按美国的章程办理。镂斐迪在2月5日写给美国政府的信中，将李鸿章派遣幼童赴美留学的缘由和计划向美国政府做了详细报告。

　　很快，李鸿章的构想得到美国国务卿的积极响应："毫无疑问，我国政府将会尽一切努力来促成你所期待的此项计划的开展。我非常认同阁下这项运动的发起。我相信它会给你的国家和人民带来巨大的利益，并进一步增进已经存在在美国和皇家帝国之间的友谊。"这清楚地说明，美国政府同意李鸿章等提出的留学计划。

但到1878年，容闳在致函美国国务院，请求准许一部分高中毕业的幼童进入西点（West Point）等军事院校学习时，美国国务院在复函中则以轻蔑之词粗暴拒绝容闳所请，称"此间无地可容中国学生也"，与此同时，却允许日本学生进入美国军校学习。美国拒绝给中国幼童同样的权利，与其国内愈演愈烈的排华浪潮有很大关系，但这种食言而肥的做法，有违初衷，无疑给中国幼童留美计划蒙上一层阴影，也影响了李鸿章支持幼童留学的热情。据容闳称："予之所请既被拒绝，遂以此事函告总督。迨接总督复书，予即知留学事务所前途之无望矣。"据此可知，美国态度引起李鸿章的极度不快，在三年内作几次请求仍没有成功后，他非常失望，便只能放弃。

容闳在其回忆录中曾哀叹说："苦心孤诣地完成派遣留学生的计划，这是我对中国的永恒热爱的表现，也是我认为改革和复兴中国的最为可行的办法。随着中国留学生事务所的突然撤销和已经成为中国现代教育先行者的120名留学生的召回，我的教育事业也从而告终了。"几年后，容闳回国时曾与李鸿章当面谈及此事，李对他说："予当日亦甚愿学生勿归，仍留美以求学。"不过，无论其本意如何，结局都已经无可挽回了。

十一

留学幼童在美所学专业各种各样，李鸿章曾写信给留学事务所监督，要他们鼓励学生特别注意选修采矿和冶金专业，因为他觉得这两项是中国的急需，应抓紧培养矿务人才，并对留美学生寄予厚望。他还认为，应挑选一部分人送入矿务学堂学习一二年后，再派其游览美国五金矿所，待他们"融会贯通，可得上等考单"，即马上回国服务于近代矿业。其中，邝荣光、吴仰曾在1878年分别考入美国矿务大书院和纽约大学肄业矿务，归国后成为著名的矿务学者和工程师。

当电报兴起后，李鸿章要求在留美幼童中"择其颖悟纯静、尚未入大学院者二十人，令速赴各处电报馆游历，讲求电学"。1882年分批撤回的94名留学生中，第一批21名全部送到新设的津沪线学传电报。同年底苏浙闽线兴建时，又有8名留学生参加该线的全部勘测工作，其中朱宝奎、黄开甲、周万鹏、唐元湛、袁长坤、程大业、吴焕荣等人，在电线电报方面做出过重要贡献。

除了头批21名学传电报外，第二、第三批学生由福建船政局、上海机器局留用23名，其余50名"分拨天津水师、机器、鱼雷、水雷、电报、医馆等处学习当差"。与美国进行对比后，他们深感中国在近代知识上的愚昧和落后，急欲加以改造。中途撤返导致大部分学生没能按原计划完成学业，这一点令人颇为遗憾。不过，幼童出洋毕竟开创了中国近代官方选派留学生的先河，被誉为中国留学教育的里程碑，为此后的留学教育开辟了道路。

留美幼童当中，有超过50名进入美国大学学习，其中耶鲁大学22名，麻省理工学院8名，哈佛大学1名，纽约哥伦比亚大学6名。但只有两人毕业获得学士学位，后来被誉为"中国铁路之父"的著名工程师詹天佑，就是二者之一。其他较著名的还有，中国第一代海军将领容尚谦、蔡廷干、徐振鹏，中国第一代留学生外交官唐绍仪、梁诚、梁敦彦等杰出人物，以及清华大学首任校长唐国安等。

在李鸿章的提倡和支持下，一批批摒弃八股制艺的青年学子负笈重洋，掌握了近代科学技术知识，成为新式有用人才。他们的学成归来，充实了我国的技术力量，增强了与外国抗争的能力。中国派遣留学生的行动，规模上虽不亚于日本，不过在时间上已晚了10年左右。但从另一个方面来说，假若没有曾、李的倡导推动，或许中国人选派留学的创举甚至要迟来几十年。

留美学生回国后所服务的范围十分广泛，分布在海关、铁路、矿务、电报、商业以及司法（律师）、教育、出版、医疗卫生、政府等各界，从事技术工作的占大多数。比如黄仲良，1908年代理沪杭甬铁路局局长，随后担任粤汉铁路会办（督办是詹天佑），负责该路广东段的修筑工程，接着主持修建了道清铁路和广三铁路，还担任津浦铁路的总办。大部分留学生对近代中国的实业发展都起到了直接或间接的促进作用。

幼童留美，正如容闳所说，希望能"以西方之学术，灌输于中国，使中国日趋于文明富强之境"。第一次选派幼童赴美留学，虽然半途而废，但却仍具有重大意义。它打击了当时弥漫全国的顽固守旧的风气，促进了西学在中国的传播。

更为重要的是，这些新式人才不但带回了先进的技术，同时也带回了西方近代政治文化思想和先进的意识理念。"学生既被召回国，以中国官场之待遇，代在美时学习生活，脑中骤然变迁、不堪回首可知，以故人人心中咸谓，东西文化判若天渊，而于中国根本上之变革，认为不容稍缓之事。此种观念，深入脑筋，无论身经若何变迁，皆不能忘也。"

从历史角度来看，李鸿章的派遣留学生活动培育出了一代新人，促进了思想变革的产生。这些留学生回国后，大多被安排在各行业的重要职位，对各个领域的风气开化、启蒙当时人们的近代意识，无疑起到巨大的推动作用，这也为其后的社会变革在思想上、人力上奠定了基础，由此，我们也可以从中领略到李鸿章的远见卓识。

十二

1876年春，李鸿章开始筹划军队官兵留德事宜。在他看来，中西用兵方法大体相同，"唯中国选将必临敌而后得，西国选将以学堂为根基；中国军械不求甚精，操练不必甚严，西国则一以精严为主"。就当时各国实际情形而言，李鸿章觉得，德国发奋为雄，军政修明，船械精利，实与英、俄各邦并峙；陆军甲天下，步队尤精，所以希望能有机会"取彼之长，救我之短"。

这时，恰好北洋海防营的德国教习李劢协期满回国，他是来负责教授德造克虏伯后膛钢炮的，李鸿章便与他拟定章程，挑选官兵数人，由其带赴德国学习"林操及迎敌、设伏、布阵、绘图"等各种陆军技艺，以3年为期。希望他们学成回国后可充当海防各营教习，再渐次扩充，则"成效必多，于海防不无裨助"，达到"师彼长技以助我军谋"的目的。

于是，王得胜、卞长胜、朱耀彩、杨德明、袁雨春、查连标、刘芳圃等7名从北洋海防各营挑选出的年轻军官，1876年4月从天津出发，赴德国学习"陆军技艺"。他们是近代中国第一批公派留德学生，也是最早一批陆军留学生。但由于他们未经培训，缺乏专业知识和外语基础，所以学习进展比较缓慢。期间杨德明病故，卞长胜、朱耀彩两人因学业未能精进先调回国，其余都勤奋学习，技艺"均甚精熟"。

1879年，查连标、袁雨春、刘芳圃三人学成回国，经李鸿章面试，认为"所习步队、技艺、纪律尚为娴熟"，又根据李凤苞所写鉴定，"该弁等在洋均各谨守礼法，见重于外人，营哨教习均具考语信凭，是其材器颇堪造就"，因此，授予查、连二人五品蓝翎，"以千总尽先补用"，而袁雨春则"以守备尽先补用"，并赏换花翎军功。三人均留于直隶担任教习，"仿照德国军营布阵，严勤操练，认真传习"，以德制训练新军，颇有成效。

在驾驶技术方面，当时中国人虽能自行管驾舰轮、涉历风涛，然有关测量天文沙线、遇风避险等事，仍未得其深奥；至于驾驶铁甲兵船于大洋狂风巨浪之中，布阵应敌、离合变化之奇，更是"皆未经见"。当时世界中，法国制造技术最佳，英国水师操练最精。因此，李鸿章主张派遣学习制造的学生到法国、学习驾驶的学生到英国留学，探究"制作之源""驾驶之秘钥"。他认为，"出洋学习造驶之举，实为中国海防人材根本"。

船政学生出洋的提议始于福州船政大臣沈葆桢，1873年他提出从福州船政学堂前、后学堂中挑选"天资颖异，学有根柢"的学生，派赴法国、英国学习造船、驾驶，"速则三年，迟则五年，必事半而功倍"。李鸿章对此建议极为赞赏，当总理衙门向他征询意见时，他予以高度评价："闽厂选派学生赴英法学习造船驶船，洵属探本之论"，表示积极支持和赞成。但不久发生台湾事件，沈葆桢赴台筹划防卫，该计划遂搁置。沈葆桢调任两江总督兼南洋大臣后，李鸿章更具体组织其事，在幼童留美的经验基础上，他认为船政学员有语言、科学知识基础，"出洋五年可期藏功"，更容易见成效，性价比高。

1876年在烟台谈判期间，李鸿章多次应邀参观停泊在黄海海面上的英、法、德等国军舰，他敏锐地注意到英国军舰上有日本青年军官在随舰接受训练，不禁暗自心惊。郭嵩焘1877年2月来信说，"日本在英国学习技艺者二百余人，各海口皆有之，而在伦敦者九十人"，更让他觉得刻不容缓。这促使李鸿章下定决心，必须派遣中国海军的学生到国外学习，他与继任福州船政大臣丁日昌多次函商，认为前、后学堂学生中颇多究心测算、造驶之人，"亟应遣令出洋学习，以期精益求精，不致半途而废"。

实际上，此时福州船政学堂已有学生出洋。1875年初，学堂法国监督日意格回国购买船厂机器，沈葆桢批准前学堂学生魏瀚、陈兆翱、陈季同3人，后学堂学生刘步蟾、林泰曾2人，"随同日意格前往游历英吉利、法兰西等处"。他们3月17日从福州启程，5月初抵达法国马赛，然后分别前往英法两国参观考察。

随后，魏瀚、陈兆翱进入法国土伦市市郊的地中海冶金造船公司学习制造，刘步蟾、林泰曾进入英国高士堡海军学校深造，陈季同则改习外交。日意格致函向沈葆桢请示："该生等系水师人员，宜在船练习航海穿洋，方臻阅历。若久与船离，恐致旷荒。倘以不必即归，则请咨商总理衙门照会英国驻京公使，准其入英国大战船一、二年，续学驾驶。"这个建议得到肯定答复，于是，在等待所订机器置办期间，刘、林上舰实习。1876年4月23日，刘、林和陈季同三人结束考察随日意格离法归国，6月初抵福州。此行目的虽然不是留学，但由于游历效果很明显，船政学堂主办者决定正式派遣留学生前往欧洲学习。

十三

1876年夏，李凤苞、日意格二人到天津，向北洋大臣"禀商一切"，李鸿章令其起草具体章程，并亲自参与对章程草案的讨论，详加修订，最后定名为《选派船政生徒出洋肄业章程》。这个章程共有10条，对留学生名额、留学年限、学习内容、考核办法，以及期望达到的目的等，都作了具体、明确的规定，是船政学生赴欧留学的指导性文件。

1877年1月13日，李鸿章与南洋大臣沈葆桢联衔会奏《闽厂学生出洋学习折》，"从此中国端绪渐引，风气渐开。虽未必人人能成，亦可拔十得五，实于海防自强之基不无裨益"。"二十年后制器驶船，自强之功效见矣。"他请求选派船政学堂学生30名，分赴英、法学习驾驶、水师兵法及制造，并将议定的《选派船政生徒出洋肄业章程》附呈，很快得到清廷批准。

1877年4月，华监督李凤苞、洋监督日意格同马建忠、陈季同、罗丰禄及学生、艺徒28人，乘船远赴欧洲，开始留学生涯。其中前学堂学生有郑清濂、罗臻禄等12人，艺徒有裘国安等4人（年底船政局加派艺徒5名），打算去法国学习舰船制造；后学堂学生有刘步蟾、林泰曾、严宗光（即严复）等12人，计划赴英国、西班牙等国学习船舶驾驶。这是首届船政留学生，前两年赴法游历未回国的魏瀚、陈兆翱也被列入这一批。

5月上旬，这批留着长辫子的中国留学生顺利到达法国。学习造舰的留学生留在法国马赛港口，魏瀚等9人进入瑟堡造船工程学校和土伦海军士官学校学习，其他则进入矿务学校和各工厂实习。学习驾舰指挥的学生于中旬到达英国首都伦敦，经中国首任驻英国公使郭嵩焘的协调安排，刘步蟾等3人直接被派往英国海军地中海舰队实习，并获准军官伙食和床位待遇；其他9人分别被派往格林尼茨皇家海军学院和大西洋舰队学习。

根据留学华监督李凤苞的报告，这批学生在1879年秋季于船上课程届满之后，延聘英国水师炮队教习苏萃授以炮垒军火诸学；美国水雷教官马格斐授以水雷电气诸学。"以造诣而论，则以刘步蟾、林泰曾、严宗光、蒋超英为最出色，萨镇冰、方伯谦、何心川、叶祖珪次之，林永升、林颖启、江懋祉、黄建勋又次之。刘步蟾、林泰曾，知水师兵船紧要关键，足与西洋水师管驾相等，均堪重用；不但能管驾大小兵船，更能测绘海图、防守港口、布置水雷。严宗光于管驾官应知学问以外，更能探本溯源，以为传授生徒之资，足胜水师学堂教习之任。"

第一批留欧船政学生在1880年前后陆续回国。在他们即将回国之前，李鸿章和沈葆桢奏请续派学生留洋，称"西学精益求精，原无止境，推步制造，用意日新。彼已得鱼忘筌，我尚刻舟求剑，守其一得，何异废于半途"。因此，必须"因其已新者而日日新之，又日新之"，才能使人才"蒸蒸日盛，无俟借资外助，缓急有以自谋"。清廷遂"著庆春、何璟、勒方锜查照出洋章程，接续遴才，派赴英、法各国就学。以冀人才日盛，缓急有资"。

1881年12月，清廷派出第二批福州船政学堂学生10名，由监督周懋琦率领赴欧洲留学。其中8名制造学堂学生，2名驾驶学堂学生。留学法国的有5人，1人进巴黎土木工程学校，3人就读于枫丹白露炮兵学校，1人到火药厂实习。留学英国的2人进入皇家海军学院学习，并到英国军舰实习。另有3名学生派到德国柏林施瓦茨科夫工厂学习鱼雷等武器制造，兼习德语，后1人改赴法国，1人在德逝世。

1886年5月，由于发展海军的需要，清廷派出第三批船政留欧学生33人。华监督仍是周懋琦，因日意格在年初去世，由原帮办监督斯恭塞格接任洋监督。其中不仅有福州船政学堂毕业生24人，还有天津水师学堂毕业生9人（选定10人，但有一人未成行）。其中14名学制造的学生赴法国留学，补习1年法语和理科课程后，分别进入工程技术学校和巴黎大学法学院，学习期限由原来的3年延长至6年。另外19名学驾驶的学生则赴英国留学，有的入格林威治皇家海军学院学习，有的直接随英国海军舰队实习。

清政府计划1891年后派遣第四批留欧学生，但在一个名额给天津水师学堂还是福州船政学堂的问题上，李鸿章与闽浙总督卞宝第相持不下，加上英国政府的阻挠，竟不了了之。中日甲午战争中，北洋海军惨遭全军覆没，更无人再提留学之事。直到1896年裕禄以福州将军兼管福建船政，沈葆桢的长孙沈翊清任总稽查道员，因整顿船政需要人才，裕禄1897年奏请再派学生留欧。6月，清廷派出6名船政学生赴法国学习制造，先免试进入造船和土木工程学校，但由于水平不够转入预科班补习。1900年，因船政局财政困难，闽浙总督、新任船政大臣许应骙奏请召回留欧学生。因此，第四批留欧船政学生在法国学习不满三年就被撤回国内，几乎一无所成。

十四

此外，1889年5月，经李鸿章亲自批准，天津武备学堂有5位学员随克虏伯炮厂在华炮兵教官瑞乃尔赴德国留学，分别是段祺瑞、商德全、吴鼎元、孔庆塘和滕毓藻。李鸿章在27日特意致电给驻柏林外交大臣洪钧，请其转告克虏伯做好准备。这五个学生先到柏林陆军学院，学习军事理论和各种操练课程。一年后，又奉命到鲁尔区埃森克虏伯兵工厂，进行火炮实习。1890年春，洪钧代表清廷前往埃森探望留学生，段祺瑞和几个同学以娴熟的技术操演了各种口径的克虏伯大炮，并以优秀的测距、瞄准、射击成绩，获得洪钧和克虏伯厂主弗里茨的赞赏！段祺瑞等人年底回国，后来也大多成为一时人杰。

李鸿章一再强调："西洋制造之精，实源本于测算、格致之学，奇才叠出，月异日新。……若不前赴西厂观摩考察，终难探制作之源。……如此分投学习，期以数年之久，必可操练成才，储备海防之用。"总而言之，1877年4月、1881年12月、1886年5月和1897年6月，福州船政学堂前后共选派了4批留欧学生，总计84名；1876年4月，北洋各营派出7名；1889年5月，天津武备学堂选派5名。

其中，经李鸿章直接奏请，派往英、法、德等国学习驾驶、造船、建筑、法律、军事的有90人。加上120名留美幼童，在短短20年间，他奏派赴欧美的留学生已有超过200人之多。1879年12月20日，李鸿章为留学生上奏，恳求清廷破格从优奖励，"俾后来者咸知激劝，以期人才辈出，上供朝廷缓急之用"。除了留美幼童有几个拒绝召回外，绝大多数留学生回国效力，并有出众表现，堪称标准的国际化人才，名副其实的"海归"。

如魏瀚、陈兆翱被誉为"可与法国海军制造监工并驾齐驱"，叶祖珪、林永升等人则获得了"勤敏颖悟，历练甚精"的评价。1880年初，刘步蟾就根据欧洲所学，编制了《西洋兵船炮台操法大略》，呈送李鸿章，对中国海军的发展提出重要的建设性意见，并在此基础上，由周馥、丁汝昌、刘步蟾、林泰曾、罗丰禄共同起草，编纂成较完备的《北洋海军章程》。

北洋海军建成后，舰队的主要海军将领和大部分军舰的舰长（当时称管带）几乎都是留欧船政学生。刘步蟾、林泰曾、萨镇冰、叶祖珪、林永升等担任海军各舰的中高级将官，都成长为著名的海军将领。他们在北洋海军建设和甲午海战中发挥出重要作用，有些还在反侵略战争中血洒疆场，英勇献身。

刘步蟾和林泰曾分别担任舰队的左右翼总兵（相当于舰队副司令），他们不仅负责舰队的训练、管理和作战指挥，而且兼任北洋舰队两艘最大的铁甲主力舰"定远"舰和"镇远"舰的舰长；在黄海海战中沉着指挥，英勇奋战；在威海卫海战中，血战到最后，拒绝投降，自杀殉国，保持了民族气节。"经远"舰长林永升、"超勇"舰长黄建勋在黄海海战中，勇猛作战，壮烈牺牲。"靖远"舰长叶祖珪、"来远"舰长邱宝仁等也表现英勇。

萨镇冰没参加海上战斗，奉命守岛尽职尽责，在清末任海军大臣。到民国时期，刘冠雄、萨镇冰、李鼎新先后出任北京政府的海军总长或海军总司令等职，成为清末民初中国海军建设的核心人物。

在造船和工程技术、武器制造等方面，留欧学生也有很多贡献。魏瀚回国后负责福建船政局工程处，自行设计、主持和参与建造了一批军舰和轮船，后来还做过铁路会办和汉阳机器厂总办。陈兆翱归国后，担任福建船政局蒸汽机制造总工程师。陈才瑞在德国专习鱼雷制造，1885年学成回国后，奉命协助制造鱼雷，在他的指导下，福建船政局建立了自己的鱼雷车间。

他们还运用留学所获知识，结合中国实际条件，不断改进造船工艺和轮机技术，取得了显著成就。署理福建船政大臣裴荫森对此予以非常肯定的评价："制造船身学生魏瀚、郑清濂、吴德章，制造轮机学生陈兆翱、李寿田、杨廉臣等六员，自出洋艺成回华，先后派充工程处制造以代替洋员之任……均能精益求精，创中华未有之奇，以副朝廷培植之意。"

留欧学生中还出了一位中国近代著名的思想家、翻译家严复。他除了学习军事技术外，注意观察和研究英国的政治与社会，曾经到英国国会和法院旁听，访问英国工厂、学校和商店，并研读各种西方名著，经常与驻英公使郭嵩焘讨论时事和学问。他对中国现代化的最大贡献是1897年翻译发表《天演论》等西方名著，宣传进化论，呼吁救亡图存和变法维新。严复第一次系统地把西方资产阶级的哲学与政治学说介绍到中国，对晚清中国起到巨大的启蒙作用，在当时影响很广，由此成为近代中国著名的启蒙思想家。民国初年，他还担任过京师大学堂改名为国立北京大学后的第一任校长。

在教育方面，严复被李鸿章委任为天津水师学堂总教习（教务长），后升总办（校长），为培养海军人才作出了努力。萨镇冰参与策划创建了烟台海军学校；魏瀚主持过广东水师学堂，程璧光担任练船副总管；蒋超英于1890年南京江南水师学堂成立时，出任总教习。在晚清海防建设的重要时期，他们将留欧所学倾囊相授，为国家培养了大批海防人才，解决了近代海军建设中人才需求的大难题。

如1887年，福州船政学堂仅有法国人迈达、英国人邓罗、赖格罗、裴士博四名洋员为总教习，"其余每班教习均以学成制造、驾驶、管轮之学生充当"。到1892年，除前学堂与迈达继续订有合约外，其他洋教习均已"陆续遣撤回国"，这还是由于留学肄习制造者"仅敷派司工程，而于教习事务仍难兼顾"；后学堂的教习事务，则全部由留欧回华学生分班充当。时任闽浙总督兼船政大臣的卞宝第认为，这些学生"尚能胜任"。这样，福州船政学堂教习从初创时"均用洋员"，到选调部分学生充任，再到几乎均由先前历届留洋毕业生充任，可以说初步实现了李鸿章"师其所能，夺其所恃"的最初设想。

晚清留欧学生与留美幼童有所不同。首先他们都是从洋务学堂选拔出的优秀学生，文化、专业素质较好并具备一定外语基础，而且出国时大多已20岁出头，相对成熟；其次是目的非常具体明确。派学生去当时世界公认海军最强大的英国和造船工业最发达的法国留学，培养中国自己的海军人才（"良将"）和造船人才（"良工"），以发展中国的海军和造船事业。再次是留学期限较短，学用结合，成效显著。留欧学生一般短期为1年，最长也不超过6年，且基本能如期学成回国效力。除了学习专业知识和技术，他们还被安排到英国军舰或法国工厂实习，将理论与实践相结合，再加上自身刻苦努力，因此多数学生表现优良，成绩显著。

回国后，留欧学生成为中国早期海军和造船工业的骨干，为中国近代海军发展和工业化做出了重大贡献。福建船政局的留欧学生，在外国工程技术人员离开后肩负起技术攻坚重任，他们生产的军舰连外国工程师都不由惊叹："非经目睹，尚难信闽厂有此精工巨制。"留美幼童中，铁路工程师詹天佑，独立建造京张铁路；罗国瑞则设计了湖南、云南、广东的铁路。唐绍仪担任民国第一任总理，梁敦彦任外交总长。还有一些留学生担任各省首任电报局局长，"他们所获得的知识使中国开展现代通信，并且因为这个原因，电报系统可以说摆脱了外国的政治干预"。

清廷派遣的官费留学生共216名，其中留美学生詹天佑等120名，留德学生王得胜等7名、段祺瑞等5名，留英、法等国学生严复等84名。此外，不在学生名单内，但作为留学团随员一起赴欧洲的马建忠，进入法国政治学院学习政治和国际法，并通过考试获得文科硕士学位，后成为著名的改革思想家和外交家。以候选主事、翻译身份获选留学资格的罗丰禄，后担任清廷驻英兼意、比三国钦差大臣。还有作为留学团文案旅欧的陈季同，进入法国政治学院学习法律和文学，期间他用法文撰写了《中国人的自画像》《中国人的戏剧》等介绍中国文化的著作，为中西文化交流做出了贡献。所有这些留学生的派遣都与李鸿章密切相关，有的还是他直接挑选推送的。

选派幼童、军官、学生出国留学活动，为近代中国培养出一批优秀人才。他们大多成为所在行业的骨干力量甚至领袖人物，不管是在铁路、电报、驾驶、制造等技术层面，还是在军事、外交、文化、教育等各职能领域，都引领着国人向近代转型。此外，留学促使中西文化在更深的层次上进行交流、冲突和融合，留学生回国后与旧有传统产生更大范围的碰撞和传播，为意识形态的转变打下了一定的思想基础。

十五

留学生的数量毕竟是有限的，晚清的国力和财力不允许有更大规模的派遣，即便是已经在外留学的，能够按时得到所需经费已属不易。尽管清廷统治者赞同李鸿章"用人最是急务，储才尤为远图"的观点，认识到国家富强"尤以人才为亟要，使天下有志之士，无不明于洋务，庶练兵、制器、造船各事可期逐渐精强"。然而，当时选拔人才的制度是科举八股取士，"小楷试帖，太蹈虚饰，甚非作养人才之道"，"丝毫无与于时务"。19世纪60年代后，随着以引进西方近代工业和科学技术为中心的洋务运动的兴起，如何培养近代新型人才的问题更为迫切，改革科举制度的声浪日高。

李鸿章大声疾呼，"以章句弓马施于洋务，隔膜太甚，……所用非所学，人才何由而出？"请求朝廷"力开风气，破拘牵之故习，求制胜之实济"。为打消清廷顾虑，他特意指出，"师其法而不必尽用其人。欲觅制器之器与制器之人，则或专设一科取士，士终身悬以为富贵功名之鹄，则业可成，艺可精，而才亦可集"。由于不可能立即废除科举和八股，只好暂退一步，提出将"考试功令"稍加变通，在传统的科举考试制度中，增设洋务一科，另开"进取一格，以资造就"，用传统的"科举"形式，选拔"明于洋务"的新型人才。

1875年初，薛福成、李鸿章、沈葆桢相继奏请按宋朝司马光议设十科之意，设洋学局及开特科以招纳贤才，但马上遭到保守派的激烈反对。4月3日，大理寺少卿王家璧在奏折附片里说："今欲弃经史章句之学，而尽趋向洋学，试问电学、算学、化学、技艺学，果足以御敌乎？"并强调指出，"慎重科目以养明大义之人才，毋令金壬之徒巧为尝试，斯为国家之福"。

总理各国事务衙门在议奏中为李鸿章、沈葆桢等人辩护，宣称："请开洋学及请设特科，原与科目并行不悖，并非以洋学变科目。"客观地说，这确实是事实，如果真能立即实行，未尝不是清廷之福。但在广遭非议的情况下，为避免冲突，减缓压力，总理衙门不得不暂停增科之议，期待将来各项洋务成效显著、阻力消弭之时，再考虑增设新科之事。

李鸿章1875年2月曾致函刘秉璋，谈及自己设算学与时务科的建议均被否定，感到迷茫与悲哀："近人条陈变通考试亦多术矣，皆被部驳。吾姑发其端，以待当路之猛省而自择。其执迷不悟，吾则既言之，无可驳也。"并无比愤懑地反问，"姑不必以赵武灵王胡服为比，即须综核名实，洋学实有逾于华学者，何妨开此一途？"无奈之余，他仍留一星希望，"明知当世人才不能准行，亦断不能办到，但既灼见真知，亦须留此空言，以待后之作者"。或许李鸿章不曾料到，他所等待的"后之作者"，竟在整整22年后，经济特科才开设，而其唯一一次考试要到1903年才举行。

1878年，李鸿章进一步揭露科举弊端。他说："科第即益重，豪俊之士槁项没齿，冀得当于一试，幸而得之，英光锐气，耗减略尽。然风会所趋，牢不可破。苟非有科甲进者，仕宦不逾常。暨其极敝，知有师生之情谊而不计国事，知有门户之党伐而不论是非。晚世国事日棘，乃拔一二异材于举业之外，犹必群力倾排，务必颠沛而后已。"矛头所向，已超出科举本身，涉及传统的选官制度。

十六

在编练北洋海军的同时，李鸿章采用西方军事教育制度，在天津成立水师学堂，培养中国自己的海军军官。他认为对人才不必求全责备，只要有某一方面特长就可"节取器使"，"略短录长"，主张按实学之高下深浅使用人才，强调学用一致，使人尽其才。随后，广东、山西、南京等地的"洋学局"也先后设立。

中法战争后，他又一再重申"非开特科，设专官，不足以风示天下"。在得不到肯定答复的情形下，他和其他洋务派又开办了多所洋务学堂，并按照"有切于民生日用军器制作"的原则，分设"格致、测算、舆图、火轮、机器、兵法、炮法、化学、电气"等各种专门学科，凡学有所成之人，与正途出身者无异，即与科举出身的知识分子享受同等待遇。这等于拓展了一条人才培养的新途径，是对传统科举制度的郑重挑战。

1885年，李鸿章趁清廷决定"大治水师"之机应召进言，建议对学堂人员"定以登进之阶，令学成者与正途并重，严以考核之法，俾贪惰者立予罢斥"。1887年清廷决定对"求才之格""量为推广"，允许学习算学之人参加乡试。李鸿章随即为天津水师、武备等学堂学生及教习人员奏请"一体乡试，以资鼓励而广登进"，经清廷批准，这些洋务学堂学生与传统士人一起参加了1888年的顺天乡试。这第一次中西学同考，可以说是李鸿章改革科举思想的一个成功尝试，它以变通的办法，调和科举与洋务教育之间的矛盾，为新式教育争取到宽松的政治环境。

海关总税务司赫德在1887年令人翻译了《西学启蒙》一书，介绍欧洲文、史、哲及理、化、自然、工、矿各科的大要。李鸿章为该书写了序言，序中评价说："今以浮华无实之文字，汩没后生之性灵。泰西之学，格致为先，自昔已然，于今为盛。学校相望，贤才辈出，故臻于富强。"以"泰西之学"，代替"浮华无实之文字"，是对中国传统知识结构的改造，也是李鸿章当时追求的实务。

晚清中国开埠通商后，几乎与输入自然科学同时，西方的政治社会学说也一拥而入，拓宽了人们的政治视野，提高了人们观察国家社会问题的能力。然而，西学所包含的内容极为广泛，不可一概而论，需要区别对待。

李鸿章虽崇尚西学，但也是有选择性的，比如他对基督教就基本持否定和仇视态度，对教会侵略活动及危害有过揭露和谴责。西方传教士在太平天国失败后意欲到南京、安庆设堂传教，遭到李鸿章的坚决反对。在日后的行政管理及有关教案的交涉中，李鸿章不放过任何扼制教会扩张的机会，以至于有传教士攻击他是"对欧洲的思想和宗教表示仇恨的狡猾的敌人"。李鸿章能看到宗教影响力之大而加以警惕，这是其有睿智远见之处，后来才慢慢转向温和，有限度地许可。

甲午之后，作为近代政治、经济在观念形态上的先导和反映，传统的中国文化相应地发生了巨大的变化。处危难之世，去奢华之风，倡实用之学，逐渐成为先进国人的共识。历经周折，1895年7月5日，清廷发布上谕，要求京官与外官举荐通达时务、精于各种专门实学的人才。不过，这只是清廷因战败压力巨大，不得不作出一些顺应民意的改革姿态罢了。

1896年李鸿章出访英国，他把中、英两国的知识分子加以比较，认为中国"士民专讲书礼，英人恒惜其过蹈虚机，不若贵国之力崇实事"。"其所口诵而手写者，复能身体而力行之！国于是强，民于是富。"李鸿章对英国有成就的近代学者，均有所了解，他列数"若培根（英前相也）之善格物理，若显根思皮儿（莎士比亚）之善为诗文，若施本思（斯宾塞）、若达文（达尔文）、若赫胥黎，则又皆文学、性理、格致选也"。他希望中国的知识分子"特必当借重英之实学"，"俾我华人渐能就虚题以实做"。

在访问格拉斯哥城时，李鸿章发出豪言壮语："本大臣之素志，欲取格物兴国之功候传入中华，俾四百兆之华民同被其益。"以致中外报纸皆慨叹道，李鸿章若早30年出国考察以知天下大势，则影响必大。当然，这只能是一种美好的假想。

十七

戊戌变法之前，有人已一针见血地指出："科第之不得人，咎在有科无目。"这其实是当时趋新人士的共识。因此，增广科目，讲求实学，拓宽取才途径，便成为其后议改科举的重要取向。不过，此类建议往往流于抽象空泛，只在改革的必要性与重要性上着力，却不能提出具有可操作性的具体措施。

难能可贵的是，如果说之前洋务派在朝野上下缺乏支持的话，那么，到维新运动早期，无论是清流还是维新派都非常重视兴办新式教育，其中西文化观也与洋务派大致相同。1897年，张元济、严复在北京创办通艺学堂，以"开风气""专讲泰西诸种实学"为宗旨。对维新派创办的通艺学堂，清流大加赞赏。翁同龢夸通艺学堂"自行讲习，造就人才，留心时务，志趣实属可嘉"，建议对有作为的教习予以奖励。更有趣的是，在主张兴办学校方面，文廷式与梁启超的观点惊人一致，他们都认为人才必由学校出，主张"兴学校，养人才，以强中国"。

他们还大肆抨击科举制度的弊端。文廷式指责科举考试是愚民政策，广大士子"读六经，不过是备考试之用而已"，而对六经的"微言大义"莫不讲究。梁启超也揭露科举的弊害，"徒使怀才之徒，嵚奇抑郁，不能自达，骎骎白首，才气销磨"。他们数落科举制度的不是，隐隐透露出改革科举制度的愿望，这一点已涉及制度层面。

尤其在妇女教育方面，两人对兴办女学的重要性有共同认识。梁启超提出，中国二万万妇女被剥夺了接受教育的权力，"不识一字，不读一书"，广大妇女处于愚昧状态，被当作禽兽一样对待，国家哪有不贫穷的道理，所以提出"欲强国必由女学"。文廷式也有同感，他说中国妇女"不识字者十之八九"，而妇女教育直接影响"幼学"，所以提出，欲开民智，"先重妇学，次设幼塾"。二人均把妇女教育看成是加强幼儿教育、提高国民素质的关键所在。

1898年6月，康有为在颐和园应召面圣时，直接将甲午战败的原因归咎于八股误国。大受启发的光绪帝明确表态赞同，并总结道：西人皆为有用之学，而吾中国皆为无用之学，故致此。由此番君臣对话可知，八股被视为误国罪魁，不久光绪帝便颁布了废除八股诏令，改科举、兴学堂渐成朝野聚焦点。此后科举改革的目标，是要将"无用之学"改为"有用之学"，以匡时济世、救亡图存。将"有用之学"纳入科举的方式，最初被确定为改试策论、改变考试场次，增加西学、实学与时务的内容。

为慎重其事，光绪向老师翁同龢咨询，翁的态度是："西法不可不讲，圣贤义理之学尤不可忘。"其思想动机虽是强调"中学"的本体地位，只是变通地学习西方的科学技术，这一观点同洋务派的"中体西用"论如出一辙。

戊戌变法的实行，掀起了废除科举制的新高潮。康有为指斥科举制是一种过时的、无用的、愚民的自欺之策，所考中的翰苑清才"竟有不知司马迁、范仲淹为何代人，汉祖、唐宗为何朝帝者。若问以亚非之舆地、欧美之政学，张口瞪目，不知何语矣"，其恶果是使举国"野皆愚民，庠皆愚士，朝皆愚吏"。他指出，在当前"万国交通"、竞争激烈的新形势下，必须"立废八股"，改试策论。梁启超抨击科举制是毒害腐蚀中国的"大蠹"，八股取士是愚民政策，"为中国锢蔽文明之一大根源"。严复则明确指出，八股取士有"锢智慧""坏心术""滋游手"三大危害，"上不足以辅国家，下不足以资事畜。破坏人才，国遂贫弱"。

十八

不幸的是，变法刚过百日即告失败，各项新政措施基本废止，清廷宣布恢复科考旧制。但社会各界对科举制尤其是八股取士的严厉批判，形成了一股强大的舆论压力，一时间，"缙绅士庶、田夫市侩以及识字妇女、学语小儿，莫不交口而訾曰'八股无用'"。庚子事变后，一方面列强施压，一方面朝野共愤，清廷被迫进行改革，李鸿章与荣禄、昆冈、王文韶、鹿传霖一起被任命为督办政务大臣。1901年8月诏令废止八股取士，随着"新政"的全面推行，军事、教育、法律、官制、工商、农林，乃至宪政等方面推行了一系列改革，对新人才的需求与日俱增，废除科举、兴办学堂，几乎成了举国上下的一致呼声。与此同时，各种新式小学、中学、师范、实业、军事，乃至大学、留学生教育等，发展迅猛。

1903年，倡议多年的经济特科终于开考，遗憾的是，这并不意味着科举改革步入坦途。由于经济特科对应试资格限制过严，而举办过程中诸多官场倾轧和不为人知的幕后操作，更使人望而却步。全国参加考试的只有186人，几经波折，最后录取一等9名，二等18名。从朝廷引见后的安排来看，与历科进士相比，经济特科人才并无特殊任用，甚至与咸同时期的一般保举相比，其拔擢程度也不高，让人难以有破格优遇的感觉。作为改革措施而言，经济特科的开设及举行，虽然对呼吁改革的朝野上下有一定鼓舞作用，但对于教育制度改革来说，却不具备推广应用的现实性与持续性。

10月，清廷颁布《奖励游学毕业生章程》，规定凡中国留日学生在日本普通中学5年毕业，得优等文凭者，给予拔贡出身；在日本文部省直辖之各高等院校及程度相当的各项实业学校3年毕业，得优等文凭者，给予举人出身；在大学专科某科或数科，毕业后有选科或普通毕业文凭者，给予进士出身；在国立大学及程度相当的官立学堂中3年毕业，得学士文凭者，给予翰林出身；5年毕业，得博士文凭者，除给予翰林出身外，还给予翰林升阶。这部分实现了李鸿章当初设想，并开启清末留学日本的新潮流。

1905年9月，清廷诏令废除科举，终结了隋唐以来延绵千年的科举取士制度，对近代中国社会发展产生至为深远的影响。八股取士的选官遴才制度，从1906年一律停止，这时离李鸿章辞世已经4年多了。严复认为，其意义不亚于中国古代的废井田、开阡陌；美国学者罗兹曼则评述：1905年是新旧中国的分水岭，它标志着一个时代的结束和另一个时代的开始。

此举虽然引发了部分士人的不满和社会动荡，但其意义重大，有力地推进了新学堂和留学教育的迅猛发展，迎来了划时代的教育大变革，为中国现代教育的确立奠定了根基。可以说，没有科举制的废除，就不会产生真正的现代中国教育。但另一方面，清廷没能找到更好的选官遴才的方法来加以代替，在没有经过深思熟虑、充分讨论的情况下就废除科举，显得有点匆忙轻率，其后遗症是无法想象的。

辩证地看，废除科举，对现代教育的发展是有利的，对官吏选拔的公平有效则是有害的。正确的选择或许应该是：保留科举制的选官职能，并结合社会的演变，进一步改进和完善以考试为核心的选官用人制度；废除科举制的教育功能，剔除其旧有考试内容和考试方法，支持新型学校的建立和留学教育的发展。

李鸿章少年即有文名，乡试会试殿试也算一帆风顺，并且以进士出身在翰林院供职多年，即使文学造诣不如乃师曾国藩，主持一省人才选拔可谓绰绰有余。但清廷却不令李鸿章一掌衡文大典，有人认为是由于他常年带兵打仗，文才方面有所欠缺。其实不然，清廷如此做法，里面自有深意，真相是因为淮军已属当时劲旅，李鸿章是众望所归、当仁不让的领袖人物，若再让他做科举考试的主考官，无论是以房师还是座师身份，几科之后都会桃李满天下，从而使李鸿章大有文武齐备、黄袍加身之势，而清廷统治地位堪虞，其理正与不可能让翁同龢领军相类。

1897年李鸿章对一位外国人士说："考试所以收天下英才，不使为乱。"他本人对此也一直跃跃欲试，翰林出身的大学士，总以"未尝掌文衡"为耻。一方面，他依然不改吟诗作对的文人本色，而且科举正途一路走来不易，换个身份重温旧梦别有滋味；另一方面，当然是希望能亲自挑选到满意的人才。淮军旧将都已开府封疆或领军一方，幕僚或出任驻外使节或为地方官，各机器局以及民用企业都亟需见人，李鸿章手头可用的人才实在有限。清廷连朝殿阅卷大臣都没有一次派给李鸿章，这让他不胜"怏怏"，引为生平"遗恨"。

十九

在1919年以前，中国近代化历程由学习西方的军事器物，到学习西方的政治制度，再到学习西方的思想文化，经历了三个阶段，在经济、政治、文化领域全面启动，并由浅入深逐步展开。

这与李鸿章早期的努力是密不可分的，他对西方近代文明的认识和学习有一个过程，对其理解和感受也随之变化。清末有人评议说："不意三十年来，仅文忠一人有新知识，而一般科第世家，尤以尊王室、攘夷狄套语，诩诩自鸣得意，决不思取人之长，救己之短。"

李鸿章努力说服清廷最高统治者接受西方科技，为近代科技转移在政治上清障，以权力解冻保守文化，为科技进步破除精神障碍。他在国内设立传授西方科技知识的新式学堂，创办翻译馆，派遣留学生出国求学造就高水准的科技人才，力改科举考试制度，激励知识分子钻研科学技术。这些积极举措，为近代科技在中国的传播作了必要的人才与知识储备，对推动中国近代化事业发挥了重要作用。

通过开眼看世界和洋务实践，李鸿章得出面对现实的可贵认识，进而把学习西学与中国的人才培养相结合。在他的引领下，洋务派在天津、上海、旅顺等地创办了电报、水师、武备、医学、水雷、外语等专科技术学堂，总计达20所以上。培养出一大批区别于旧式文人的近代知识分子和企业管理、技术人才，使中国的人才开始由传统型转向中西结合型，开创了一系列前所未有的事业，促进了文化教育和社会经济的发展。

废科举，兴学堂，派留学生，是近代中国教育史上的根本变革，也是中国科学发展史上的重要转折点。中国以往的科举取士制度，把大量知识分子引入故纸堆，去死记硬背儒家经典教条，不务实际生产生活，严重阻碍了中国科学技术的进步和生产力的发展，造成了传统社会的长期停滞状态。科举制度的废除，新式学堂的兴办，从根本上开始扭转这一局面。

虽然主观上来说，李鸿章是为了维护清廷的统治，但通过这些开拓性的措施，起到了传播西方科学文化，提高人的文化素质，改变封闭守旧的社会风气，培养中国自己的技术骨干力量的作用。在一定程度上改变了国民的知识结构，造就了一批具有近代科学技术文化的知识分子，对推动近代教育事业的勃兴，也发挥了显著的积极作用。

假如没有洋务运动的启发以及由此造成的思想和观念上的松动，很难想象，短短数十年内，维新、废科举、立宪这一切就在晚清中国产生和发展起来。这一"破"一"立"的曲折过程，正是中国早期近代化运动的特定内容在文化思潮上的反映。

甲午一役，洋务破产，李鸿章声名扫地，多年心血几乎毁于一旦。然真正该破产而未破产者，乃是国人如王闿运辈的世界观，居然妄想用孔、老之道规劝列强"改邪归正"，这还几乎是当时所有旧知识分子之共识，让人怎能不哀叹？！再看翁同龢之类，即便是在惨败之后，对于西法的态度也犹在模棱两可之间。由此可知，天下事非至抽心一烂，不足以当头棒喝乖谬之人心。

李鸿章对改科举、兴洋学的倡导和努力，推进了洋务运动期间西学与中学、新学与旧学、洋务专科与科举正途的斗争，有力地开拓了中国早期新式教育事业。无论是人才价值观，选拔人才的标准，还是培养人才的途径，都已大大突破了传统的科举正途、资历、门第等旧有范式。

他所造就的一批科技实用人才，是近代中国经济和文化建设的宝贵力量，不仅在洋务新政中生根开花，而且在知识界和思想界也产生了深远的影响，这可能是李鸿章始料未及的。

换言之，李鸿章的举措不仅为中国培养了一批新式人才，提高了社会生产力，而且大大促进了维新改良和民主思想的形成和传播。如康有为、梁启超、谭嗣同等人就是"在译出西书中求学问"，自此，中国人才知道西人还有藏在坚船利炮背后的学问，最终"构成一种不中不西、亦中亦西之新学派"。从洋务到维新，仅从思潮演化的脉络来说，以变求存的想法无疑是相通的。而中国社会最终仍只能用革命手法实现根本转变，也似乎是有迹可循的。

对外"和戎"——李鸿章与中国外交近代化

西方资本主义国家越洋而来、叩关直入使中国陷入有史以来前所未有的"大变局"。在列强的军事、政治优势面前,中国不再是高高在上的"天朝大国",更不是身处世界中心的"万邦宗主",如果对外交涉的思想理念仍然停留在"理藩院"时期,就不可能会有近代意义上的外交局面的出现。

中国的传统文化将"夷夏大防"看得过重,所以在近代以来的对外交往中,由于与外国人在对相关风俗礼仪理解方面的不对称,闹出了不少令人啼笑皆非的笑话。洋务派理论家郑观应明确指出:"若我中国,自谓居地球之中,余概目为夷狄。……夫地球圆体,既无东西,何有中边。同居覆载之中,奚必强分夷夏。"从科学的角度批判中国地理中心观,进而质疑根深蒂固的中国文化至上的旧认识,对时人产生了振聋发聩的作用。

一

李鸿章作为洋务派的主要代表人物,早在1862年抵达上海后就看出"华夷混一,局势已成,我辈岂可强分界画",进而认识到"合地球东南西溯九万里,胥聚于中国,此三千余年一大变局也"。无独有偶,李鸿章的幕僚、洋务派外交官薛福成,更具体指明了"变局"的内容:"华夷隔绝之天下,一变为中外联属之天下","虽以尧、舜当之,终不能闭关自治",认为应当改变传统的对外交往观念。事实上,这也是当时少数开明官僚和知识分子的共识。

在第二次鸦片战争结束以后，远东的政治形势渐趋缓和，外部压力大为减轻。其时，在远东居支配地位的西方国家是英国，它为了维护既得利益，力求保持原来的远东形势格局。其主要竞争对手是俄国，为执行"亚细亚使命"，决心采取东进和南下政策，却力有未逮。因此，远东的基本格局虽是英俄的对立争霸，但由于两国在中国的活动范围距离较远，所以直接发生军事对抗的可能性较小。日本明治维新后，以对外扩张为基本国策，但羽翼尚未丰满，暂时也难以发动大规模的侵略战争。这就决定了当时远东地区在相当长的时期内会有一个相对和平的国际环境。对中国来说，这确实是一次难得的发奋图强的大好机遇。

奕䜣认为，只要按照条约的规定行事，满足洋人一定的要求，清政府与西方国家是可以和好相处的。他向逃往热河的咸丰帝建议，成立一个专办外交的机构。1862年，一个体制极崇高、权力较广大的总理各国事务衙门在北京正式设立。这个洋务"总汇"的主要职责，就是办理对外交涉事务，除此以外，还经管与洋务相关的通商、海关、开办同文馆等事，随着时势发展，制造枪炮、购置船舶、修路、开矿等事也都纳入管辖范围。总理衙门的成立是清政府的一件大事，标志着洋务运动的开端，也是近代中国外交史上的一个里程碑。

在开展洋务的实践过程中，李鸿章和其他洋务派在事实上接受了国际社会的存在，并逐渐形成了较为明确的近代国家观念。李鸿章曾表达出"各国均有保护其民、自理财赋之权"的看法，这说明了他在思想认识上的一种进步。此时，中国本身的主权已经被迫不及待的西方列强大肆破坏，在接下来打交道的进程里，洋务派的外交活动就不得不包含有向列强争取平等主权的内容。

李鸿章看到："各国洋人，不但辏集海口，更且深入长江，其藐视中国，非可以口舌争。稍有衅端，动辄胁制，中国一无足恃，未可轻言抵御。"署理江苏巡抚后，李鸿章开始直接办理对外交涉，同时想方设法引进近代军工武备，以增强在外交上的发言权，从此一发而不可收，在他生命的后四十年，同时也几乎是晚清政府的后四十年里，李鸿章从没有真正脱身外交事宜之外。

二

到上海一段时间后，李鸿章发现，有些通商口岸的地方官在与洋人打交道时，"既输下气，且长骄志"。他很不屑于上海地方官绅"媚洋人者无微不至"，"过趋卑谄"，与这些人迥然不同的是，李鸿章有自己独特的思考、处理方式，于"羁縻之中，仍当竭力迎拒"，所谓"羁縻"，即笼络、牵制不使生异心之意，但绝不轻易向外国人的无理要求屈服。这种对外交涉思路，在处理李泰国和阿思本舰队事件以及解决常胜军问题时就表现得特别明显。

李泰国是英国人，1853年任英国驻上海领事馆翻译官，次年署副领事。他任职期间参与了清朝海关的创建，担任上海海关委员，逐步取得了上海海关的大权，因此1855年由上海英领事推荐为上海江海关首任税务司。第二次鸦片战争中，李泰国作为英使额尔金的译员和谋士北上，参与了1858年中英《天津条约》的谈判。当时他气焰嚣张、蛮横无理，侮辱清廷大臣耆英，恐吓大学士桂良、吏部尚书花沙纳。1861年总理衙门成立后，由于清廷并无相关得力人才，恭亲王奕䜣任命李泰国为中国海关第一任总税务司。

1862年初，太平军在苏南的进攻势如破竹，一时上海的形势危如累卵。清廷为加强战斗力抵御太平军，委托当时的代理总税务司赫德代为购买英式船炮，赫德转而委托回国休养的李泰国在英国代办。李泰国虽然身居财税要职，却不安本分，一边挥霍着清廷的高额俸禄，一边却挖空心思欲求攫取更多的特权，其野心可谓不小。他接受委托后，于当年12月购妥军舰，除了中饱私囊外，还擅自与舰队司令阿思本私下约定，只接受李泰国的指挥。当舰队于1863年驶达中国时，阿思本果真拒绝接受任何中方官员的命令，声称只有清朝皇帝通过李泰国才能指挥其舰队。

李鸿章根据"与若辈交涉军务，悉心体会"得出的切身经验，断定李泰国不仅"目前不愿中国人专权，即将来不愿中国人接手"。在十分震怒之下，他致函薛焕说："若令李泰国一人专主，要求胁制，后患方长。即戈登亦不愿与之共事。弟仅见一次，该酋多方熏吓，气焰凌人。……该酋欲垄断取利，力排赫德前议。而总理衙门创议购买轮船，乃系由赫德转托为李酋者，今何能尽废赫德前订章程，而为李泰国所把持耶。"

清廷当时无力驾控这支由6艘驱逐舰和1艘炮艇组成的小舰队，唯恐骤然生变。为此李鸿章向曾国藩献策："中国百余万金，已付东流，但能见机退回，似亦幸事。"最后，清政府坚决不承认阿思本的特权，阿思本遂宣布辞职，并带领舰队的主要船只返回英国。随后不久，李泰国被勒令解职，其总税务司职位由赫德接任。清政府交了70万两白银的高昂"学费"，才认识到依赖外国购买舰队不仅徒劳无功，而且极其危险，因此曾、李等洋务派人士决定兴办自己的造船工业，并在其后聘用洋员时始终不忘"权自我操"。

在李鸿章到上海之前，地方官就出资支持美国流民华尔，募集外国人组织洋枪队对抗太平军，以保护其在上海产业。在清廷发生"辛酉政变"后，垂帘听政的慈禧决定向外国"借师助剿"太平天国，清廷命令李鸿章"务当体察洋性，设法笼络"，特别要求对华尔的洋枪队做到"遇事牢笼，毋惜小费"。李鸿章在经过一段时间了解，特别是看到洋枪队武器的巨大杀伤力后，就表示"断不与之失和"，"似当与委曲周旋，但求外敦和好，内要自强"。

他回复清廷说："华尔势力能倾服上海众洋人，在鸿章处亦颇要好。吴晓帆（吴煦）、杨坊所恃止有此人。……鸿章近以全神笼络，欲结一人之心，以联各国之好。"想以对待华尔的范例向各国表明合作的态度，取得各国支持。又说，"每月不缺华军七万两之饷，华尔即为人用，大抵蠢然一物耳"。清楚表现出李鸿章不像其他官员见到"洋大人"就奴颜婢膝，而能用清醒的头脑看出其实质，从而对常胜军"曲意笼络，俾为我用"。可以看出，李鸿章对外采取的"羁縻"想法并非凭空而来，而是经过有针对性的长期思考和在上海办理"夷务"后的经验总结而来。

当对太平天国的战争取得胜利后，1865年5月，李鸿章向清廷上了这样一道奏折："从前中国将弁于洋枪开花炮未谙施放，不得不用洋弁管带，本属一时权宜，挟制要求既不能免，牢笼驾驭亦未易言，总须主兵者兵力自强，方能操纵，由我用彼而不为彼所制，苟在稍有把握即不必假以重权。江苏之常胜军原系外国人帮同统领，波澜迭出，糜费滋多，且与洋人交涉各事，均受牵制。嗣戈登去后所存洋枪队千人，以余在榜、袁九皋两副将分带，而统于潘鼎新。其接手之兵官哲贝只予以教练虚名，俾约束各兵头不准干预营事，故两年以来巴夏礼虽局外数数饶舌，哲贝等尚恪守规条。"同年12月，他再次上奏指出："外国弁兵止管教习枪炮，不准干预营务。……此后该军（指遣散留用的洋枪队）进止机宜与洋弁应否撤换之处，悉由督抚、统兵大员主政，以重海防而肃体制。"

可以说，李鸿章的这种处置方式干净利落、不留后患，既坐收洋兵助剿快速奏功的短期之利，又避免了洋人进占内地的无穷之患；既学习了外国先进军事技术，又保护了国家民族权利，不给外国政府干预的借口。他说："西人专恃其枪炮轮船之精利，故能横行于中土。中国向用之弓矛、小枪、土炮，不敌彼后门进子来福枪炮，向用之帆蓬舟楫、艇船、炮划，不敌彼轮机兵船，是以受制于西人。居今日而曰攘夷，曰驱逐出境，固虚妄之论。"这种批评，应该还是比较中肯的。

三

1870年李鸿章被授为协办大学士，调任直隶总督兼北洋大臣，负责京畿一带军政事务及北方数省海防、外交、通商等事务。在接办天津教案善后事宜时，尝到甜头的李鸿章仍按在上海总结出的经验来办理，他向曾国藩吐露心得说："自秦周以来，驭外之法，征战者后必不继，羁縻者势必久长。今之各国，又岂有异？"所以，李鸿章处理天津教案采取内松外紧的做法，在奏请清廷做好战备的同时，私下则力求"不开兵端"，以维持和平大局。

不过李鸿章对外国人并不是事事迁就，只满足侵略者提出的几条基本要求，经过一年的艰苦交涉，免去了原拟正法4人的死罪。当然，这也得益于他率有大队淮军扈从，挟着平洪灭捻的兵威，在军事上有备而往，"即使调兵信息各处传闻为洋人窥破，或转因其疑忌，中外和议可以速成，非理要挟可以裁抑"。尽管学界大都认为李鸿章在这次交涉中本可以取得更加令人满意的结果，但也只是一种比较理想的推理而已。

李鸿章觉得，"洋人所图我者，利也，势也，非真欲夺我土地也"，"我未能尽餍所求，口舌之端即兵戎之渐"，应该说，他对当时列强的认识还是比较到位的。在李鸿章看来，"洋人论势不论理，彼以兵势相压，我第欲以笔舌胜之，此必不得之数也。……乌得谓防务可一日缓哉！"因此"武备必须讲求，此中国百年之计"。只有具备了一定的国防实力，蓄积了足够之"势"，才有机会去和洋人讲理。

所以李鸿章说，"鄙见谓须渐次经营，埋头做苦功，使人知尚有志气，略可相安，宇内升平，再议豪举善"，颇有"君子报仇，十年不晚"之意。为了使清廷当权者能积极配合这种思路，而不擅自妄动干戈破坏长久大计，李鸿章不无恐吓地警告说："彼之军械强于我，技艺精于我，即暂胜必终败。"他主张"力保和局"，提出"驭夷之法，以羁縻为上"，并将其付诸在与各国交涉的过程中。

当时清廷中一批顽固守旧的封建士大夫既昧于世界大势，不加区别地反对西方列强的一切要求，又暗于国内实情，盲目虚妄地鼓噪以武力与列强进行对抗，企图通过战争驱走列强，重新回到闭关自守时代。取得民族独立的愿望固然很好，但首先必须要有足够的物质力量和军事力量，还要有先进的政治力量去动员人民组织人民，将人民自发的反侵略斗争引导到理性的、正确的方向，否则就只会将中国陷入万劫不复的深渊。针对这种情况，洋务派们提出"外须和戎"的主张，对顽固派的偏激思想进行了有力的驳斥。

洋务干将、中国第一任驻英国大使郭嵩焘在这方面有很多论述，他说"交涉西洋通商事宜，可以理屈，万不可以力争"，"国家办理洋务，当以了事为义，不当以生衅构兵为名"。可以看出，"外须和戎"并非李鸿章的专利，尽管他也曾说过，"目前固须力保和局，即将来器精防固，亦不宜自我开衅。彼族或以万分无礼相加，不得已而一应之耳"。他们甚至以南宋为前车之鉴，指出"虚骄务名者恒败，坚忍多略者恒胜"，主张忍辱负重、维持和局，反对盲目开战。

因为当时晚清中国国力太弱，无法取得同拥有近代工业和军事技术装备的西方列强战争的胜利，也承受不了战争造成的沉重经济负担。李鸿章说，中国"有贝之财，无贝之才，均未易与数强敌争较"，在经济尚未发达、人才尚未齐备之前，只有隐忍徐图；"目前兵船未备，饷源尤绌，刚尚难用"，在武器装备尚未充分、军饷不能配足之前，只有以柔制之。

洋务派们看到了当时西方侵略者主要是进行经济侵略的新特点，较清醒地认识到敌强我弱的总体力量对比，反对盲目的对外战争，主张采取和平外交方针以取得一定时期的较为稳定的国际环境，为内部的变法图强创造条件。对于维持和局和变法富强的关系，洋务派们反复进行阐发，不仅认为变法富强应当有对外的和平局面作为保障，而且也认识到只有国家富强才能真正实现中外和局的道理。从当时的具体条件来看，这些思想有一定的合理性，是处于统治地位的洋务派官僚以及知识分子所可能提出的较为现实的外交思想。

四

在李鸿章的主持下，近代中国的早期外交也有少数较为成功的记录，为国家和人民挽回了一些权益，比如与秘鲁关于华工问题的交涉，就是一个典型的案例。从明清开始，就有中国人漂洋过海到秘鲁，靠经商、做工或充当水手、仆役为生。1851年秘鲁废除奴隶制后，从中国招募华工代替黑奴，承担垦荒、筑路、开矿、建港等苦力工作，虐待之事时有发生。到19世纪70年代，中国在秘鲁的华工已有10余万人，而秘鲁贩卖、迫害华工的事情也逐渐暴露，其受凌虐程度之烈为世界罕见。李鸿章得知后十分愤慨，觉得"实中国百姓所共恨，亦万国公法所不许"。

1873年，为取得在华通商的最惠国待遇，秘鲁在英、法的支持下派遣使节来华商订通商条约。借此机会，总理衙门为维护在秘华工的利益，命李鸿章"与之逐层辩论，斟酌办理"，要求秘鲁答允将在秘华工全部护送回国，并不再在华招工，方能与之商议订约事宜。10月，谈判开始，李鸿章严正指出，华工在秘鲁受到极不人道的对待，请秘鲁政府先解决此问题，否则免谈立约通商。并拿出华工所递陈情书及外国人所写的《华工出洋论》和《夜半钟声》等相关材料，证明华工在秘鲁受到虐待属实。

不料秘鲁代表葛尔西耶矢口否认，还辩称来华订约就是"以期共同保护"，双方相持不下，谈判陷入僵局。英国驻华公使威妥玛亲至天津，怂恿李鸿章与之立约，"立约后可保护华工，如秘鲁违约，中国可明正其非，即万国公约亦不相容"。李鸿章知道威妥玛是受葛尔西耶所托，答复说"总署早经照会贵大臣及英、美各使，均共闻知，今秘鲁即不遵办，非我所能做主"。威妥玛碰个钉子，便邀请葛尔西耶进京，打算拉拢其他国家共同向清廷施加压力，李鸿章也因封河返回保定总督府。

1874年5月，葛尔西耶重回天津，威妥玛派遣梅辉立担任翻译，与李鸿章重启谈判，"葛使狡执异常，梅翻译名为从中调停，实则偏助一面"。李鸿章拒绝了秘鲁企图绕过华工问题直接进行通商条约谈判的要求，态度非常强硬，秘鲁政府为缓和国际舆论的谴责只好让步，中秘双方先达成《会议查办华工专条》，这是一个护侨条约，对保护秘鲁华侨的权益做了一些明确规定。主要内容是：中国派员前往秘鲁查办华工状况；在秘华工享受寄居该国的外国侨民的一切权益；华工受雇主虐待，可向地方官及至高等法院控告；秘鲁政府有保护华工和督促雇主履行合同的责任；合同期满应出资遣送华工回国。中方目的基本达到，才继续订约谈判。

经过8个月的交涉，数十次的争论，1874年6月26日，李鸿章代表清政府和秘鲁代表葛尔西耶签订了《中秘查办华工专条》和《中秘友好通商条约》19条，条约主要内容是：中秘两国互派使者；两国居民在对方国内享有同等的权利和权益；两国居民可以自愿往来，但"别有招致之法，均非索准"；不准在澳门及各口岸诱骗中国人，运载出洋，违者其人严惩，船只罚办。并互换照会，作为对条约的补充，其中规定中国给秘鲁"一体均沾"的优待，而秘鲁给在秘中国商民"一体与别国同获利益"的优待。中秘条约的签订,可视为中国在外交上,特别是保护秘鲁华工方面赢得的一个小胜利,李鸿章为此"反复争论,字字较量,几于舌敝唇焦",第一次为海外华工争得了合法权益,确实功不可没。

但李鸿章并没有闲着,他委派容闳赴秘鲁调查华工实际生存状况。容闳花了3个月时间,迅速搜集了华工受虐待折磨的大量材料,并将华工身上的烙印和受鞭笞的伤痕拍成照片,向李鸿章报告:秘鲁华工之工场,直一牲畜场,场中种种野蛮之举动,残暴无复人理。李鸿章极为震怒,当1875年7月秘鲁政府派爱勒莫尔前来中国换约时,李鸿章以其未切实履行条约为由予以拒绝,并出示所取得的证据,在这铁的事实面前,秘鲁方面终于理屈词穷,最终被迫表示:将以前苛待华工弊端尽行革除,保证定将实力保护华工,不容稍受委屈。8月,双方换约才得以进行。

李鸿章随即上书清廷,请求派遣领事前往秘鲁切实保护华工:"我若无使在彼,则华工相隔七八万里,其保护与否、除弊与否乌从而知之,即知之又乌从而拯援之乎,合无仰恳天恩,迅派正使副使前往秘鲁,按照条约等件,凡遇可以为华工保护除弊之处,随时商同该国,妥立章程,是此日在水火十数万之华人将死而得生、既危而复安也。"1878年,清政府任命陈兰彬为驻美西秘三国首任公使,因秘智太平洋战争陈未能抵秘呈递国书。但秘鲁在改善华工待遇方面不得不采取一些切实行动,到1879年时,有半数以上的华工按约成为自由人。1881年,郑藻如被任命为第二任驻美西秘三国公使,并于1884年6月抵秘,清朝政府正式设立驻秘鲁公使馆。

五

1875年2月,英国窥伺中国滇西地区,派一支约有200名武装人员组成的"远征队",侵入云南境内,遭到当地居民的堵击,其翻译官马嘉理等人被杀。英国趁机抓住这一事件来扩大对中国的侵略。威妥玛立即向清廷提出很多无理要求,李鸿章认为是"案外生波",不能答应,谈判拖了一年多。到1876年6月，威妥玛以撤使、下旗断交相要挟，并扬言将派兵进滇，以作恫吓。

8月，清廷派李鸿章为全权大臣，与英国交涉。李鸿章觉得此事"似不值竟开衅端，且时势艰难，度支告匮，若与西洋用兵，其祸患更有不可测者"，建议清廷"扩怀柔之大度，屏悠谬之浮言，委曲求全，力持定见"。他赴烟台后，做了最后努力，"每至议改一条，商易数语，或增减数字，必以疾言巽语，坚抵软磨，穷日之力而后定"，迫使威妥玛稍作退步。

同年9月13日，李鸿章与威妥玛签订了《中英烟台条约》16款及附加之《另议专条》。这是继1842年《南京条约》和1858年《天津条约》之后，中国与外国签订的第三个不平等条约。它规定除抚恤英国在滇被害人员家属外，还增开通商口岸，广设租界，扩大领事裁判权，免征租界内外外国商品厘金，英人可派员至云南调查和进入西藏探路，等等。扩大英国在华的商务特权，破坏了中国的司法权，给中国带来了较大的危害。在交涉中，李鸿章虽拒绝了威妥玛提出的将云贵总督岑毓英等官员提京讯问等要求，但为尽快息事宁人被迫答应遣使到英国谢罪，这就等于给清廷增添了一份外交耻辱。

在李鸿章与威妥玛为滇案交涉期间，上海发生了吴淞铁路事件。此事起源于1866年，英国人未经中国政府许可，即在上海修筑吴淞铁路。1876年铁路竣工并开始运行，不久火车轧毙人命，因而引起交涉。英方仍由威妥玛负责，其态度十分强硬。李鸿章告之，中国的原则有两条：一是"务在保我国自主之权，期于中国有益"；二是"洋商亦不致受损"。并派道员盛宣怀等到上海与英国代表谈判。谈判中，按照李鸿章的指示，盛宣怀等人对英国的无理要求一一驳回，最后议定：（一）中国用285000两规平银买回铁路，"定于一年限内分三起付清"；（二）铁路收回后，"行止悉由中国自主，永与洋商无涉"。应该说，这个结果还算是公平合理的。

1880年中俄因伊犁问题而剑拔弩张，清廷派曾国藩之子曾纪泽为驻俄公使，经据理力争，签订了《中俄改订条约》，即《伊犁条约》。虽然在商务方面挽回了部分主权，但却被割占了7万多平方公里的土地，仍是一个不平等条约。可见当时清廷对外交涉之艰难，李鸿章没有参与其事，但在津沽和东北一带作了严密布置，并推荐刘铭传为统兵大将以防不测。

1880年代初，李鸿章受命与巴西订立通商条约，他的想法是，"由于前此立约未妥，一时骤难更改，以致流弊甚多。今欲藉巴西议约，渐收中国自主之权"。于是，在具体洽谈过程中，李鸿章仍然坚持不将"一体均沾"写入条约，谈判濒临破裂。在这种情况下，李鸿章遂提出变通办法，"嗣后，两国如有优待他国利益之处，系出于甘让、立有专条、互相酬报者，彼此须将互酬之专条，或互订之专章一体遵守，方准同沾优待他国之利益。"有了这个限制，就不是片面最惠而是平等互惠了，巴西见于理于法也无可挑剔，只得签约。

通过与巴西的谈判和1881年《中巴和好通商条约》的签署，李鸿章深刻体会到，"惟变法之初，未可过于严峻，以后他国换约修约，咸知办理近情而又逼于公法，或可冀其仿行，不致相率坚拒"。他意图把中巴立约做成一个有效范式，取得其他有约国的信任，以平等互利为基本原则和出发点，从而逐步修改此前订立的各种不平等条款，将清廷已丧失的权利渐次挽回。尽管由于主客观原因，这种积极的外交理念并没能全面推行，但可以看作是晚清外交近代化的天然试验场，在对拉丁美洲国家的外交实践中起到了很好的示范作用。

六

在担任直隶总督后，李鸿章由于一系列出色表现升任首席大学士，成为清政府外交、军事最重要的决策者之一。《清史稿》这样评价他："中外系望，声出政府上，政府亦倚以为重。其所经画，皆防海交邻大计。"他把这一局部经验推而广之，到1881年正式提出了一条影响整个近代史的外交纲领，"处今时势，外须和戎，内须变法"，但他特别指出，"若守旧不变，日以削弱，和一国又增一敌矣"，说明他非常清醒地看到内政和外交的关系，"和戎"的目的并非投降卖国，而是为了给

"变法"留下充足时间。

李鸿章在这方面的思考比其他洋务派官僚显然更多也更深刻。他回顾近代伊始中外订立条约的情形说："从前中国与英、法两国立约，皆先兵戎而后玉帛，被其迫胁，兼受蒙蔽，所定条款，吃亏过巨，往往有出地球公法之外者。"他认为，不平等条约的订立，一是因为列强的武力强迫，二是因为中国长期闭关锁国，缺乏近代国际交往的知识。他还从总的方面指出了不平等条约对中国的危害，"诚以内治与约章相互表里，若动为外人所牵制，则中国永无自强之日"，较为清楚地看到了近代民族独立和国家富强之间的关系。

不平等条约的危害，主要体现在三个方面。一是片面最惠国特权。李鸿章在处理琉球问题时，曾对此有过沉痛深思，终于发现问题所在：原来，在中外立约之初，"中国于外务利弊未甚讲求，率以利益均沾一条列入约内，一国所得，诸国安坐而享之；一国所求，诸国群起而助之，遂使协以谋我，有固结不解之势"。很明显，"均沾二字，利在洋人，害在中国"，李鸿章比较深刻地认识到片面最惠国特权在资本主义列强联合对中国进行经济侵略中的恶劣作用，所以提出"设法防弊，实为要图"。二是领事裁判权。李鸿章认为，"洋人归领事管辖，不归地方官管理，于公法最为不合"。其实道理很简单，然而当时的大部分国人都是逆来顺受，将洋人的特权视为理所当然。三是协定关税特权。李鸿章看到，洋货纳税太轻，以致"彼此轻重悬殊，商民交困"，同时，由于"税则厚薄不一"，"遂使厚利为洋商所垄断"。华商的成本无形中加重，导致对外竞争力减弱，不利于民族经济的发展。

在认识到西方列强攫取的特权损害了中国主权和利益后，李鸿章提出修改中外不平等条约的思想，他指出："中西互市以来，立约十有余国，因利乘便，咸思损我以自肥，若不设法维持，逐渐收回权利，后患殊多。"综合看来，洋务派的修约主张有三个特点：一是以谈判协商的外交方式进行，尽可能不采取强硬的手段；二是认为应从弱国小国开始修订，再设法扩大到西方大国强国；三是只要求修订个别条款，而不是要求废除整个不平等条约。这说明李鸿章等洋务派的想法和出发点是挽回利权，但由于底气不足而在实际措施上表现得比较软弱、不彻底，带有明显的妥协意识。究其原因，是洋务派对于中国国家和民族的力量估计过低。

另一方面，李鸿章也说过，"各国条约已定，断难更改"，企图维持现状，把列强的侵略限制在已有条约范围之内。因此，这种思想同时也包含有利用不平等条约限制列强进一步扩大侵略的内容，颇有"以其人之道还治其人之身"的意味，不能不说蕴涵着一定的斗争智慧在内。

七

19世纪70年代，法国因在普法战争中失利转而在亚洲加快侵略越南的步伐。1874年3月，法国强迫越南签订《越法和平同盟条约》（也称《第二次西贡条约》或《甲戌条约》）。根据这个条约，法国控制了越南南部，并以承认"越南独立"为幌子，企图割断中越之间事实上的"宗藩关系"，为进一步吞并全越做准备。进入80年代，法国向越南北部的不断扩张引起中国警惕，清廷命驻英、法公使曾纪泽与法国外交官员交涉，向法国外交部提出照会，并向新闻媒体披露有关事实，揭露其侵略阴谋，严正申明中国不承认该条约。

法国政府对曾纪泽有理有力的辩争感到棘手，故意冷落曾纪泽，命法国驻华公使宝海与总理衙门交涉，并诬蔑曾纪泽"傲慢、言辞不当"，清廷信以为真，便命李鸿章与宝海谈判。1882年11月27日，谈判在天津进行，宝海主张"将中国属邦置之勿论"，李鸿章表示反对。宝海接着提出在越南北部"划定界线，中法互相保护"，李鸿章认为可以接受，双方很快达成协议。12月底，马建忠作为李鸿章的代表，与宝海签订了一个备忘录，即《李宝协议》。共三条内容：一、中国将在越南北部的军队撤至境内或境边，宝海照会总理衙门，声明法国毫无侵占土地、贬削越南国王治权之意；二、保胜辟为商埠；三、中法两国在滇、桂界外和红江中间之地划分界线，北归中国巡查保护，南归法国巡查保护。

《李宝协议》的条款危害相对较小，并且为外交解决争端提供了条件，因此清廷虽然对其内容不是完全满意，但还是打算接受。不料1883年2月法国政坛变动，狂热的殖民主义分子茹费理再次组阁，推翻了李鸿章与宝海达成不久的协议，改派驻日公使脱利古来华重新谈判，提出的要求更苛刻。李鸿章心里清楚，"揆度目下情形，脱使无论在沪赴京，所议必难就范"，因此决定"虚与委蛇，相机观变，再筹因应之方"，态度也渐趋强硬。

谈判于1883年6月初在上海进行，面对脱利古的恃强威逼，李鸿章据理力争，"越为中华属国已数千百年，法不能强我不认"，同时警告说，"中国闻贵国调兵吞越，人心愤激"。李鸿章判断法国不会善罢甘休，提醒清廷："南北海防，必须及时整备，脱意甚恶，难保不挑唆生衅。"他6月12日致函总理衙门："计粤西出境兵勇七千余人，云南六千余人，与刘永福越军联络进扎，声势已觉稍壮。如果法兵到后，再接再厉，彼必难于深入，届时再由劼刚与外部商议，或脱使来商办法，方冀渐有归宿。"他建议清廷督促在越军队做好应急准备，但尽量还是以外交解决为上策。

6月16日，李鸿章上《遵旨妥筹全局折》，指出放弃越南的不利后果："越如为法所并，凡我属国，咸有戒心，而滇、粤三省，先失屏蔽，红江为滇、越相共，矿务尤彼族垂涎，将来画疆拒守，口舌必多，边患固无已时也。"这说明，李鸿章并不愿意将越南拱手让给法国。然而，另一方面，"法国自同治十年受德人惩创，上下卧薪尝胆，无日不图报复，正欲借拓地立威，称雄西土，……我以虚声吓之，彼未必即相震慑，我以重兵临之，则内地益形空虚，似非两全之策"。李鸿章不想让却又不得不让，关键在于我方陆军尚有不及，更无强大海军，因此他自然对战争的前景感到担忧。

7月1日，双方再次谈判，脱利古仍然坚持其无理要求，李鸿章予以驳斥。稍后越南国王去世，导致政局变动，给了法军可乘之机。8月法军攻占顺化，25日强迫越南签订《法越新订和约》（即第一次《顺化条约》），取得对越南的"保护权"，而法国用武力占领整个越南的野心也随之迅速膨胀，这使和平谈判几乎没有达成的可能。

不久，李鸿章奉调回直隶任总督，脱利古于9月到天津，18日继续谈判。李鸿章对法军攻占顺化，强迫越南订立《顺化条约》强烈不满，仍然坚持"越南数千年为中华属国，无论法国如何逼胁立约，中国断不能认"，并毫不客气地当面揭穿，"法国外托敦睦友谊之虚名，内谋侵占土地之实事。……如必恃强欺凌，中国未能多让也"。

21日，脱利古指责中国暗助越南，李鸿章即正色以告："越为中国藩属，北圻土匪实由中国剿平。今法国恃强称兵，而曰此事与中国无干，中国岂能甘心？……在中国之意，则认定越为属国，必应设法保护，驻兵越境，乃中国应有之权。"在与英国公使巴夏礼会晤时，李鸿章向其解释清廷的考虑说："今十数年来中原无事，法国乃竟侵入。北圻与中国南边三省毗连，实逼处此，中国断难坐视，此又今日不得不与法国计较之势也。"在持续的谈判中，李鸿章的态度强硬而严肃，其策略基本得当，没有让脱利古占到便宜。

八

9月28日，李鸿章向清廷上奏《复陈北洋防务情形折》："若争属邦一隅无用之地，越已阴降于法，而我代为力征经营，径与法人决裂，则兵端既开，或致扰乱各国通商全局，似为不值，更恐一发难收，竟成兵连祸结之势。"10月26日，李鸿章又指出："西国公法，以两国订立条约为重。本年七月，法越新约虽由逼胁而成，然越南固自为一国也，其君相既肯允行，各国无议其非者，岂中国所能代为改毁？"说明此时李鸿章的主要关注点已有所改变，不想为了越南与法国为敌，破坏稳步发展中的洋务运动。

当时法国已经占领了越南大部分国土，并与之订立了保护条约，在越南已被法国实际控制的情况下，即使中国不惜与法国一战，也很难使越南摆脱法国控制，但因此而给中国带来的沉重损失则是难以估计的。与其争越南而冒与法国交战的风险，倒不如放弃越南而维持本国安全，这才是明哲保身之道。正如李鸿章所说："稍一进兵，势必惹祸上身，无论属邦名分难存，且有纠缠不了之日。"可能的结果有两种，

"盖使越为法并，则边患伏于将来；我与法战，则兵端开于俄顷，其利害轻重，皎然可睹"。以晚清衰颓国力，李鸿章也只顾得了当前顾不了将来。

然而，1883年10月，脱利古奉命返回日本，谈判破裂，法国迅速向越南大量增兵，派孤拔为前线司令。12月，法军悍然向驻防北圻山西地区的清军发动大规模进攻，中法战争正式爆发。27日，李鸿章上《遵旨妥筹边计折》分析形势，认为应坚持抵抗："即敌或迳犯北宁，三面受兵，势颇难守，然我兵终无遽罢之理也。"因为所面对的不仅仅是一个法国，应对不当则后继者必会效法，"越乱未已，黑旗尚存，法亦尚存顾忌，久之，彼气衰饷耗，自愿转圜，斯得理处之法。岂可望风震慑，仓卒撤防，使法窥我内怯，要挟多端，增环海各国狎侮之渐哉？"

李鸿章思谋再三，认为"谋画之始，断不可轻于言战，而败挫之后，又不宜轻于言和"。希望清廷"决计坚持，增军缮备，内外上下，力肩危局，以济艰难。不以一隅之失撤重防，不以一将之疏扰定见，不以一前一却定疆吏之功罪，不以一胜一败卜庙算之是非，与敌久持，以待机会，斯则筹边制胜之要道矣"。说明他考虑得非常周全。

1884年1月9日，他在致翁同龢的信中说："若仅在越地鏖兵，利钝无甚关系，波及内地，则各省强弱不齐，民穷财匮，实大可虞。"认为中国无力与法国抗争，尤其是海防不够稳固，担心百姓遭到殃及。1月12日，他致函李鸿藻，表示："鸿章于越事初不敢力主进取，实见得各省戎备未尽精整，或至一发难收。"李鸿章对国家安全的担忧，主要是在海防，因此主张做出一些妥协，争取仍以外交方式解决中法争端，不轻易与战。

当时一些有识之士也有类似想法。如曾纪泽觉得，"吾华兵力不足御敌，既无把握，则虽欲不让而不得"。不过，他了解到法国与德、意、奥三国有矛盾，国内两党内讧，这次是心存侥幸想来捞一把。"夫纪泽所谓备战者，特欲吾华实筹战备，示以形势。令彼族如难而退，……至于不欲启衅之心，未始不与合肥同也。"所以他说："中堂任重钧衡，智周全局，综计各省兵勇训练未成，骤遇劲敌，尚无把握，是以不欲轻启衅端，此老成持重之见。宗臣谋国，从古如此。"王韬也认为："用兵之道，尤宜慎之又慎，非过为老成持重畏葸瞻顾也，必审我有以制之而有余，然后可一发也。"基本与李鸿章的意见一致。

九

1884年法军再次侵入越南，3月，逼近中越边界。4月，曾纪泽向德国新闻界披露："今法国已取山西，事局又变，恐中国之意因而不同，以前中国主和之党，今必附入主战之党矣。盖主和之党原期法人仅攻红江口岸，今见其贪得不已，擅过中国所准之地，遂不能再主和议也，即李中堂竭力周旋友邦，亦不免更改其初意耳。"李鸿章派人紧急向外商采购军火，也曾把淮军原有的一些武器弹药送往滇、桂前线，还多次指示前线清军统帅战守方略。

战争进行了几个月，清军在北圻前线节节失利，李鸿章希望取得军事优势回击法国无理要挟的想法落空。强烈主战的醇亲王奕譞负责中法交涉后不久，于5月4日也上奏陈述："初以为义当拯难，师出有名，故凡调停之说，迁就之论，皆商诸同事，坚持不允。……迨会办既久，徐察情形，法之蚕食鲸吞，故为天下所共鄙，而越之忘仇事敌，自外生成，实有出乎意料所不及者。"如此说来，李鸿章考虑到中国无暇他顾的处境，不愿为越南而引火烧身不是没有道理的。

清廷召集一众大臣商议后，为避免冲突升级导致爆发大规模战争，遂授意李鸿章设法向法国寻求妥协。这时，法国海军中校福禄诺提出五点议和条件，李鸿章便顺水推舟，建议清廷借机转圜，"与其兵连祸结，日久不解，待至中国饷源匮绝，兵心民心动摇，或更生他变，似不若随机应变、早图收束之有裨全局矣"。经李鸿章幕僚、天津海关税务司、德国人德璀琳的斡旋，5月11日，福禄诺作为法国代表抵达天津，清廷命李鸿章与其谈判，讨论通商、撤兵等问题。

李鸿章回忆说，"中旨密令鄙人维持和局，乃敢冒不韪以成议，解此困厄"，于是在有关越南的几个主要问题上做出让步，最终签订了《中法会议简明条款》，又称《李福协定》，共五款。主要内容为：清政府承认法国与越南订立的条约；法国不索取赔款，不伤中国体面，中国同意在中越边境开埠通商；中国自北越撤兵，调回边界。法国见清政府退让，此后更坚定了继续扩大对华侵略的野心。

清流派对此加以猛烈抨击。不过，李鸿章是因为清军在前线失利才妥协的，而且是经清廷统治者认可的。翁同龢在5月10日的日记中这样记载："廷寄略言，所拟五条，不索兵费，不入滇境，余亦于国体无损，可允。"李鸿章5月29日致函岑毓英说："此次议款之速，实因桂、滇各军溃退，越事已无可为。"在给潘鼎新的信中更明示："既如前订五条，电旨当即复准，乃敢与法酋画诺。"说明并非李鸿章本意如此，而是无奈之举。

7月4日，李鸿章上陈《复陈使命约文情形片》："所议简约，虽蒙圣明曲谅，而京都人士啧有烦言，若闻福酋又请限期退兵，必更哗躁，徒惑众听，臣又明知事难照行，而约款未可遽背，欲令岑毓英、潘鼎新查照调回边界约文自行斟酌妥办，实具委曲求全之苦衷。"但法国迷信武力征服，不把清廷的让步视为解决争端的诚意，反而认为中国软弱可欺。由于"撤军期限"问题，双方在北黎发生冲突，导致中法战争升级。两个多月交涉无果，法军于是故技重施，在8月5日向台湾基隆发动进攻，将侵略战争推向第二阶段。

十

由于李鸿章坐镇，北洋防务较强，法国选取福建作为目标。8月23日法军突袭福建水师，炸毁马尾船厂，把战火烧到中国本土。马尾海战发生后，李鸿章当即向法国公使表示中国已做好战争准备，断言"法国在陆地不像在海上那样容易取胜"。在这严峻形势下，李鸿章再次主战，25日，他电令淮军旧将周盛波迅速募勇10营到天津协防，"国事艰急，当踊跃同仇，合力捍卫，遑恤其私"。26日，清廷对法宣战诏书颁布，李鸿章就福州的危急形势建议总理衙门，"此时保守省城为要。……应请旨严饬张佩纶速带队回省筹防"。29日，他提醒说，既然中国已正式对法宣战，应按国际公法照会日本、港英当局严守中立，不得接济法军军需品，同时通知中立国在华机构不得为法国传递电信、情报。李鸿章还加紧运作，力图将中国此前向外商定购的武器弹药秘密运回加强战备。

此外，因为"津防为京师门户，尤系圣心。臣练军简器，十余年于兹，徒以经费太绌，不能尽行其志，然临敌因应，尚不至以孤注贻君父忧"，李鸿章在津沽敌军可能登陆处赶修炮台，广设水雷地雷，令清军"扼要守险"，并以一队人马为机动力量随时增援。以十分认真的态度注意加强国都近畿及北洋区域的防务，并宽慰清廷说，津防"较有把握"，"当可设法鏖战，为京畿捍卫要冲"，请"毋以法船至津挟和为虑"。

另一方面，李鸿章积极施展"以夷制夷"的外交手段。9月27日，他与美国公使杨约翰会晤，说明我方之委曲："其在闽口，乘我与彼正在商议，法舟闯入内河，欺我统帅素未知兵，法军预期窃发，此等举动，无异野番海盗行径，……我今别无办法，只有用兵。"并表示，"以前中国尚有曲保和局之意，无如法人欺人太甚，船政事裂，中国决意与法用兵"。关于"赔款"问题，李鸿章严正申明："法人不讲情理，仍拟索费八十兆法郎，背谬已极！今我惟有与之用兵，一钱不给！"

杨约翰试探说，为停止争端，中国能否再做些让步。李鸿章表示反对："天津简明条约，中国已让到极头地步，法国已占尽便宜，我为议约大臣，知之最悉，徒为息事安民起见，故特格外包容，与之定议，中外臣工不以为然者甚多。法国尚不知足，借口谅山之事，小题大做。"最后，李鸿章指出："今则内地既无盗贼，海防布置亦密，……我在外省督兵多年，所部骁帅宿将欲与法死战者多，……望贵国外部通知法国，转饬孤拔。如果再攻他口，务当格外小心，切勿自贻伊戚。"次日，李鸿章向清廷报告了会晤情形，同时建议"我断不能先向法国议款"，只有在法国先提出议和，并放弃赔款要求时，中国才能予以考虑。

在中法军队交火以前，李鸿章就提出派兵驻扎中越边境，"借防边为名，隐掣法军之势"。其后，李鸿章积极投入到抗法斗争中，并一改过去对刘永福不以为然的态度，赞成并支援黑旗军进行抗法战斗。他还向岑毓英、潘鼎新亲授机宜，"常以小队纷扰法人，或毁桥路，以断彼来往转运后路，或猝扑彼营，令其日夜不得休息，即是牵制，切勿攻坚伤精锐"。意即依托战场地势，以游击战、近身战、夜战等中国传统战法与法军交锋，避敌所长攻其所短。刘铭传就是运用这个方法，于10月取得沪尾大捷。

李鸿章将津沪各制造局所造以及设法从外国购置的大批武器，支援给滇、粤、闽、浙各省。特别是在台湾被法军封锁后，李鸿章悉心筹划，多次以重金雇用外国轮船运输，给久受法军围困的台湾军民送去不少急需的大批饷械以及部分援兵。1885年1月下旬，近900名淮勇携带军饷武器深夜在台湾岛登陆，等天亮了台湾人民知道后，"咸呼天兵又至"，颇受鼓舞。

但在东南沿海上，法国舰队封锁了台湾海面，向台湾北部发动了猛烈进攻，想取得"担保品"来压迫中国妥协。清廷为保卫台湾付出了极大的代价，但由于北洋海军为保卫京畿以及防备俄国、日本趁火打劫的考虑，难以南下作战，清军没有海上优势，仍无法扭转台湾的困难局面。3月25日，负责督办台湾军务的刘铭传急报，"闽省久无信来，亦无兑款，若一月后无大批饷至，兵必溃散，……毛瑟枪子、饷项二事最急，若无接济，束手待毙"。严峻的军事形势使李鸿章和清廷对战争的前景深感忧虑。

十一

在越南战场上，清军镇南关以南阵地全部失守。2月谅山失陷，李鸿章致张之洞、潘鼎新电报，发出无奈哀叹，"法相茹费理宣言，必夺谅山，逐华军出越境，事乃可了。今果据谅，可为痛惜！"幸运的是，到3月下旬，中国军队在越南战场连续取得了三次重大胜利——镇南关大捷、谅山大捷和临洮大捷，形势出现转机。然而，就在这时，慈禧等急于求和，《中法和议草约》于4月4日在巴黎签订，清廷随即发布了停战撤兵命令。

当时列强只想压迫中国让步以结束战争，这种国际局势对中国非常不利，况且此时日本在朝鲜大肆扩张，1884年12月"甲申政变"发生后，日本国内的主战声浪日渐汹涌，对中国构成另一种威胁。1885年初，伊藤博文来华谈判途经上海时，与法国驻华公使巴德诺秘密接触，使清廷更增焦虑。在李鸿章与伊藤谈判期间，中国驻日公使徐承祖发来电报，说日本天皇赴福冈县的广岛、熊本两地阅兵，并探得日本"海陆两军及各处制造军火厂甚为忙乱"。清廷和李鸿章觉得不堪两面受敌，被迫乘胜议和。

早在1885年初，清廷就通过总税务司赫德及其助手金登干，与法国进行秘密议和，李鸿章基本上无权过问。赫德2月17日致函金登干称："我把事情全抓在我自己手里，并尽量保守秘密，连李鸿章都不知道实情，而且没法碰到它。"21日赫德发电报说："目前的谈判，完全在我手里，我要求保守秘密，并不受干预，我自守机密，总理衙门也如此。皇帝已有旨，令津、沪、闽、粤各方停止谈判，以免妨碍我的行动。"3月23日信中又说："李鸿章在过去三个星期内特别不老实，虽然皇帝命令他与伊藤博文伯爵谈判，并且要他撤开法国问题，但是他却在多管闲事——他并没有接到叫他这样做的命令。衙门——特别是新王爷——在我们直接去找茹费理以后，坚决地支持了我。"一外籍代办官员，视清朝大臣直如无物，实在令人悲愤莫名。

马士同样指出，"李鸿章在那个时候无权对这个问题进行任何接触"，"赫德爵士的建议是经由帝国政府批准的"，同时也指出，李鸿章曾以"外交途径出面发出一项关于赫德爵士和他的代表人金登干有权处理一切的通知"。这说明，李鸿章作为晚清重臣虽然能对当权者产生相当大的影响，但无法决定清廷大政，也无权参与秘密议和，中法秘密议和完全是由慈禧和奕譞主持。

据1885年4月3日电报，"总理衙门唯恐谅山的胜利，会使宫廷听从那些不负责的主战言论，急于迅速解决"。4日，金登干代表中国与法国签订了中法议和草约。6日，慈禧面告军机大臣："允准津约，并饬令各处军营定期停战，滇、粤各军定期撤回边境。"8日，停战撤兵诏书颁布。总理衙门于事后次日才函告李鸿章，与赫德办理议和、委托金登干代为画押是"奉旨照办"。据赫德5月20日致金登干的电报披露："在这次谈判中，每一项提议都是事先经过太后亲自主持考虑和批准的。她很勇决，力排反对之议，主张和平，这是值得特别考虑的。……太后不仅主张和平，且在谅山胜利群议主战时仍愿忠实履行谈判已取得的协议。"

事实上，清廷的其他一些重要人物如曾国荃、刘铭传、曾纪泽等，也都不同程度地赞成乘胜议和。曾纪泽1885年3月30日致电清廷："谅山克，茹相革，刻下若能和，中国极体面，虽稍让亦合算，似宜趁法新执政初升时速办。"懦弱腐败的清廷没有能力把这场民族战争引向胜利，这也正是近代中国民族危机日益加重的关键症结，过分强调李鸿章的个人责任无法得出合理解释，也没有多大意义。

十二

1885年6月9日，李鸿章代表清廷与法国公使巴特纳在天津签订《中法会订越南条约十款》，通称《中法新约》，又称《李巴条约》。其内容为如下几条：（一）清政府承认法国与越南订立的条约；（二）在中越边界保胜以上和谅山以北指定两处为通商地点，允许法国商人在此居住并设领事；（三）降低中国云南、广西同越南边界的进出口税率；（四）日后中国修筑铁路应向法国商办；（五）法军退出台湾、澎湖。

中国同意法国与越南之间"所有已定与未定各条约"一概不加过问，亦即承认法国对越南的保护权；法国约明"应保全助护"中国与越南毗连的边界，中国约明"将所驻北圻各防营即行调回边界；中国同意中越边界开放通商，并约明将来与法国议定有关的商约税则时，应使之"于法国商务极为有利"；本约签订后三个月内双方派代表会议详细条款。

实际上，法国在普法战争失败后割地赔款，其经济和军事实力已大为削弱，而且法国政府内部派系斗争激烈，政局十分动荡。李鸿章知已而不够知彼，对法国力量做了过高估计。

1885年底，法国驻华公使向总理衙门递交了一份中越边界通商章程24条，提出增开多处商埠，进出口税照关税减半，边界开矿、运盐入境，在商埠设厂造物等无理要求。总理衙门加以驳斥后，派李鸿章进行谈判。1886年4月25日，李鸿章与法国驻华公使戈可当在天津签订《中法越南边界通商章程》，由于法国政府觉得距离侵略要求甚远，没有实现预期目的，因此不予批准换约，要求重新谈判。

1886年秋，法国派恭思当使华，抱定"界务可以稍让，以图商务多得利益"的宗旨，同清朝总理衙门大臣奕劻、孙家鼐进行顽固的谈判拉锯，于1887年6月26日在北京签订了《中法续议商务专条》，主要内容为：边界贸易的进出口税再度减低，进口税减收十分之三，出口税减收十分之四；开放广西龙州、云南蒙自两通商口岸外，又增加云南蛮耗一处；法国在中国南境、西南境享有无条件的片面最惠国待遇。这份专条虽没有完全满足法方全部非分要求，但与通商章程相比，中方已大大地做了让步。这个专条和《中法越南边界通商章程》，均到1896年才经中法两国政府互换批准。

与此同时，双方还签订了《中法续议界务专条》，大体勘定龙膊（由保胜南岸沿河而上百余里处）以东的中越边界。由于清廷一再谕饬勘界大臣：按约速了，勿令借端生衅，因此，除少部分地段经两国代表实地勘定外，其余大部分地段系"就图定界"，在实际操作上给中方又造成了一定损失。这一系列条约都是法国逐步扩大侵略的产物，后面的两个条约李鸿章并没有经手，但在清廷的主导下，中国的利益仍在不同程度上遭到损害。

十三

在朝鲜问题上，李鸿章早有关注。1871年4月，他致函总理衙门，指出日本侵吞朝鲜之心已久，如日本与西方结好，朝鲜将无法抵抗。1875年，日本军舰炮轰朝鲜江华岛，身为北洋大臣的李鸿章建议总理衙门致书朝鲜政府，"劝其忍耐小忿……为息事宁人之计"，容忍了日本逼迫朝鲜订立不平等的《江华条约》。

1876年1月，李鸿章再次致函说："更恐朝鲜为日本凌逼，或加以侵占，东三省根本重地遂失隐蔽，有唇亡齿寒之忧，后患尤不胜言，此皆不可不预为筹及者也。"尽管李鸿章以"龙兴之地"来警醒清廷，无奈当权却太过麻木，也或是自顾不暇遑论其他。直到1879年，日本在朝鲜大肆扩张，清廷感到不能再置之不问，因此，决定派李鸿章出面劝导朝鲜政府。李鸿章领命后，根据自己"以夷制夷"的外交理论，致书朝鲜核心人物李裕元，比较系统地阐述了朝鲜与西方缔约通商以牵制日本、防止俄国的战略思想。

其主要内容是，允许西方国家在朝鲜通商，以此来分割日本在朝鲜的通商利益。"量为变通，不必别开口岸，但就日本通商之处，多来数国商人。其所分者，日本之贸易，于贵国无甚出入。若定其关税，则饷项不无少裨；熟其商情，则军火不难购买。更随时派员，分往有约之国，通聘问，联情谊，平时既休戚相关，倘遇一国有侵占无礼之事，尽可邀请有约各国，公议其非，鸣鼓而攻之，庶日本不敢悍然无忌。"并特意叮嘱李裕元："贵国若于无事时，许以立约，彼喜出望外，自不致格外要求。"李鸿章希望朝鲜把握外交主动权以免蹈中国前车之辙，这是对的，但把外交大局寄望于他国干预，显然是很危险的。

当时朝鲜反对开放的保守势力比较强大。所以，李裕元在给李鸿章复信时只字不提通商之事，在第二封信中则明确对李鸿章的"以敌制敌"策略表示异议："今要制敌，而我先受敌；要攻毒而我先中毒，窃恐一遇毒而不复起也。奚暇以制敌乎？"李裕元的顾虑不是完全没有道理，但李鸿章的理解可能有点偏差，他觉得"李裕元牵于众议，亦似未以此事为然。因势转移，相机利导，殆非一朝夕之功也"。

朝鲜为增强军事力量，表示愿意来中国学习军器武备。李鸿章敏锐感到，"今该国既以讲武为请，正可因其一线之明，迎机善导"。"由倡导而渐该国于制器练兵，既知加意讲求商务一端，或终有扩充之望。"期望朝鲜能像中国一样，从军事近代化起步，进而向经济等其他方面渐次展开。1880年10月，朝鲜派卞元圭等人到天津，与相关地方官员连日举行会谈，还参观了天津机器局、制造局、军械所以及火器火药仓库。

10月25日，李鸿章专门与卞元圭进行了一次长谈，除建议朝鲜在学习制器练兵方面"当择易办而急需者行之"外，主要内容还是讨论朝鲜对外通商问题。李鸿章向卞元圭建议：（一）朝鲜应迅速在与日本通商口岸设立洋关，建立关税制度。（二）应迅速在对外通商口岸设立军事防范措施，并注意防范俄国。（三）朝鲜当政者应力排众议，抓住有利时机迅速对西方国家开放。

1881年2月，清朝驻日大使何如璋来函，转告朝鲜国王与领议政关于与西方国家缔约通商的意见。李鸿章命令曾在西洋学习交涉事宜的道员马建忠、郑藻如等参酌时势及东西洋通例，代拟朝鲜与各国通商章程草稿。在李鸿章建议下，朝鲜打算先与美国立约，并请中国代为主持。清政府便将朝鲜意愿告知美国，5月，美国代表薛斐尔到天津。年底，朝鲜使者金允植到保定拜见李鸿章，将愿与外国签约通商之意告知，同时带来了朝鲜政府拟具的条约初稿，并请清朝在缔约谈判中"代为主持"。

既然朝鲜全权委托中国，于是清廷决定，"朝鲜与美国订约通商事，关系大局，著李鸿章相机办妥"。这样，李鸿章便直接参加了朝鲜与美国签约谈判。1882年2月底，他在朝方初稿的基础上加以补充修正后，代表朝方开始与美国议约全权大使薛斐尔、美国驻华公使何天爵进行通商谈判。经过近一个月的来回讨论，双方才达成一致。李鸿章随即将议定的条约稿本交朝鲜李应浚带回，并安排美国使节赴朝签字，但朝鲜方面却派人邀请清政府派员与美使一起东行签约，以免出现意外。李鸿章遂派"精明干练于交涉公法研究素深"的马建忠作为清朝代表，参加朝美条约签字仪式。

5月，《朝美修好通商条约》在朝鲜利物浦签字，其签订标志着朝鲜正式对西方国家开放。《朝美修好通商条约》仍然是不平等的条约，美国在朝鲜享有领事裁判权，更严重的是，条文中规定"一体均沾"，使得列强侵略中国的模式在朝鲜继续运用。不久，英、德两国也紧赴美国后尘，按照朝美条约模式缔结了各自的通商条约，获得了很多政治经济特权。

李鸿章劝导朝鲜政府设立海关，以获取关税利益，还建议暂雇精通税务的西方人，并选派朝鲜子弟跟随西人学习，但切不可雇请日本人，以免吃亏。朝鲜方面请李鸿章"代聘贤明练达之士东来，随机指导"，李鸿章便派在中国海关任职的德国人穆麟德前往，负责管理朝鲜海关。

细察整个签约过程，朝鲜并非战败被迫订立城下之盟，而是在世界大势变化以及日本步步逼近的威胁面前，采纳李鸿章等人的建议主动对外开放通商，原不需给予外国过多特权和优惠，但具体负责其事的清廷官员按中国成例执行，而不知加以变通，另一方面，朝鲜也是为了争取欧美各国，借助外力对抗强邻，才不惜牺牲部分权益。

事后，李鸿章奏称："朝鲜僻在东隅，贫弱已久，臣等前为代筹与美英德各国陆续议约，开埠通商，无非欲使日臻富盛，隐以备俄而抗日，导其风气，即所以巩我藩篱。"此语道出了李鸿章在朝鲜对外交涉过程中的整体构想，虽并未完全脱离长期以来宗主藩属国关系的旧思路，将朝鲜作为中国的卫星国加以建设，不过，客观上也促进了朝鲜早日步入近代化的历程。

十四

1882年7月，朝鲜发生"壬午兵变"，中日各派军队到朝鲜，而清军稍占优势。清廷中再度主张征日，监察御史陈启泰、翰林院侍讲张佩纶、给事中邓承修等，纷纷奏请"乘此声威"，"厚结船舰"，"声罪致讨"。日本乘机插足朝鲜，清廷密谕"韩事以定乱为主，切勿与日人生衅"。李鸿章则认为，"欲于此时扬兵域外"，"固不如修其实而隐其声之为愈也"，出发点仍是隐忍蓄势以待时机。但这样就坐视日本逼迫朝鲜订立《仁川条约》和《朝日修好条规续约》，并得以在汉城驻兵，进一步加速了朝鲜被殖民化的进程。

清廷至此才如梦方醒，对日本在朝鲜迅速的势力扩张产生了警惕，一改此前不干涉朝鲜内政外交的政策，努力加强中朝之间的宗藩关系。1882年10月，李鸿章委派周馥和马建忠为代表，与朝鲜统理交涉通商事务衙门（简称外衙门）代表赵宁夏和金弘集签订《中朝商民水陆贸易章程》的事务。该条约共八条，通过该条约，清政府在朝鲜取得领事裁判权、海关监管权等一系列权益。此后，清政府又与朝鲜签订了《仁川华商租界章程》等条约，取得了包括仁川、元山、釜山等处租界在内的更多权益。在这个条约中，李鸿章与朝鲜国王李熙平级，说明清廷仍是将朝鲜视为属国，借此确立近代国际关系中中国对朝鲜的宗主国地位，旨在维护长期以来的宗藩体制，以朝鲜为藩篱，防范日本和俄国对中国东北地区的觊觎。

1884年，日本趁清朝与法国交战，支持朝鲜开化党发动政变，不料被驻朝清军联合朝鲜军队挫败，日本公使竹添进一逃奔仁川。1885年3月，中日为朝鲜问题再开交涉。日本派伊藤博文为全权大臣来华，清廷命李鸿章以全权大臣的身份与之会谈。4月3日，会谈在天津举行，共计7次，前后达半个月之久。李鸿章开始坚持"中国并未办错，其错处全在竹添"，但在听闻日本"调集广岛、煎本两镇之兵，预为战事"后，他"虑事机决裂"，有些惊恐，4月18日，遂与伊藤博文订立了"授人以柄"的《中日天津条约》。此事，李鸿章的失误在于条约中有"朝鲜若有重大变乱事件，彼此出兵之前先行文知照，事定即须撤回，不再留防"一款，这就等于清王朝承认日本也能派兵到朝鲜，只需事先通知清政府即可。于是，无形中朝鲜就成了中日两国共同的"保护国"，从而留下了隐患。

当时有人评论说："有备可以无患，先发乃能制人。当事诸臣，审慎迟回，意在重开边衅。不知国威愈损，即敌势愈张，在我苟存得过且过之心，在彼必穷得步进步之想。"诚可谓一针见血之语，但归根结底，在国力羸弱军事不振的前提下，如何才能做到先发制人、有备无患？假如中日在甲午之前数年就开战，会是怎样一种结果，与中法战争会有多大区别？当然历史不能假设，它仍按照自己的节奏一往无前。

面对日本的咄咄逼人，李鸿章环视世界，欧美虽强但鞭长莫及，亚洲小国又难成强助，唯有俄罗斯既强且近，如能引为奥援当是最佳之选，这可能也是不少中国近现代政治家的共识，于是他提出"联俄制日"方案。当时一般舆论侧目于防俄，清廷上下多为轻日论者，但李鸿章透过朝鲜复杂的国际斗争局势，始终坚持把日本看成是主要的威胁，在当时来说应该是正确的，这是他见识过人之处。

不过，在中法战争后李鸿章一直迷恋于"联俄拒日"，1886年9月，他对奕譞说："韩且可虑，有俄在旁，日断不遽生心。我当一意联络俄人，使不侵韩地，则日亦必缩手。"过于相信第三方的调停能力，最关键最要命的是，无视日、俄各自的利益标的所在。而且，他没有想清楚，俄国不会无缘无故地帮助中国，背后必然有他自己的政治诉求。如若中国不能满足，则俄国自然不会出手，甚至会坐收渔人之利。

1894年夏，朝鲜局势一触即发，李鸿章一味静待俄援，没有认真筹备战守。6月27日，日本增兵6000进驻汉城，李鸿章觉得"现东邻俄国责问于倭，或将退而思返"。7月23日，日军开始行动，李鸿章电告清廷："俄有十船可调仁川，我海军可会办。"到8月16日，仍说："俄人有兴兵逐倭之意。"结果俄国人没有出兵，瞬息万变的战机白白贻误，导致甲午对日战争惨败。

十五

当然，在近代中国的对外关系中，最重要的还是与日本的多次交涉和较量。李鸿章具体与日本何时发生最初接触，目前还难以断定，但至少在同治初年，"千岁丸"上的日本官员与藩士自然关注到李鸿章这颗冉冉升起的政治明星，日本人就开始了解李鸿章，并频繁观摩淮军阵营！不过此时李鸿章与这些日本人可能并没有直接接触。

1864年2月底，日本"健顺丸"贸易船抵沪，上海开始正式对日贸易，并由此揭开了近代中日两国关系的序幕。在李鸿章任江苏巡抚的几年期间，日本就屡次派员随商船到上海等地考察，还屡次前往上海、南京的李鸿章军营"察看军容"。这些交往，使李鸿章对开国后的日本比其他清朝官员有着更多的了解。早在1863年4月，李鸿章即在请求曾国藩提倡采用西洋"火器"时谈到日本，指出："日本从前不知炮法，国日以弱。自其国之君臣卑礼下人，求得英、法秘巧，枪炮、轮船渐能利用，遂与英法相为雄长。中土若于此加意，百年之后，长可自立，仍祈师门一倡率之。"首次把讨论洋务和观察日本结合起来，并在某种程度上把日本视为参照物。

1864年春，在答复总理衙门咨询自强方略的文书中，李鸿章历述"日本君臣发愤为雄，选宗室及大臣弟子之聪秀者往西国制造厂师习各本艺，又购制器之器在国制习，现已能驾驶轮船、造放炸炮"，举日本为实例用以说明变法的必要。并郑重提醒世人，"今日之日本，即明之倭寇也。距西国远，而距中国近。我有以自立，则将附丽于我，窥西人之短长。我无以自强，则将效尤于彼，分西人之利薮"。通俗地说，也就是视中国的强弱来决定其态度的向背。

1870年李鸿章坐镇北洋后，负责或参与处理大多数对外事务。日本明治政府遣使向清朝要求订约通商，总理衙门托词婉谢。李鸿章则认为："彼已与各国通商，援例请求，碍难坚持"，如对之"推诚相待，纵不能倚作外援，亦可稍事联络"。针对有的官员担心订约通商后可能出现东西洋"纷乘"局面的顾虑，他指出："日本颇为西人引重……一仿西洋所为，志不在小。愿从此各自强兵固本，不独东人无虑，即西人亦不多觊觎。若仍因循虚饰，本自先拔，内患又增，又何论东西洋之纷乘哉？数千年大变局，识时务者当知所变计耳。"这是从东西方大势和日本具体情况出发进行考虑的。

日本在实行明治维新后，企图效法西方列强，从中国谋取利益。1870年10月，日本派遣使臣柳原前光等人来华，带着其外务省给清廷总理衙门的照会，要求订约通商："方今文明文化大开，交际之道日盛，宇宙之间无有远迩矣。我邦近岁与泰西诸国互订盟约，共通有无，况邻近如中国，宜最先通情好，结和亲，而唯有商船往来，未尝修交际之礼，不亦一大阙典也乎？"这是中日两国官方在近代第一次正式交涉，日本因为小心谨慎不敢过分造次，在态度礼节上还算端正，或许正因为此，使李鸿章觉得其毕竟文化相近而不同于欧美，一时产生了些许信任。

在接见柳原前光等人后，李鸿章向总理衙门报告说：日本"精通中华文字，其甲兵较东岛各国差强。正可联为外援，勿使西人倚为外府。

宜先通好，将来若蒙奉准通商，应派官前往驻扎管束我国商民，以备联络牵制，其条约尤须妥议另定，不可照英、法、俄一例办理"。对日本另眼相看，希望能争取为盟国，以联手对付欧美侵略。总理衙门的意见则是：准其通商，以示怀柔，然不准其立约，以免要挟。应该说，这种态度还是比较老成持重的，但在对日外交上却失去了主动。

十六

在兼任北洋通商大臣后，李鸿章于1871年1月21日上《遵议日本通商事宜片》，再次就日本通商立约之事上奏清廷，认为日本"自与西人订约，广购机器兵船，仿制枪炮铁路，又派人往西国学习各色技艺，其志固欲自强以御侮。"不过，在赞佩日本的同时，李鸿章仍保持着警觉和防范的意识。他觉得"日本近在肘腋，永为中土之患"，认为"笼络之或为我用，拒绝之则必为我仇"，前半句在当时国力对比下很难实现，而后半句则认为日本有一种潜在恶意的可能。

在李鸿章眼里，日本"向非中土属国，本与朝鲜、琉球、越南臣服者不同，若拒之太甚，势必因泰西各国介绍固请，彼时再准立约，使彼永结党援，在我更为失计。不如就其求好之时，推诚相待，俯允立约，以示羁縻"，"冀消弭后患，永远相安"。清廷觉得李鸿章所言颇有道理，遂在7月9日任命其为全权大臣，与日本交涉通商条约事务。日本方面派大藏卿伊达宗城为钦差大臣，在外务卿柳原前光陪同下来华立约。7月24日，伊达宗城一行抵达天津，两天后拜见李鸿章，随后双方开始进行商约会谈。这是李鸿章第一次正式主持中日外交谈判。

日方企图援引欧美诸国之例，将各种不平等条款订入约内，要求"准予西人成例，一体定约"，甚至还"荟萃西约，取益各款，而择其尤"。为维护清廷利益，李鸿章力拒日本仿效西方列强享受特权的不轨企图，不给予其"一体均沾"的片面最惠国待遇，并规定了日本货不准进入中国内地，日本人不准入内地置买土货等条款。日方见李鸿章态度非常坚决，无可奈何之下只得服从，最后按我方提出的底稿稍加改动而定议，这表明中国在近代外交主权意识上有了觉醒。

9月13日，《中日修好条规》《中日通商章程》在天津签订，其中有"两国既经通商友好，自必互相关切。若他国偶有不公及轻蔑之事，一经知照，须彼此相助，或从中善为调处，以敦友谊"。这是中日两国间签订的第一个条约，大概也是近代平等外交观念第一次在中国得以成功实施，至少在表面上是如此。李鸿章在8月30日给总理衙门的信中不无得意地写道："总之，东约铁案已定，纵欲倚西人为声援，断不能转黑为白。"但此种心态未免过于自信和乐观。

李鸿章本意是以小惠将日本打发，但他没有认识到，此时的怀柔、羁縻，无异于示弱，只会激起对方更大的贪欲。日本政府对此条约极为不满，1872年3月即遣使来华要求修改，柳原前光5月到达天津。李鸿章专门向朝廷上了《辩驳日使改约折》说："交邻所重者，信尔。失信为万国公法所最忌。"对日本的做法极为愤怒："议约甫定，忽又派人来津商改，狡黠可恶……惟该国上下一心，皈依西土……后必为中国肘腋之患。积弱至此，而强邻日逼，我将何术以处之？"忧愤焦急之情跃然纸上。在李鸿章的严词驳斥下，柳原前光被迫无功而返。

日本却不死心，于1873年初，改派外务卿副岛种臣为全权特使来华换约，并为进一步侵略扩张做准备，主要是为叩关朝鲜和进攻台湾探听清朝虚实。在华期间，副岛为"觐见"问题与总理衙门发生争执，竟摆出决绝之势。由于李鸿章等人的坚持，日方知难以再改，才勉强换约。4月30日在天津交换批准书时，李鸿章对其极为厌恶，说："副岛机警阴鸷……目中无人……殊为发指。所以矫强之由，不过该国近来拾人牙慧，能用后门枪炮，能开铁路煤矿，能学洋语洋书，能借国债，能制洋银数事耳。"他还感慨地说："我中土非无聪明才力，士大夫皆耽于章句帖括……中国以后若不稍变成法，徒恃笔舌以与人争，正恐长受欺侮，焦闷莫名。"

副岛借口琉球船民被台湾民众所杀，向总理衙门提出交涉，并且无理纠缠。总理衙门予以有力驳斥：琉球与台湾两岛俱是中国属土，属土之人相杀，裁决理应在于中国，"何预贵国事而烦为过问？"日方无言以对。李鸿章对此事的前后经过颇为警觉，他致函两江总督李宗羲说：

"台湾生番一案，大觉离奇。日人力小谋大，尤为切近之患。中土不亟
谋富强，俶扰正无已时。"

十七

不出李鸿章所料，1874年，日本借口琉球船民被台湾高山族人所
杀之事发动侵台战争。他们设立了所谓"台湾事务局"，并命陆军中将
西乡从道为"台湾事务局都督"，还在长崎设立了侵台军事基地，为武
力进犯台湾做准备。李鸿章得知日军将要侵犯台湾，立即向总理衙门建
议，速派福建水师至台湾各口盘查瞭望，拦阻日军登陆；另调"得力陆
军数千"，赴台湾琅峤，"择要屯扎，为先发制人之计"，可惜清廷未
予采纳。

5月7日，3000多日军在台湾南部的琅峤（今恒春）登陆，攻击当地
人民居住的村庄。台湾的高山族人民奋起反抗，击毙日军数百人。加以
传染病流行，侵略者死伤六分之一，不得不退踞龟山，而日军居然在此
设立所谓都督府，妄图长期盘踞台湾。

日军此次行动，得到了美国方面的支持，美国前驻厦门领事李仙得
充当侵台日军的顾问，美国军官参与军事行动，美国商船受雇为日本装
载弁兵军装等物。李鸿章得讯后，即建议总理衙门利用万国公法与美国
论理，并奏调淮军劲旅唐定奎部前往凤山、琅峤一带增援，令江南制造
总局和天津机器局赶制枪炮弹药输送台湾前线。于是，清廷任命福建船
政大臣沈葆桢为"钦差办理台湾等处海防兼理各国事务大臣"，统军渡
海援台，沈葆桢受命后亲抵澎湖准备战守。7月23日，唐定奎所部武毅铭
军6500人由徐州拨赴瓜州，分批从水路赴台，听候沈葆桢调遣。同时，
驻陕西的刘盛藻部武毅铭军二十二营调驻山东济宁及江苏徐州一带，以
备南北海口的策应。

李鸿章写信给沈葆桢，将自己对日本人的观感告诉他说："日本
自九年（1870年）遣使来津求约，厥后岁辄一至。弟与周旋最久。其人
外貌昫昫恭谨，性情狙诈深险，变幻百端，与西洋人迥异"；"日人情

同无赖，武勇自矜，深知中国虚实，乃敢下此险著……惟我无自强之人与法，后患殆不可思议耳"。不过，对于日本人的兴师登岸，李鸿章也没有特别好的办法，不外喻以情理、示以兵威二语，但在实际执行过程中，往往是情理有余而兵威不足。他认为："彼既劳费远来，岂肯狼狈而去。若我军云集，遽与接仗，即操胜算，必扰各口，恐是兵连祸结之象。"所以，李鸿章主张："祗自扎营操练，壮我声势，而不遽动手。"又说："中土良将劲兵非不足以摧强敌，但边衅一开，以后乘危蹈暇，防不胜防。"他提醒沈葆桢应做好充分准备，万一决裂，"狮子搏象，要用全力"。这说明，李鸿章对"示以兵威"之法是有所布置的。

由于沈葆桢的应对得当和台湾人民的奋勇抵抗，而日本国力还没有足够强大，兵力既少财力又难支，陷入了严重困境。但日本政府故意虚张声势，一面做出准备宣战的姿态，一面遣使来华进行外交欺诈。1874年7月中旬，柳原前光作为日本驻华公使再次来到天津，就台湾事宜进行会谈，并狡辩说"西乡带兵与柳原通好各是一事"。对此李鸿章怒不可遏，当面斥责其"一面发兵到我境内，一面叫人来通好。口说和好之话，不做和好之事，除非有两日本国，一发兵，一通好"。李鸿章希望日本"做事总要光明正大"，并提醒柳原前光注意：中国十八省人多，拼命打起来，日本地小人寡，吃得住否？

不过事实是明摆着的，日本能打得过清军就不会停手，而派人来商谈就是因为打不下去了，只得重新回到谈判桌前。于是，日本政府任命内务卿大久保利通为全权办理大臣，为侵台之事赴华纠缠，9月21日抵天津。大久保利通深知李鸿章对日本侵台之事持"非和好换约之国所应为，及早挽回尚可全交"的强硬态度，便不与其正面接触，于9月25日进京径自与总理衙门交涉，随员中仍有美国人李仙得在内。总理衙门严词拒斥日方索赔兵费200万两的无理要求，交涉濒临破裂，但日人异常诡诈，表面上扬言要离京回国，背地里却委托英国驻华公使威妥玛等人出面调停。

在英、美公使所谓"不可决裂交兵"的调停下，10月，清廷命恭亲王奕訢与李鸿章等人为代表，再次与大久保利通在北京谈判。李鸿章致函总理衙门，认为此案"中国亦小有不是"，主张"抚恤琉球被难之人，并念该国兵士远道艰苦，乞恩犒赏饩牵若干，不拘多寡，不作兵费"。并表示："亦知此论为清议所不许"，但这"出自我意"，"内不失圣朝包荒之度，外示以羁縻勿绝之心"。

不料，总理衙门却决定"以抚恤代兵费"的妥协退让办法结案，10月底，与日方订立《台事专条》（即中日《北京专约》），承认日军侵台是因"台湾生番曾将日本国属民等妄为加害"，是"保民义举"，"中国不指以为不是"，并规定付给日本"抚恤银"10万两，付给日军在台地"修道建房费"40万两。这实际上是变相的赔偿军费，清方赔付兵费日本再撤军。此专条的签订，不仅使日本从中国得到了一笔赔款，而且为其日后吞并琉球找到了借口。

事实上，总理衙门所订条款与李鸿章的主张是有出入的。在签约前两天，他致函沈葆桢说："弟初尚拟议，番所害者琉球人，非日本人，又津案戕杀领事、教士，情节稍重，碍难比例。今乃以抚恤代兵费，未免稍损国体，渐长寇志。或谓若启兵端，无论胜负，沿海沿江糜费奚啻数千万，以此区区收回番地，再留其有余陆续筹备海防，忍小忿而图远略，抑亦当事诸公之用心欤？往不可谏，来犹可追，愿我君臣上下从此卧薪尝胆，力求自强之策，勿如总署前书所云，有事则急图补救，事过则仍事娱嬉耳！"

李鸿章"忍小忿而图远略"，想以大国气度赢得对手尊敬，没想到却被日本人视为懦弱可欺，进而得寸进尺甚至变本加厉，中国虽然付了钱，却不可能买到长久的安宁，并为后面的对日交涉留下一个恶例，这大概是李鸿章在早期外交中最应该被诟病的一次。客观地说，尽管李鸿章所思所言不无道理，但确实存在多虑之嫌，扼制了国人未被激起的血性和斗志。另一方面，清朝贵胄执意议和，导致屈辱和约的签订，假若清廷调集优势兵力将侵台日军尽数歼灭或驱逐，那么日本的嚣张气焰和侵略野心或许会被压制而不敢再生轻视之意。

十八

经台湾一役后，李鸿章对日本的认识和态度发生了重大改变，他无奈承认，"自有洋务以来，叠次办结之案，无非委曲将就"。1874年秋冬，奕訢、文祥会衔提出《筹议海防折》，指出海防在当时的重要性。文祥还特意另外单独上奏说，"以时局观之，日本与闽、浙一苇可航。倭人习惯食言，此番退兵，即无中变，不能保其必无后患"。"目前所难缓者，惟防日本为尤亟。"这种对日本持防范意识的思想正与李鸿章不约而同，被其誉之为"老成远见"，此后即长期奉行。从这一年开始，李鸿章即力主"防日"的论调。

在针对日本提出的《筹办铁甲兼请遣使片》中，他认为日本胆敢窥犯台湾是藐视中国，觊觎我物产人民之丰盛，冀幸我兵船利器之未齐，伺我虚实，诚为中国永久大患。李鸿章联合日本抗击欧美的假想破灭，在此过程中的唯一好处，是认清了日本的真面目，遗憾的是，清廷上下并没有筹谋出完善的应对办法，仍然保持着自身缓慢拖沓的节奏中，行走在岌岌可危的历史悬崖边缘。

同时，鉴于中国有数千侨民居留日本，相关交涉逐渐增多，而日本已派有专使驻华，李鸿章提出："东洋遣使一节，似属不可再缓。"并奏报日本情事说："该国近年改变旧制，藩民不服。访闻初颇小哄，久亦相安。其变衣冠，易正朔，每为识者所讥。然如改习西洋兵法，仿造铁路火车，添置电报、煤矿，自铸洋钱，于国计民生不无利益，并多派学生赴西国学习技艺，多借洋债，与英人暗结党援，其势日张，其志不小。"对日本能快速变革自强颇有钦羡之意，但已产生了一定程度的危机感。

1875年，李鸿章重申："今日中外交势为千古创局"，要"内修备御"，"外示羁縻"。从李鸿章一贯的对外言行来看，他"羁縻"论的中心内容，正是"委曲将就"，"力保和局"。因为他和曾国藩等人大力推行的洋务运动作为一种"新政"，需要一个和平的国际国内环境。所以，力保和局有其必要性和合理性，只不过应注意的须是有一个"度"的把握，否则只会陷入"人善被人欺"的窘局。

1879年3月，日本趁中俄为伊犁事件关系紧张之机，再度发起挑衅，在4月吞并了琉球群岛，改为其冲绳县。琉球王国自1372年以来就是中华藩属国，向明太祖朱元璋纳贡称臣，到明万历年间，日本逐渐产生吞灭之意。1609年，日本以武力侵入琉球，大肆掳掠而去，并强逼琉球王立文纳贡。明王朝得报后，下令严饬海上兵备，以应缓急。不久清王朝代明而起，琉球遣使纳贡请封，一直到晚清。1872年，日本以明治亲政令琉球朝贺，却趁机强列琉球为藩，以琉球国王为藩主。两年后，日本更提出了吞并计划，1875年，不顾琉球上下反对，实行新裁判制和警察制，完全剥夺其自主之权。在日本的封锁之下，琉球国王设法派出密使，于1877年向中国求援，中日为此开始正式交涉。

琉球被吞并，中日之间再度剑拔弩张。在和、战尚未明确的情况下，李鸿章即向清廷提出："台湾之防尤应及早整顿，愚谓宜择知兵有威略者任之，此则自固门户之要计，兼有代谋制敌之远图。"由于琉球孤悬海外，间隔海洋，而清朝还没建立近代化的海军，甚至没有一艘像样的战舰。因此李鸿章认为，"日本恃有新购铁甲，肆意妄为……中国须亟购铁甲数船，伐谋制敌"。他连续向清廷驻外公使商讨对策，询问驻德公使李凤苞，"须购用何项铁甲于中国海口相宜能制日本之船？"在得知海军非旦夕可成后，李鸿章明白暂时无法硬碰硬，遂对驻英公使曾纪泽说："目前兵船未备，饷源大绌，刚尚难用，祇有以柔制之。"对驻日使臣何如璋说："中国争琉球朝贡，本无大利……务虚名而勤远略，非惟不暇，亦且无谓。"说明他把工作重心放在讲求实际的洋务运动上，没能认识到琉球朝贡中包含的深层意义，当然，在国际法和海权意识淡薄的晚清社会，似也不足为怪。

军事上不行，只得在外交上寻求良策，李鸿章对总理衙门说，"日本事事宗法泰西，欧美各邦遇有此等事件，断无不举公法以相纠责之理……惟言之不听时复言之，日人自知理绌，或不敢遽废藩制改郡县"。恰好此时美国前总统格兰特因华工问题来华修约，奕䜣和李鸿章请他帮忙向日本调停说项，然而历时数月却无功而返，对中日交涉虽有推动，中方终因日方所欲过奢被迫搁置，琉球问题遂成为不了了之的一个悬案，遗憾地留下了后遗症。在交涉过程中，李鸿章偶有消极之态，但坚持"兴灭继绝，护持弱小"原则，提出"存琉球宗社以复国"的主张，不失为颇有远见。

翰林院侍读王先谦于1879年12月上奏："一俟海防少完，兵船足用，举倭夷背约构兵诸罪……战舰直捣其夷巢。"这道奏折开晚清"征日论"的发端。对于调集陆海军东征日本，李鸿章持有异议，并作了相当透彻的剖析："中国若果精修武备，力图自强，彼西洋各国方有所惮而不敢发，而况在日本？所虑者，彼若预知我有东征之计，君臣上下，戮力齐心，联络西人，讲求军政，广借洋债，与我争一旦之命，究非上策。夫未有谋人之兵，而先露谋人之形者，兵家所忌。"另一方面，"日本步趋西法，虽仅得神似，而所有船炮略足与我相敌，若必跨海数千里与角胜负，制其死命，臣未敢谓确有把握。第东征之事不必有，东征之志不可无。中国添水师，实不容一日稍缓"。此番见解较为稳妥持重，特别是"东征之事不必有，东征之志不可无"之语，略略道出了其对日外交的基本精神。

李鸿章坚称"中国水师尚未齐备，饷需亦未充足，若彼不再肆张，似仍以按约理论为稳著"。"稳健论"平抑了"征日论"的虚声喧嚷。不久，中俄伊犁交涉开始，李鸿章认为"俄事方殷"，"暂难兼顾"，"惟有用延宕之一法最为相宜"。但无论是"稳健论"还是"征日论"，当时都无法真正起到"制日"的作用。

1880年，前浙江巡抚、内阁学士梅启照上奏认为，"防东洋尤甚于防西洋"。"防日论"较为符合李鸿章一贯的想法和主张，他支持这个意见，"日本狡焉思逞，更甚于西洋诸国。今所以谋制水师不遗余力者，大半为制驭日本起见"。李鸿章认定日本"为中国永久大患"，之所以办海军、办铁路，主要就是为了对付日本的侵略。同时，他对日本国内的建设和发展分外关注。

1884年，因日本在朝鲜煽动兵变，双方再起交涉，并影响到清廷对法国战争的决策，唯恐腹背两面受敌。1885年，李鸿章与伊藤博文签订中日天津会议专条，两国都从朝鲜撤兵。李鸿章警告说，"大约十年内外，日本富强必有可观。此中土之远患而非目前之近忧。尚祈当轴诸公及早留意。"甲午之前，李鸿章就预测，"英、法、俄、德虽强，不如日本，日本将雄长亚洲"。现在看来，确实有些道理在内。

十九

1894年黄海战败后，清廷即有与日本议和打算。11月，刚刚复任的恭亲王奕䜣委派在总理衙门行走的户部侍郎张荫桓与军务处督办文案景星到天津与李鸿章商议和谈途径，并决定先派一洋人前往日本试探。李鸿章向奕䜣推荐天津海关税务司、德国人德璀琳前往日本，希望或能相机转圜。德璀琳带有李鸿章致日本总理大臣伊藤博文的函件，而日方以其既无正式国书，又非中国大员为由，拒绝接见。德璀琳悻悻然将信函从邮局投寄，径自返回中国。

此时，美国驻华公使田贝试图调停中日战事，他向美国总统提出请求。在报告中，田贝称现在中国之唯一出路为无代价求和，希望美国总统出面主持调停事宜。在得到肯定答复后，田贝遂前往总理衙门自荐愿担任调停，但必须以承认朝鲜自主、清王朝赔偿兵费为条件。同时，田贝致电美驻日本公使谭恩，请将此条件转告日本外务大臣陆奥宗光。11月27日，日本政府照会谭恩转达清廷，应命具有正式资格的全权大臣，日方才能议和。德璀琳离日返津时得此消息，即禀告李鸿章。

李鸿章立即致函奕䜣："现值事机棘手万分，和议不易就范。顷税务司德璀琳自倭回津，鸿章与张侍郎面加询问。据称，从旁探询，所欲甚奢，略如赫德所云，即派员会议，势不能一一曲从。唯既经美使居间，请两国派员商办，此系欧洲通行之例……但此时赴倭，实多不便，如上海、烟台两处，择一地以候晤，庶不致为所要挟。……一切因应事宜，只可随机应变。若事有转圜，可期结束，两害相形取其轻，亦万不得已之所为。"无奈李鸿章考虑虽多，日方早有所图，在任何细节上都不愿轻易妥协，以从中国争取尽可能多的利好。

12月22日，清廷命张荫桓与邵友濂为全权委员，前往日本议和。1895年1月31日，抵达日本广岛，次日，日方总理大臣伊藤博文、外相陆奥宗光与张、邵等在广岛县厅会晤。但是，日方见中方敕书有"会商事件咨报总理衙门请旨遵行"字样,认为与通例不合,怀疑其是否具有全权资格,拒绝谈判,并说广岛为屯兵要地不宜久居,强行将中国使者送往长崎。张荫桓是尚书衔总理衙门大臣、户部左侍郎,邵友濂是头品顶戴兵部右侍郎、署湖南巡抚,都是从一品的清廷高官,而日方如此倨傲无礼,显然图谋非小。

随员中伍廷芳曾陪伴李鸿章签订《中日天津条约》,伊藤博文因与其有一面之交,于是单独留下晤谈,暗示中方必须派恭亲王奕䜣或李鸿章为全权大臣。慈禧、光绪得报后,召集军机大臣商议,以奕䜣为皇室贵胄不可轻往异国为由,于是,只好将中日议和"头等全权大臣"这顶大帽改派给李鸿章。清廷将廷寄电告天津:"现值倭焰鸱张,畿疆危迫,只此权宜一策,但可解纷纾急,亟谋两害从轻。李鸿章勋绩久著,熟悉中外交涉,为外洋各国所共倾服。今日本来文,隐有所指,朝廷深维至计,此时全权之任,亦更无出该大臣之右者。李鸿章著赏还翎顶,开复革留处分,并赏还黄马褂,作为头等全权大臣与日本商定和约。……一切筹办事宜,均于召对时详细面陈。"

此时,慈禧称病不出,光绪在乾清宫召见李鸿章。李虽知圣命难违,但明确表示"割地之说,不敢承担"。帝师翁同龢认为能办到不割地,纵使增多赔款也值得努力。李鸿章遂邀翁氏同往日本议和,翁则以未曾办过洋务为由推辞。李鸿章又提出请英、俄等国出力相助,翁表示赞同。于是,李鸿章一面电告驻英公使龚照瑗和驻俄公使许景澄,令其密商英、俄两国外交部,求其干预此事;一面亲赴各国驻京使馆,意在取得各国政府支持,说服日本放弃割地要求,但均以失望告终。

日方坚持"非商让有地土之权,勿往"。光绪迫于军事形势日蹙,只得赋予李鸿章割让土地之权,以使和议早成江山得保。李鸿章考虑的是:"但能力图自强,原不嫌暂屈以求伸。商议土地,当斟酌形势方域,力与辩争。兵费亦须从容商定数目。苟有利于国家,更何暇躲避怨谤。"3月4日李鸿章单独请训,次日出京返津。13日晚,李鸿章率其子李经方(曾任驻日公使,通晓日语,与陆奥宗光素有交往)、随员张孝谦、罗丰禄、马建忠、伍廷芳、徐寿朋、于式枚、和士达(美籍顾问)、毕德格(美籍顾问)、林联辉(医官)、卢永铭(翻译)

等一行，登上德商"礼裕""公义"两轮，次日启程，19日抵达日本马关。

二十

20日，李鸿章即与日方在马关春帆楼开始艰难谈判。他对伊藤博文晓以大义："亚细亚洲，我中、东两国最为邻近，且系同文，讵可寻仇。今暂时相争，总以永好为是，如寻仇不已，则有害于华者，未必于东有益也。试观欧洲各国，练兵虽强，不轻起衅。我中、东既在同洲，亦当效法欧洲。如我两国使臣彼此深知此意，应力维亚洲大局，永结和好，庶我亚洲黄种之民，不为欧洲白种之民所侵蚀也。"然而，此时的伊藤与当年签订《中日天津条约》时已今非昔比了，他以胜利者自居，根本不细思李鸿章的苦口婆心。

伊藤博文提出休战的条件是：中国必须将大沽、天津、山海关及铁路、军需交给日方，并且限3日内答复，真可谓气焰熏天、咄咄逼人。李鸿章认为日本要挟过甚，无法答应，当即向总理衙门报告，并要求在榆关、津沽一带加强戒备，以便随时应战。李鸿章的精忠爱国之心，在密电中展露无遗，连光绪看了都不禁为之动容。

这时，发生了一个意外事件，稍微改变了事情发展的轨迹。24日，李鸿章在谈判返回途中遇刺，日本暴徒小山丰太郎持枪袭击，子弹卡在李鸿章的左颊骨内，血流不止，当场晕厥。医生诊断必须开刀取出子弹，但李鸿章担心因此影响和议达成，给国家带来不测，忍痛拒绝手术，"受国大任，死而后已"。此事震惊日本朝野，伊藤博文和陆奥宗光也难免有些慌恐，李鸿章是一位有国际声望的政治家，如在日本遭遇不测，很可能引起国际舆论的同情甚至列强干预，日本难辞其咎，为避免出现对日本不利的状况，只好决定无条件休战。这样，等于李鸿章用自己的受伤，为国人换来了一时的和平。

25日，李经方电告总理衙门："中堂身受重伤，幸未致命。中堂不幸，大清举国之大幸，此后和款必易商办。"李经方的思路不无道理，但却想得过于简单，假如能利用李鸿章在日本遇刺之事在外交上做点文章，在国际上争取一些声援，或许局面稍可改观。否则，也不过是将日本侵略的步伐延缓了几天而已。

4月1日，伊藤博文将拟定的议和条款送李鸿章过目。共有10条，主要内容有：承认朝鲜自立，割让奉天以南各地及台湾、澎湖各岛，赔偿日本兵费3亿两白银，等等。李鸿章对此看法是，奉天以南各地为满洲腹地，万不能让与日本，所索兵费过奢，必须大加删减，否则和局必不成，只有苦战到底。他立即密电总理衙门，请将该条款密告英、俄、法驻华公使，寄望三国在得知日本野心后，为避免损害其各自在华利益而加以扼制，达到"以夷制夷"的目的。

清廷只想保住皇室大统，在爱国方面表现得还不如李鸿章，他们唯恐和议中断，便增派李经方为钦差全权大臣，于4月6日照会日方。8日李经方代父谈判，伊藤博文却欺其不够老辣，多方恐吓，声称即将进攻北京。李鸿章两次急电总理衙门，表示不敢轻允割弃台湾，敌已占据之处，争回一分是一分，未据之处，丝毫不放松。赔款数目，如果日方坚持，能否允许增添，请求预先密示，否则只有罢议而归，并告知停战展期已绝望，请及时准备再战。

10日，李鸿章伤势有好转，与伊藤博文继续谈判。日方在其原先心理预期上略作让步，赔款减至2亿，奉天以南的割地划出辽阳一处，仍限3天内给予答复。13日，李鸿章收到总理衙门转发谕旨：赔款再与日方磋磨减少；割地允割台岛的一半，近澎湖的台南以南的地方让与日本，台北与厦门相对仍归中国；奉天以南之地，牛庄、营口在所必争。如若无可再商，应一面电告，一面即定约。

当日李鸿章回电：伊藤愈逼愈紧，声称如再商改约款，即为和约决裂，照和约中止的办法处理。两天后，总理衙门转发的电旨到达"如竟无可商改，即遵照前旨与之定约"。李鸿章即与伊藤再次谈判，除了辽东割地划界、赔款利息及占地军费稍有变动外，基本照日方条件协定，是日深夜，李鸿章电告总理衙门条款已定，约在17日正式签订。美国时任国务卿福士德说，李在谈判中"驳辩约款，心力交瘁"，"于和款之所曲允者，实以舌敝唇焦，筋疲力尽，始克臻斯境地"。

到17日那天，李鸿章父子以中方全权代表的身份，与日方全权代表伊藤博文、陆奥宗光在马关春帆楼正式签订了《中日马关新约》，即通称的《马关条约》。该条约对中国的苛刻是无以复加的，赔款金额为2亿两白银，是鸦片战争以来清廷签订的所有不平等条约赔款金额之和的4倍多，辽东半岛、台湾、澎湖及附属岛屿被日本割占，是清廷在19世纪与外国签订的损失最大的不平等条约。日本则利用这笔巨额赔款加速发展军国主义，从而在亚洲更具领先优势，野心勃勃地走上与和平世界为敌的侵略道路。

二十一

弱国无外交，败国更无外交，李鸿章再苦苦力争也无济于事。签约后，李鸿章强忍精神和肉体的双重巨创，匆匆登轮返国，4月20日抵达天津。席不暇暖，李鸿章即电奏清廷，他在奏折中满含悲愤，泣血哀告："敌焰方张，得我巨款及沿海富庶之区，如虎傅翼，后患将不可知。臣昏耄，实无能为。深盼皇上振励于上，内外臣工齐心协力，及早变法求才，自强克敌，天下幸甚。"这一番发自肺腑的言辞，祈盼国家能早日振兴富强，有朝一日报仇雪耻，表露了李鸿章作为一位年过古稀老人的拳拳爱国之心。

5月2日，光绪万般无奈中批准了中日《马关条约》。9日，清廷委派伍廷芳、联芳与日本代表伊东美久治在烟台互换和约。3天后，清廷发布诏书，向全国上下倾诉苦衷，同时也表明心志祈求谅解，"嗣后我君臣上下，唯当艰苦一心，痛除积弊，于练兵筹饷两大端，尽力研究，详筹兴革。……务期事事核实，以收自强之效"。

18日，光绪派李经方前往台湾办理交割事宜。这相当于在李鸿章已受伤的心上又剜一刀，他19日向清廷恳求收回成命，光绪不允，并严词苛责："现倭使将次到台，仍著李经方迅速前往，毋得畏难辞避！倘因迁延贻误，惟李经方是问，李鸿章亦不能辞咎也。"5月30日，李经方偕道员马建忠、顾问科士达及翻译、警卫等人，从上海乘坐德国商船"公义"号，前往台湾海口。6月2日，李经方代表清廷与日军海军大将桦山资纪在基隆签订了台湾交换文据，台湾人民奋起抵抗5个月终归失败，从此台湾沦为日本的殖民地达50年之久。

英、法、美、俄等国参与其事，实在是曲折离奇，其间幕后交涉甚多。尤其是俄国，表面上虚与委蛇帮助清廷，暗地里向日本示意，若能保证俄国在中国东北和渤海湾周围地区享有特权，则俄将支持日割占台湾。这些任人宰割却被蒙在鼓里的残酷史实，一方面显现出中国近代外交的落后和被动，另一方面也折射出各国伺机渔利的诡谲私心。

沙俄看到日本竟然割占自己觊觎已久的辽东半岛，对其双方不可告人的肮脏约定也是一种背叛，出于自身利益的考虑，遂联络德、法两国逼迫日本归还中国。日本在三强联手的压力下无奈同意。10月14日，清廷命李鸿章为全权大臣，与日方会商具体事宜。日本原定赎辽费5000万两，经三国交涉，日本同意减至3000万两。趁此机会，李鸿章想为国家挽回点损失，于是密电清廷驻外公使，令其转请三国外交部迫使日本将赎辽费再减去一半，然而三国见已达目的就不再支持清廷其他请求，李鸿章求助无望，徒留感叹。

11月8日，李鸿章和日本驻华公使林董在北京签订了《日本交还奉天省南边地方条约》（即《辽南条约》），中国答应于11月16日交付日本3000万两白银，日本同意在3个月内撤军。11月29日，双方换文生效。次日，日军开始撤退，到1896年1月31日，辽东半岛各地的日军先后撤出，回归中国治下。至此，近代中国由李鸿章主持的中日外交基本结束。

尽管李鸿章的"委曲将就"并非投降苟安，"向来办理洋务皆为和战两议举棋不定所误，鄙见则谓明是和局而必阴为战备，庶和可速成而经久"。他所谋划的是，先以柔制之，同时大力整军经武，力图自强，为后日张本。但史实表明，没有国防实力坚决有效地防止和挫败外国的武力威胁和武装侵略，就难以真正"力保和局"。

缺乏强盛国力作坚实的后盾，外交上就会常处于任由强国宰割的尴尬境地，所谓"人为刀俎我为鱼肉"，莫此为甚。作为一个具有宏图大略和远见卓识的政治家、享有国际声望和崇高地位的外交家，李鸿章却经常迫不得已，去列强的案板上充当鱼肉，这奇耻大辱，史上大概只有勾践的感受与共差相类似。不同的是，勾践通过卧薪尝胆，实现了"三千越甲可吞吴"的宏愿，李鸿章的理想和抱负却只能付诸滚滚长江东逝水了。

二十二

此后几年，李鸿章从事业巅峰跌落谷底，在京师赋闲数月。直到1896年2月，他受命出访欧美，并破例获允带同两个儿子随侍左右，得到各国政要的隆重礼遇，也算得上近代中国外交史上的一桩盛事。李鸿章周游世界历时半年多，负有名义上的三项任务，其中，祝贺俄皇加冕，向德、法、英、美等国呈递亲善国书（包括致谢德、法干涉还辽）顺利完成，第三项任务是与各国商量增加关税，但可惜并未达到预期目的。

在此期间，李鸿章1896年6月与俄国签订的《中俄御敌互相援助条约》，俗称《中俄密约》。该约的主要内容是：如果日本侵占俄国远东或中国、朝鲜领土，中俄两国应以全部海、陆军互相援助；缔约国一方未征得另一方同意，不得与敌方签订和约；战争期间，中国所有口岸均对俄国军舰开放；为使俄国便于运输军队，中国允许俄国通过黑龙江、吉林修筑一条铁路至海参崴。铁路的修筑和经营，交华俄道胜银行承办；无论战时或平时，俄国皆可在此路运送军队和军需物资；本约自铁路合同批准之日起，有效期15年，期满前双方可商议是否续约。

由于沙俄从中获得了侵略中国领土的便利，《中俄密约》颇为后人诟病，坊间广为流传李鸿章曾被对方用300万卢布贿买。关于接受沙俄贿赂之事，目前只有孤证且疑点重重，尚没有得出铁板钉钉的最终结论。不过，这次外事活动在近代外交史上有一定重要性：沙俄首倡干涉还辽，李鸿章始悟对于任何国家都不妨有联有拒，只要能够护持国家朝廷利益，遂由联合一国抗拒另一国的外交变为整体有联有拒的外交，这次谈判可以算是一个尝试。不幸的是，沙俄目的只在接通铁路，对防御同盟并无真实诚意，时人评价李鸿章的所谓"老来失计亲豺虎"，大概即在于此。

1897年底发生了巨野教案，德国悍然动武。次年3月6日，由李鸿章、翁同龢代表清廷，与德国驻华公使海靖签订了中德《胶澳租界条约》，使山东全省成了德国的势力范围。这是19世纪末瓜分狂潮伊始，外国通过武力强占中国港口、割占租借地的第一个不平等条约。但德国并没有就此满足，它的计划是以山东为基地，继续扩张势力，直到把黄河中下游都变成其势力范围。德国以租借名义，强索海港，驻扎军队，实行赤裸裸的殖民统治，为其他各国开创了一个极其恶劣的先例。此后，列强纷纷仿效，中华民族的危机变得更加深重。

3月27日，沙俄与清廷签订《旅大租地条约》，接着在5月7日补签了个《续订旅大租地条约》。主要内容是：旅顺、大连及其附近水面租与俄国，为期25年。期满可"相商展限"，俄国在租借地内享有治理地方和调度水陆各军等全权，清政府无权驻军；租地以北划出一段"隙地"（几乎包括了整个辽东半岛），未经俄方许可，中国军队不得进入；中国同意俄国从中东铁路修一支线到旅顺、大连，"此支路经过地方，（中国）不将铁路利益给与别国人"。如此一来，东北成了俄国的势力范围。4月份，法国强租广东西部的广州湾获得成功，云南和两广成了法国案板上的鱼肉。

法国和俄国的做法引起英国"极度不安"，遂以势力均衡为由，命其驻华公使窦纳乐强迫清廷允许英国在香港扩址200英里。1898年6月9日，李鸿章、许应骙与窦纳乐在北京正式签订《展拓香港界址专条》，租借99年。在北方，英国借势强迫清廷以同等年期租借威海卫，于7月1日签署《订租威海卫专条》，约定：（一）中国将威海卫及附近海面（包括刘公岛、威海湾内岛屿及海湾沿岸10英里地方）租与英国，租期与俄国驻守旅顺之期相同；（二）所租之地均归英国管辖，但中国兵轮可在威海湾停泊；（三）英国可在租地范围内沿海一带修筑炮台，驻扎兵丁，或另设应行防护之法。

1898年7月10日，在总理衙门大臣上行走的李鸿章与刚果全权大臣余式尔在天津签订中国刚果《天津专章》，共二条。规定：中国与各国所订条约规定之人身、财产与审案之权，刚果亦得享有；中国民人可随意迁往刚果，买卖动产、不动产，经营工商业，均得享受最惠国待遇。表面看来似乎平等，实际则是非洲弱国刚果援例享受优待，中国方面则难以享受其优惠政策。更严重的是，1899年9月至11月，美国国务卿海约翰分别向英、俄、德、日、意、法等国提出了所谓"门户开放"的政策，以"机会均等"的手段保证了其国际地位。

李鸿章参与的对国家民族利益伤害最大的条约，是1901年同八国联军签订的《辛丑各国和约》，即通称的《辛丑条约》。9月7日，奕劻和李鸿章代表清政府，同英、俄、美、法、日、德、意、奥、西、比、荷签订，主要内容为：（一）赔款白银4.5亿两，以关税、盐税和常关税作担保，分39年还清、年息4厘，本息共9.8亿两，另有各省地方赔款2000多万两。在4.5亿两的赔款总数中，沙俄抢到了最大的份额，多达1.3亿两，占总额的29%。（二）划定北京东交民巷为"使馆界"，中国人不准在界内居住，由各国驻兵把守。（三）拆毁大沽炮台和北京至大沽沿途的各炮台。在天津周围20里内，不得驻扎中国军队，允许外国军队在北京和京榆铁路沿线的山海关、秦皇岛、昌黎、滦州、唐山、芦台、塘沽、军粮城、天津、杨村、廊坊、黄村等12个战略要地驻扎。禁止把军火和制造军火的原料运往中国，以2年为限；列强认为有必要时，还可延长禁运年限。（四）永远禁止中国人民成立或加入任何反帝组织，违者处死。各省官吏必须保护外国人的安全，否则该官即行革职，永不叙用。惩办"祸首诸臣将"，在侵略者"被虐""遇害"的地方，"停止文武各等考试五年"。（五）把总理各国事务衙门"改为外务部、班列六部之前"，指定皇族亲贵担任外务大臣，办理对外事宜。（六）清政府分派大臣赴德、日两国谢罪，并在德国公使克林德被杀之处建立碑坊；为被毁的外国人的坟茔建立碑碣，以示"昭涤垢雪"。

尽管李鸿章在此过程中只是奉命行事，并尽力有所挽回，但还是成了无辜的替罪羊，这大概是千百年来国人"忠君奸臣"思想的一种无意识的表现。

二十三

回顾李鸿章办理外交之始，他清醒地看到："外国利器、强兵百倍中国，内则狎处辇毂之下，外则布满江海之间，实能持我短长，无以扼其气焰。盱衡当时兵将，靖内患或有余，御外侮则不足。"既然暂时没有实力针锋相对，那只能韬光养晦静待时机。

洋务运动是李鸿章及其同道选择的一种应变方式。"我能自强，则彼族尚不至妄生觊觎；否则，后患不可思议也。"在国家经济军事实力得到增强后，"彼见我战守之具既多，外侮自可不作，此不战而屈人之上计，即一旦龃龉，彼亦阴怀疑惧，而不敢遽尔发难"。然而，自强致富并非短期内就可以奏效，必须"积诚致行，尤需岁月迟久，乃能有济"。在坚持不懈的努力下，"若我果深通其法，愈学愈精，愈推愈广，安见百数十年后不能攘夷而自立耶？"

贫弱交困的中国急切需要的是足够的时间，以尽快赶上西方发达国家的实力，所以实在经不起任何折腾，否则难免前功尽弃毁于一旦。李鸿章在对外交往时是有明确的针对性的，其出发点和根本目的是要挽救国家民族的"败亡灭绝"，而不是要妥协投降，这一点首先应该加以肯定。他之所以委曲周旋，刚柔相济，就是要力保和局，希望能尽快达到"军实渐强，人才渐进，制造渐精；由能守而能战，转贫弱而为富强"的目的，是有其合理考虑的，也是有一定可操作性的。

李鸿章曾明确指出："至难得者，时也。外海藩篱尽撤，门庭堂户，我已与人共之，岂可一日以为安哉？所幸彼阴用其浸淫之渐，而外托于通商之利，暂为羁縻，我得以闲暇为绸缪之计。此诚不可多得之机会！"从当时中国现状和中外力量的实际对比出发，争取一个有利于国家发展的和平国际环境，以加速国内建设自然是有利的，保守派出自虚骄与无知而孟浪言战是不足取的。

反对列强的侵略并非只有战之一策，通过外交谈判，利用侵略者之间的矛盾，都是可行的手段和策略，当然得视具体情况而定。但假如就此认为，李鸿章的"和戎""羁縻"，是出于惧外的妥协退让思想和保存淮系实力的私心，未免有失偏颇。尽管他在具体外交操作中不免有欠妥之处，但其长期目标是希望中国将来立于世界强国之林，用意至为深远。

就任直隶总督以后，李鸿章更多地参与外交事务，逐渐成为清廷的首席外交顾问和外交决策者之一。在对外交涉的实践中，他逐步认识到外交的重要性以及中国进入国际外交的必要性。李鸿章感叹："立国之根基，不战而诎人者，攻心为上计。自来备边驭夷，将才、使才二者不可偏废。各国互市遣使，所以联外交，亦可以窥敌情。"于是他奏请清廷遴选"熟悉洋清、明练边事"的三四品京堂大员，赏给崇衔，分别派驻美洲、日本、欧洲各国。

如1875年12月，清政府任命在美国的陈兰彬、容闳为外交使节，主管留学生事务，1878年陈兰彬被正式任命为驻美国、西班牙、秘鲁三国的公使。近代中国的第一个驻外公使，是李鸿章的同年好友、候补侍郎郭嵩焘，他和担任副使的刑部员外郎刘锡鸿一起，于1876年11月出使英国。1877年，经李鸿章的推荐，清廷派何如璋、张斯贵出使日本。通过派遣使节，积极主动开展近代外交活动，李鸿章不愧为公认的杰出外交家。

其时反对之声不绝，如有人撰联嘲骂郭嵩焘"出乎其类，拔乎其萃，不容于尧舜之世；未能事人，焉能事鬼，何必去父母之邦？"李鸿章致函郭嵩焘加以宽慰，但在保守势力面前并不妥协，接连保荐具有近代外交知识和交涉才能的李凤苞、曾纪泽、张荫桓、刘瑞芬、洪钧、黎庶昌、崔国因、薛福成、许景澄等人，先后出使世界各国。为近代中国培养了第一批外交人才，他们都成了出类拔萃的外交官。这些近代中国的正式外交使节，在为国家争取尊严和挽回民族利权上，都做出了力所能及的贡献。

另一方面，为国家长远利益考虑，有时做出某些小的让步和妥协是可以理解的，但假如损害了国家根本利益并造成严重后果，就违背了"外须和戎"方针。因为"和戎"的目的是为"自强"赢得足够时间，而过度退让只会让对方得寸进尺欲壑难填，中国危机越来越深，"和局"难以维持，欲图"自强"更不可能。

二十四

但原则和实践有时却相互矛盾，这是为什么呢？

西方列强发展到资本主义的极盛时期，更具有侵略性和掠夺性，而幅员辽阔、物产丰富的中国政治窳败、国力衰颓，自然成为其蚕食鲸吞、大肆掠夺的最佳目标。1871年沙俄公然侵占新疆的伊犁；英国不仅觊觎新疆，还觊觎云南、西藏；法国妄图囊括滇、桂；美国窥伺台湾；日本也在美国支持下侵入台湾。多个强敌虎视眈眈，政局复杂多变，确实令人难免顾此失彼捉襟见肘，即使能力倍于李鸿章，恐怕也难以做到得心应手游刃有余。

有人如此比喻当时列强与中国的关系："晚清在国际上的情势，原来很像剪刀口中之被割裂者。这把剪刀的一面是旱路，自北而南的俄罗斯，其他一面是水路，自南而北的英、法诸国。在19世纪末后30年，这把剪刀的作用更为积极，但当时情形的特别，倒不在乎此。特别的就是在世纪的末年，又加上自东而来向我们正面砍杀的一把屠刀——日本。"日本时而以南进政策为重点，即先占台湾而后南洋诸国；时而以大陆政策为重点，即先取朝鲜而后中国大陆。这使得清廷和李鸿章更加分身乏术疲于应付。

如在中法战争时期，李鸿章提出可以同意法国人在云南边境通商的要求。他说："果得人妥办，于国民决无大损，可于各海口通商之事验之。"思维虽开放，但还仅局限于与西方各国通商有利的一面，较少注意到与之俱来的资本主义列强不断扩大侵略的另一面。尤其是他过分相信条约的约束力，却没有认识到在西方列强一手遮天的国际局势里，唯有强权才是"公理"。

当然，李鸿章践行外交近代化、订约修好的努力，并没有完全白费，在某些方面取得了很好的效果。如在早期对日关系上，李鸿章独持异议，坚主立约修好。其目的一是"防日之侵略"，二是"联日以制西"。他主持下订立的中日条约，不仅尽除以前不平等条约之弊，且以当世国际公约之原则，两国均立于独立自主之地位，和平友好，通商互惠。对中日双方来说，都是平等条约之开始。

李鸿章力主实行保护华工政策，多次顶住了各国公使干预的压力，对秘鲁使者进行了较强硬的抗争，并基本达到了目的。这是近代外交史上一次重要的交涉，对开展中国的护侨活动起了积极的推动作用，并对后世产生了深远的影响。

在具体的交涉方式上，李鸿章并不拘泥保守，而是灵活机动，相机而变。如在马嘉理事件交涉中，李鸿章"藉慈安皇太后万寿圣节为名，邀宴在烟台的各国公使"，既联络了情谊，也造成了"无确实凭据，擅请将大臣提京为非"的公论，从而使"最为沉鸷骄纵、言无游词、非常阴险"的威妥玛态度软化，打开了谈判僵局。

同时，李鸿章在外交上的负面评价也有不少。如19世纪70年代，容忍沙俄鲸吞中国西北大片领土，尽管他有加强海防的考虑，但左宗棠步步为营收复新疆，使李鸿章顿时黯然失色，后人也往往以此扬左抑李，但客观地说，李鸿章在外交上的贡献是远大于左的。这一点，垂帘听政的西太后看得就很清楚。1876年李鸿章在烟台签订条约、朝野上下谤议大兴之时，慈禧对郭嵩焘说："总理衙门哪一个不挨骂？一进总理衙门，便招惹许多言语。如今李鸿章在烟台，岂不亏了他，亦被众人说得不像样。"

慈禧以李鸿章"局内人""实心办事"，给予保护。1882年，通政使刘锡鸿参李鸿章跋扈不臣，俨然帝制，朝旨以其信口诬蔑，交部严议，予以革职。1884年中法战争中，在中国军队取得谅山大捷、准备乘胜追击侵略军的有利形势下，他力主尽快罢兵言和。梁鼎芬以六可杀之罪参劾李鸿章，清廷以"莠言乱政"将梁革职。即使1894年中日甲午战争前夕，李鸿章"以夷制夷"几乎完全是依赖列强调停，筹备战守不够积极，以致坐失时机，惨遭失败，慈禧仍说："日本之事，李鸿章固办理不善，而言者谓其有异心，未免太过。"

事实上，马关谈判时，李鸿章冒着被骂为汉奸的危险，仍旧奉命出使，远赴日本谈和，本着"但期争回一分，即免一分之害"的想法，与日方进行艰苦的讨价还价。甚至当他遭遇暗杀受伤时，宁愿忍受痛楚也不开刀取出，口述指示儿子李经方继续与日本折冲，就是担心耽误议和之事，以免国内交战区域的黎民再遭涂炭。李鸿章为中国挽回了一亿两白银的损失，相较而言，沙俄的300万卢布简直是九牛一毛，又岂能入人法眼？

李鸿章办理外交的思考模式务实而较具理性，奉行"能得一分，便是一分"的谈判概念，使清廷命脉得以延续，中国不至于被列强瓜分。正因为此，近代爱国诗人黄遵宪在《马关纪事诗》中感慨，"卅载安危系，中兴郭子仪""存亡家国泪，凄绝病床时"，对李鸿章在马关议和时的逆境表示出深切同情。康有为1899年经过马关时记叙："至马关，泊船二日，即李相国立约遇刺地也，有指相国驻节处者，伤怀久之。"遂赋诗云："有人遥指旌旗处，千古伤心过马关。"

二十五

李鸿章以外交受重望于国际，也以外交负重谤于国内。他在对外交涉中事实上奉行着一条总的外交原则或路线——"外须和戎"。"和戎"外交的实质是被迫承认半殖民地半封建的统治秩序，力图维持和平安定现状，进而争取有所作为。必须指出，主和并不等于卖国。提倡"和戎"的本意是反抗外来侵略，避免半殖民地化，其本意并不是"予取予求"，而是"相安无事"。"和"只是一种手段，意在为自强变法创造一个好的外部环境，通过变法以求自强自立才是根本目的，但限于当时的客观历史环境，未能如愿以偿。

不可否认，李鸿章代表清政府与外国列强签订了一系列不平等条约，给中华民族带来了巨大灾难。但有台湾学者研究认为，"治史者每以数次和议失败为鸿章罪，实皆皮相之谈"。"盖李处晚清政局，正叶赫那拉后以刁悍无知之女主专政时代。……是鸿章有志难酬，自是意中。今之谴责鸿章者，苟处于鸿章之境，恐亦无以出鸿章之右，则鸿章晚年之着着失败，又岂得为鸿章一人之咎乎？"

也就是说，这种失败，不仅仅是李鸿章外交战略思想缺陷所致。毕竟外交是内政的延续，李鸿章的外交战略，必须依靠朝野上下广泛认同。在与列强交往的过程中，李鸿章有时表现得过于软弱，被人骂作

"避战求和"，但这种"弱"并非根之于李鸿章本人，而是羸弱的国力兵力所致。清廷统治者信奉的是实力外交，过于重视军事实力的作用，把武器装备视为决定战争胜负的最大因素，因而在据有优势武器装备的列强面前缺乏信心和勇气。所以，在不少关键时刻，李鸿章除了"以夷制夷"别无选择，尽管有时确实能起到制衡作用，但却又过于依赖"以夷制夷"，这无形中等于把自己的命运交到了别人手里，丧失了展示自身实力和施展主观能动性的机会。

尽管李鸿章的外交思想已经主动地向近代化转变，并试图利用国际法与近代国际关系原则来解决外交问题，这具有一定进步意义。然而，李鸿章对这种变局的认识又是不完全的，他过分依赖国际法与国际协调，而没有认识到，在西方列强野蛮殖民扩张的时代，所谓国际法、国际协调，只不过是弱肉强食过程中一套冠冕堂皇的把戏。所以，从李鸿章在外交上的不懈努力和实际结果来看，是得失互现的。

李鸿章当然不是不懂这个道理，他非常明白，但就是因为太明白这个道理了，反倒因为在洋务运动中并没能大幅提升国力的缘故，所以办起外交来就显得信心不足而畏首畏尾、如履薄冰，唯恐一不小心就会使中国陷入万劫不复的悲惨境地。所以，虽然李鸿章因求和心切、让步过多，在对外交涉过程中将维持清朝统治放在首要地位，而导致在外交中妥协大于抗争，无意中误国，甚至无形中损害了国家利益，但从总体上来看，他仍不失为一个爱国主义者。

用李鸿章自己的话来说："中国日弱，外人日骄，此岂一人一事之咎！过此以往，能自强者尽可自立，若不自强则事不可知。"如今看来，这句话仍然具有一定的道理。

"变法图强"——李鸿章与中国政治近代化

晚清的政治变局并非一蹴而就，而是有一个由表及里的过程，是一种比较缓慢的渐变。尤其是经过几千年封建专制的浸染规训后，天朝上国观念的根深蒂固、社会等级制的有意识划分，这些最核心的东西在短时期内终究难以彻底扭转。

此时，世界不少国家在风起云涌地向近代迈进。1861年，俄国开始废除农奴制，走上资本主义发展道路；在意大利，加里波第的红衫军取得了对两西西里王国的决定性胜利，意大利王国宣告建立。在美洲，美国为消灭南方黑人奴隶制而导致内战爆发，其结束预示着美国资本主义新纪元的到来。而在中国，在英国武力侵略近20年后，清廷仍在不紧不慢、不急不躁地踽踽独行。

——

这个古老的东方大国通过科举方式选拔出来的管理人才，似乎迟迟没有意识到应适时调整国家的政治、经济、社会结构，重新整合各种新旧社会力量和自然资源，从而有效地融汇传统与现代因素，以使中国迈入富强之途。当然，由于清王朝仍是典型的君主专制政体，决定权仍掌握在至高无上的皇帝手中，一时无法撼动。

然而，第一次鸦片战争结束后，清政府统治阶层却又慢慢回复到以往的平静与沉寂之中，对这次失败统治者大多"雨过忘雷"而绝口不提。不得不说，对这样一个预示着国内外政治环境改变的战争，清廷竟然没有足够的反思和研究，当权者们应是负主要责任的。正如有学者指出："从民族的历史看，鸦片战争的军事失败还不是民族的致命伤。失败以后还不明了失败的理由力图改革，那才是民族的致命伤。倘使同治、光绪年间的改革移到道光、咸丰年间，我们的近代化就要比日本早二十年……中华民族丧失了二十年的宝贵光阴。"但残酷的是，历史从来没有假如，当它从时空中匆匆走过后，就缓缓凝固成了无情的事实。

也就是说，从1840年第一声炮响，清廷上下有一个艰难而缓慢的思维转变，花了长达20年的时间，差不多到1860年后，才大体走完了了这个接受现实的心路历程，一块铁板开始出现松动。

当然，指斥清廷满朝文武全是一片垂死暮气景象，不免有过于尖刻之嫌，毕竟死水也有一丝微澜。第一次鸦片战争之后，清政府中少数士大夫意识到危险来临，甚至有个别志士"扼腕切齿，引为大辱奇戚"，进而深思背后的根本原因，产生过救国强国的些微想法和实践。其中最为突出的是，1842年10月，江南司郎中汤鹏上《海疆善后事宜三十条》，指出中国必须在军事、吏事、风俗、烟禁、人才、考试等方面进行改革，以为防范西人之法。这是当时最具代表性的一份改革方案，也是最早把改革内政与爱国反侵略结合起来的方案，所涉甚广而所论较为具体，一时满朝文武无人能出其右。遗憾的是，在战争迅速结束的状态下以及牢不可破的天朝意识中，这些设想和提案没有引起清廷中枢的足够重视，很快就无下文了。

不仅如此，连《海国图志》《瀛寰志略》《康輶纪行》《海国四说》《中西纪事》这样介绍外国史地政情的书，旨在"知彼虚实""徐图制夷"，以冀"雪中国之耻，重边海之防"，其中包含的新思想并没有触动决策者，也没有改变掌握国家方向的精英们。如徐继畬在《瀛寰志略》中介绍英国的君主立宪制说："国有大事，王谕相，相告爵房（上议院），聚众公议，参以条例，决其可否；辗转告乡绅房（下议院），必乡绅大众允诺而后行，否则寝其事勿论。"在某种程度上表达出对西方政治制度的向往。

权力精英在政局转换之际似乎总是后觉者，既得利益让他们安于现状，个人和集团利益是他们考虑的重点，国家利益一般是视而不见的，除非与其自身利益有瓜葛时。身居高位的政治精英忘记了他们应有的责任，只盘算自己的后路而置国家民族的前途于不顾。

虽然近代内忧外患频发，清王朝统治岌岌可危，但变法的建议却不是随便就能提出的，必须有胆有识。首先对形势要有清醒的认识，还必须要有足够的勇气。直到1860—1861年间，流寓上海的苏州籍翰林冯桂芬才在他著名的《校邠庐抗议》中，提出了更全面更具体的改革建议。该"抗议"分为上、下两卷，共47篇。

全书内容涉及政治、军事、文化、生产、经济等各领域，指出了向西方学习的时代方向，集中体现了作者的开放思想。其处理中西学关系的原则，"以中国之伦常名教为原本，辅以诸国富强之术"，被概括为"中学为体，西学为用"，进而上升为变法图强的理论根据，而其采西学、制洋器、改科举等多项建议被洋务派采纳，成为具体的洋务政策。李鸿章详细地阅读了《校邠庐抗议》，并认真做了批注，少则五六字，多则有二三百字，对他此后的施政思想和作为产生了深刻的影响。

二

清朝作为少数民族入主中原的王朝，在不少政治方面近乎空白，除了一个议政王大臣会议，开始时基本上是一仿汉族王朝旧制。雍正年间设立军需房，原为承名拟旨参与军务，后改为军机处，由于其适合加强皇权的需要，军机处的地位在清朝国家机器中日渐重要，演变为皇帝旨意的策源地和执行中心。

待乾隆亲政之后，军机处更成为直接对皇帝负责的核心权力机构，地位甚至远远高于作为国家行政中枢的内阁，满洲议政王大臣会议的地位则被削弱直至裁撤。军机处中虽然满汉大员并用，但领衔的军机大臣非清皇室即满贵族，不过提内阁大学士为正一品、增设协办大学士两条，略微增加了汉官的决策参预，主要还是强化了皇帝对机要政务的直接处理。内阁名义上仍为清代最高级之官署，但徒有虚名，仅成为传达皇帝谕旨、公布文告的机关。

晚清洪杨事起，清廷上下震惊。为了将太平天国革命尽快镇压下去，清政府在政治上主要采取了"以汉制汉"与"放权督抚"两项，使得清廷政治力量中满消汉长，事权也不无下放或外移，但主要体现在地方军事和与军需给养密切相关的经济上，与此相配合的有重用士绅、重用勇营两项。在某种程度上，这给李鸿章后来的出人头地提供了契机。

这是统治阶级内部的一次权力再分配。满洲贵族，尤其是爱新觉罗皇室、皇帝本人，为了打赢对太平天国的这场战争，保住自己至高至大的皇权，不得不从自己手中分出一部分行政权和军事权，授予汉族地方督抚，以最大限度地调动和发挥他们的才干和作用。清廷中枢仍由满洲中贵族牢牢把握和操纵，并未改变根本政治格局。但在镇压洪杨的过程中，从军事方面萌发了办洋务的种子，顺势掀起了影响深远的洋务运动，成全了同治中兴一段伟业，造就了李鸿章等一批人才。

在晚清以前，清朝并没有正式的对外交涉机构，因向来自居"中国"，不承认与其他国家有平等的关系，所以是以对待外藩的态度来处理朝贡事务和商务往来。这些事务由礼部（负责朝贡事务）、理藩院（负责外藩及诸番部以及俄罗斯事务）、两广总督（负责广州贸易事务）及在华传教士（担任语言翻译，以及作为中国对来华使团的沟通代表）来处理。

显然，外国来华使者不愿意以"蛮夷"的不平等身份，与带有天朝上国意味的清政府外交部门理藩院打交道，多次要求建立专门机构，没有获得允准。第二次鸦片战争结束后，1860年11月，英法联军依约从北京撤走，恭亲王奕䜣大喜过望，上奏说："该夷并不利我土地人民，犹可以信义笼络，驯服其性，自图振兴"，劝咸丰帝"尽可放心"回銮。

1861年1月11日，奕䜣上《统筹全局酌拟善后章程》，与大学士桂良、户部左侍郎文祥一起奏请在京师设立总理各国事务衙门，接管以往由礼部和理藩院执掌的对外事权，以便能有效地办理洋务和外交事务。奏折中指出："近年各路军机络绎，外国事务头绪纷繁，驻京以后，若不悉心经理，专一其事，必致办理延缓，未能悉协机宜。"1月20日，这个提案得到咸丰帝批准。

1861年设立的总理衙门，总揽了清朝外交及涉外财政、军事、教育、矿务、交通等各方面的大权，实际成为清政府的"内阁"。这个里程碑式的标志，终于使清廷学习西方、走向近代化的举措，有了一点成为"基本国策"的味道。中国人对西方的了解和认识，也终于从相对分散的个体行为上升到国家共识的层面。

三

　　总理衙门的组织体制，"一切均仿照军机处办理"。虽然总理各国事务衙门作为处理最高外交事务的机构，但它不是一个正规的政府部门，也没有正式的官品和编制，因此事实上更类似军机处的下属机构，而且是较临时性的机构。它主要负责外交事务的执行而非决策，决策的权力主要掌握于皇帝（实际上是垂帘听政的慈禧太后），当然，军机大臣的意见有一定权重，况且，早期负责的恭亲王和文祥都是在朝中极具影响力的军机大臣，因此其提案大多能获顺利通过。

　　直到19世纪60年代末以后，恭亲王的权力因慈禧的打压而缩减，加上李鸿章1870年以直隶总督兼任北洋通商大臣，因此以后许多外交事务逐渐由北京的总理衙门转往天津。李鸿章在天津的衙门成为事实上的"中国外交部"，总理衙门在外交事务上的作用相对减少，1884年恭亲王不再掌理总理衙门，其重要性更趋下降。这种状况差不多延续到甲午战败李鸿章失势，可惜的是，其时清廷在对外交涉方面并没有人能接替李鸿章，更不用说有所超越。

　　慈禧与奕䜣的关系由合作到分歧，其间有很多复杂曲折，是清廷政治生态演变的一个重要组成部分。1861年8月22日咸丰皇帝病逝，时在第二次鸦片战争结束次年，天下莫不震动，而清廷统治集团的内部矛盾却日益公开和激烈发展。遗命总摄朝政的八大臣，与权力欲极强的慈禧，展开了争夺中枢控制权的斗争。慈禧与奕䜣联手发动"辛酉政变"成功后，大力巩固垂帘听政的局面，进言国是者更须小心翼翼。

　　被保守派嘲讽为"鬼子六"的奕䜣，因思想相对开明而得到一些地方实力派的拥护和响应，不免有坐大震主之嫌。1865年，慈禧以"目无君上""暗使离间"等罪名，下诏革去奕䜣一切职务。虽然后来在许多王公大臣的请求下，又恢复其总理衙门大臣、领班军机大臣等职务，但是"议政王"的光辉称号则被取消。这大概算是慈禧对奕䜣的一次小小警告。

1871年，觊觎朝政大权的奕譞密折检举奕䜣擅权，"办夷之臣即秉政之臣，诸事有可无否"。此折虽被慈禧留中不发，但在朝廷中造成的影响却不小，正如《晚清宫廷纪实》作者吴相湘所说，"此疏关系洋务之败实极深切"，"其最直接最迅捷之影响，即守旧派力请停办模仿西法之制造局、造船厂等自强新政措施"。

1874年8月，同治由于奕䜣不同意重修圆明园，震怒之下以"言语之间诸多失仪"为由，革去其一切差使，交宗人府严议，后经慈禧大发慈悲加恩赏还。这次事件虽然是由同治出面，但也是慈禧对奕䜣的又一次严重警告。经过这几次打击，春风得意、锐意进取的洋务派首领奕䜣变得小心谨慎起来。奕䜣的荣辱沉浮，对李鸿章仕途的得失进退有一定的影响。

奕譞代替奕䜣执掌朝政以后，除了在筹办北洋海军和修筑铁路上曾给李鸿章一定支持外，几乎别无建树。为了迎合慈禧的奢侈淫逸，奕譞擅自挪用海军经费兴修三海和颐和园，严重破坏了北洋海军的建设。在权力斗争的背景下，随着奕䜣失势和权柄的转移，清廷的决策越来越趋于保守自封和无所作为，这就决定了李鸿章的"变法"必然无法贯彻到底，最终走向失败的悲剧命运。

四

1862年李鸿章任职江苏巡抚，跃然成为清王朝的地方政治精英之一。为完成抵御太平天国的任务，李鸿章向其师曾国藩学习，招贤纳士，将幕府这一特殊制度发扬光大。李鸿章幕府中除文员、武将外，还有各类科技人员、留学归国人员、外国顾问等各种人才，形成一个颇具影响力的政治集团。

1864年春，李鸿章就萌发了效法日本进行变法的思想。他致函恭亲王奕䜣指出：日本"距西国远而距中国近。我有以自立，则将附丽于我，窥伺西人之短长；我无以自强，则并效尤于彼，分西人之利薮"。"日本以海外区区小国，尚能及时改辙，知所取法，然则我中国深惟穷极而通之故，夫亦可以皇然变计矣。"针对科举制度"所用非所学，所学非所用"的积弊，他吁请"专设一科取士"。

其时，日本刚刚走上资本主义道路不久，尚未取得明显成就，只在一些社会新气象上初露端倪。敏感的李鸿章认为，中国的根本制度等远在西人之上，不需大加变动，只需在操作层面上对一些实际办法加以变革即可。他依据"穷则变，变则通，通则久"的传统哲理，论证了"皇然变计"的必要性，认为"一国法度当随时势为变迁"，抨击了因循守旧势力，计划在维护君主专制制度的前提下，局部地改革那些不合时宜的旧制度。

在上海十里洋场磨砺几年之后，李鸿章对"师夷"的认识逐步透过表面而进入到较深的层次，主张把"师夷"与"变法"联系起来，其近代化思想前进了一大步。这表明他不仅超越了前辈的林、魏，而且确实比同时代的曾、左高出一筹。

同年秋天，在给友人信中，李鸿章具体提出"变易兵制"的想法。基于长期用兵的经验总结，李鸿章对晚清军事制度的诸多弊端具有较为深刻的认识，他深感旧的武装力量结构极不合理。绿营、八旗几乎毫无战斗力却仍然保留，新式的勇营、防军担负着国防重任，却时募时裁极不稳定。国家既要养兵又要募勇，政府筹饷艰巨，官兵待遇低，兵未养好而勇亦不甚可靠。

因此，他主张裁汰绿营和旧水师，仿效西方办法建立近代海陆军，并着重提出"以一事权"，以免用兵之际受到各方掣肘，出现"有位无地，有权无财"的尴尬状况。不仅用兵如此，在办洋务上亦莫能外。不过，其时清廷正全力恢复旧制，对李之建议未予接受。

这时的李鸿章似乎并没有看出保守力量的根深蒂固，仍然坚持中国文武制度"事事远出西人之上"。1865年9月，在致朋友的信函中，他说："外国狷撅至此，不亟亟焉求富强，中国将何以自立耶？千古变局，庸妄人不知，而秉钧执政亦不知，岂甘视其沈胥耶？鄙人一发狂言，为世诟病，所不敢辞。"发出了"外国狷獗""千古变局"的感慨，希望"秉钧执政"知晓。

李鸿章虽然提出了变法的命题，但仍处于较为感性的阶段，尚无力剖析其内涵和外延。在给朝廷的奏折中，他还是肯定中国文物制度"迥异外洋獉狉之俗"，并委婉表示："必谓转危为安、转弱为强之道，全由于仿习机器，臣亦不存此方隅之见。顾经国之略，有全体，有偏端，有本有末。如病方亟，不得不治标，非谓培补修养之方即在是也。"停留在治标不治本的阶段，或者说，是在强力之下不得不采取的一种折中办法。

五

此后几年李鸿章主要忙于开展洋务，另一方面是奉命督办剿捻军事，没有在政治方面提出更多建议和设想。清廷中枢仍是按部就班没有多大起色，1869年，直隶总督曾国藩坦承自己对时局、朝政的失望："两宫才地平常，见面无一要语；皇上冲默，亦无从测之。时局尽在军机，然奕䜣、文祥、宝鋆、倭仁等皆非能荷重任者。"

这一时期，洋务精英倾向变法，但对如何变法还没有形成明晰的方案。他们只能主张先从经济、教育等权力的远端变起，希望徐图渐进，不想在政治体制上进行过快的激进改革，以免引起保守派的抵制和反对。因为，他们心里非常清楚，屡遭内忧外患的晚清朝廷经不起大的折腾。

到1870年8月，李鸿章在给丁日昌的信中说："自强之策，当及早变法。勿令后人笑我拙耳，此等大计，世无知而信之者。朝廷无人，谁作主张，及吾之生，不能为，不敢为，一旦死矣，与为终古已矣。微足下无以发吾之狂言。"说明李鸿章虽然想变法，但不免担心有被人指斥为用夷变夏之嫌，这个罪名是没有人能够独力承担的。

待李鸿章对洋务涉历既久，闻见稍广，于彼己长短相形之处，知之更深。他说"环顾当世，饷力、人才实有未逮，又多拘于成法，牵于众议，虽欲振奋而未由"。当1872年保守派叫嚣取消福建造船厂，李鸿章在上疏反对时，不得不明确表态："窃惟欧洲诸国，百十年来，由印度而南洋，由南洋而东北，闯入中国边界腹地。凡前史之所未载，亘古之所未通，无不款关而求互市。……合地球东西南朔九万里之遥，胥聚于中国，此三千年一大变局也。"

他着重指出："不变通则战守皆不足恃，而和亦不可久也。"既然是数千年大变局，"识时务者当知所变计耳"，何况"外患如此其多，时艰如此其棘，断非空谈所能有济"。而"今日情势不同，岂可狃于祖宗之成法"。

李鸿章还将近邻日本作为类比："日本小国耳，亦欲变法自强而逼视中国，中国可不自为乎？"苦口婆心地建议，"我朝处数千年未有之变局，自应建数千年未有之奇业。若事事必拘守成法，恐日即危弱而终无以自强"，而自强之道在于"师其所能，夺其所恃"。

1872年年底李鸿章上奏请开设轮船招商局时，再次请求清廷"力排浮议，以成格为万不可泥，以风气为万不可不开，勿急近功，勿惜重赏，精心果力，历久不懈，百折不回，庶几军实渐强，人才渐进，制造渐精，由能守而能战，转贫弱而为富强"。开办轮船招商局无伤大局，清廷还是同意了。

针对办理过程中碰到的一些困难，李鸿章感叹，"欲朝廷力减不急之务，无敢言亦无敢行者"。另一方面，具有讽刺意味的是，"朝廷不能决者，惟部议是从，督抚不能决者，惟司道是从，然则司道固侵督抚之权而阴夺朝廷之命"。李鸿章将官僚机构庞大、冗员充斥人浮于事的情况，视为"今之大病也"，他说："官愈添愈多，不知用意所在。"而遇有重大事件需要马上作出决策时，却"无人敢与主持，遂尔中止，此即堂官太多之病也"。

洋务派是主张变革的，但在力度上也有轻重缓急之分。李鸿章、郭嵩焘、丁日昌、沈葆桢等人主张在引进西方的船炮、机器、近代科学技术的同时，要求对旧的制度进行某些改革。但唯有李鸿章有感于"膏肓之疾，甚于眉睫之患，留此患或尚可愈疾，否则痼疾不瘳，必更加甚，日相寻于灭亡"，公开提出了"变法"的鲜明观点，其见识不仅远出于顽固保守派官僚之上，在当时的洋务派官僚中也是最开明、最激进的。

六

李鸿章看到，日本"近年改变旧制，……如改习西洋兵法，仿造铁路火车，添置电报、煤铁矿，自铸洋钱，于国计民生不无利益，并多派学生赴西国学习器艺，多借洋债，与英人暗结党援，其势日张，其志不小。故敢称雄东土，藐视中国，有窥犯台湾之举。泰西虽强，尚在七万里以外，日本则近在户闼，伺我虚实，诚为中国永远大患。今虽勉强就范，而其深心积虑，觊觎我物产人民之丰盛，冀倖我兵船利器之未齐，将来稍予间隙，恐仍佼焉思逞。是钢甲船、炮台等项，诚不可不赶紧筹备"。

1874年底，鉴于日本入侵台湾的教训，清廷提出了加强海防建设的6条措施，下发沿海沿江各地督抚讨论，从而引发了一场关于海防建设问题的大讨论。借此机会，李鸿章于12月2日上《筹议海防折》，对练兵、简器、造船、筹饷、用人、持久6条覆奏，并阐述关于内政改革的办法，明确提出"外须和戎，内须变法"的思想。

李鸿章指出，"外患之乘，变幻如此"，在数千年未有之变局的形势下，"犹欲以成法制之，譬如医者疗疾，不拘何症，概投之以古方，诚未见其效也"，为此他强调"舍变法与用人，别无下手之方"。李鸿章认为："我中土非无聪明才力，士大夫耽于章句帖括，弗求富强实济。……中国以后若不稍变成法，徒恃笔舌以与人争，正恐长受欺侮。"对于"用人"一条，他提出"办洋务，制洋兵，若不变法而徒骛空文，绝无实际"；对于"持久"一条，则提出"若不稍变成法，于洋务开用人之途，……数十年后主持乏人，亦必名存实亡，渐归颓废"。

就其具体"变法"主张来说，可归纳为以下几条：

一、改革军事制度，裁绿营和旧水师的红单、拖罟、舢板等船只，建立近代海陆军；二、发展近代民用企业，设厂造耕织机器、开煤铁各矿、兴办电报轮船铁路；"一切仿西法行之，或由官筹借资本，或劝远近富商凑股合立公司"；三、改革科举制度。于考试功令稍加变通，另开洋务进取一格，以资造就，于沿海省份设立洋学局；学有成效者，"分别文武，照军务保举章程，奏奖升阶，授以滨海沿江实缺，与正途出身无异"；四、防止海防大臣"徒拥虚名"的弊端，使军权、财权及地方政权集中于海防大臣，"以一事权"。

这些建议集中反映了李鸿章在军事、经济、文化教育和官员选任制度等方面实现近代化的总体设想，其关键是发展近代民用企业和培养新式人材。"变法自强"不仅主张扩大向西方学习的范围，而且主张对某些固有的制度进行相应的改变。李鸿章、丁日昌等人提出的"变法"，已经包含着微弱的"改制"思想。

然而，他们遭到的反对却是比较强烈的。礼亲王世铎领头的廷臣覆奏说："制器造船，西人最精，自可参用西法，如洋枪、洋炮、水炮台、水雷等项，亟须购办，仍当讲求制造之法"，至于"开矿厂等事，深恐流弊易滋，诸多窒碍，此议之不可行者"，只同意进行一些皮毛上的改变，不愿开展深层的改革。

地方督抚中的大多数人亦是如此，其中以王文韶的言论最为典型，"至兼造耕织机器之说，臣窃有所不安。夫四民之中，农居大半，男耕女织，各职其业，治安之本，不外乎此"，"机器渐行，则失业者渐众，胥天下为游民，其害不胜言矣"，"故臣谓机器局除制造军用所需外，其余宜一概禁止，不得仿制各项日用器具，是亦无形中所以固本之一端"。表明对维护以耕织相结合为特征的自然经济具有非常自觉的意识，自然，当时绝不仅仅只是王文韶一个人这样认为的。

当李鸿章建议，凡有海防的省份都应设立"海学局"时，他的门生旧部、淮军大将、浙江巡抚刘秉璋居然率先站出来反对。刘秉璋是淮军嫡系中除李鸿章之外唯一一个有进士功名的地方大员，尽管是科举出身并追随李鸿章用近代化武器征战多年，他对这个老师、老上级动辄谈论洋务却有点不以为然。刘秉璋埋怨说，"改功令，学洋学，言之而行则误国，不行则损望"，李鸿章知其言下不无关切之意，遂据理答复，

"窃以此言若行，可延宗社数百年，不行则后有王者必来取法，无所误亦无所损"。

李鸿章《筹议海防折》强调的是"力破陈见"，不囿传统"古方"，开出的新方是"变法与用人"，暂时不见"中国文武制度"的旧药，说明其变法思想又深入了一层。对这些想法"邸意亦以为然"，但此时恭亲王奕䜣变得谨小慎微不敢明确支持，最后决策仍以醇亲王奕譞和礼亲王世铎的意见为转移，大部分都没被采纳，折中了事。海防会议唯一的成果就是任命李鸿章、沈葆桢为南北洋督办海防大臣，先筹建北洋海军并试办煤矿。

七

1875年初同治驾崩，李鸿章乘进京叩谒梓宫、参加葬礼之机，会见奕䜣，"极陈铁路利益，请先造清江至京师段，以便南北转输"，希望得到支持。奕䜣虽然赞成李鸿章的意见，但却"谓天下无人敢主持"。李鸿章"复请其乘间为两宫言之，渠谓两宫亦不能定此大计，从此遂绝口不谈"。由于得不到朝内支持，李鸿章的变法计划只能再次搁浅。

1876年，李鸿章在答友人书中论述："尝谓自有天地以来，所以弥纶于不敝者，道与器二者而已。……中国所尚者道为重，而西方所精者器为多。"因此，"欲求驭外之术，惟有力图自治，修明前圣制度，勿使有名无实；而于外人所长，亦勿设藩篱以自隘，斯乃道器兼备，不难合四海为一家。盖中国人民之众，物产之丰，才力聪明，礼仪纲常之盛，甲于地球诸国，既为天地精灵所聚，则诸国之络绎而来合者，亦理之固然"。这封信是由幕僚薛福成代拟的，但经过李鸿章本人审定，因此可视为其真实想法。他在信里进一步主张，中国的"道"与西方的"器"应兼备并存。连贯起来看，前后12年间，其思想变化不可谓不大。

冯桂芬1861年在《校邠庐抗议》就提出其主导思想："以中国之伦常名教为原本，辅以诸国富强之术。"这逐渐成了洋务派的行动指南。冯认为，中国学西方应"始则师而法之，继则比而齐之，终则驾而上之，自强之道，实在乎是"，第一次比较明确地提出赶上和超过西方的口号。对于西方的政治制度，冯桂芬不仅看到"君民不隔"，甚至看到："米利坚以总统领治国，传贤不传子，由百姓各以所推姓名投柜中，视所推最多者立之，其余小统领皆然。国以富强，其势骎骎然凌俄英法之上，谁谓夷狄无人哉。"

冯桂芬的这些想法在晚清的影响是很广泛的。到19世纪七八十年代，传教士办的中西书院教习也说"假西学为中学之助，即中学穷西学之源"，"西学自当以中学为本而提纲挈领"。著名传教士傅兰雅主编的《格致汇编》也承认，"形而上之为治平之本，形而下之即富强之术"。经过一段时间的社会实践，至90年代，《万国公报》才明确提出"中学为体，西学为用"的完整表述。

李鸿章对列强诸国的政体，在亚洲关注的是日本，他看到，日本政府在60年代就派亲贵子弟赴欧美学习技术，到80年代派大臣去欧洲"考究民政"。在欧洲关注的是英国。1877年马建忠向他提出欧洲之强不全在船坚炮利，而以政治法律为根本。并告诉他说，西方"学校建而志士日多，议院立而下情上达"，"英之有君主又有上下议院，似乎政皆出此……而政柄操诸首相"。李鸿章对这些新知识十分感兴趣，将此信函分送几位朋僚传阅。

后来，更有驻英公使郭嵩焘向李鸿章介绍英国政教："百余年来，其官民相与讲求国政，白其君行之，蒸蒸日臻于上理。至今君主以贤明称，人心风俗进而益善。"郭嵩焘在日记中把英国的政治称颂为"三代禅让之治"，该日记1878年在上海发表后，引起朝议大哗，而李鸿章却在曾纪泽出使英、法前，将马、郭的议论介绍给他。他认为："果真倾国考求（西法），未必遂无转机。"

李鸿章一直关心西方国家的"政教规模"，带着赞赏的态度阅读了郭嵩焘、曾纪泽和薛福成等人的出使日记，认为他们对西方国家政教的记述"颇得涯略"。

1878年，在写给驻英、法、德等国参赞黎庶昌的复信中，李鸿章批评顽固守旧势力动辄把西方资本主义比拟为古代匈奴、回纥之无知虚妄，赞扬了西方资本主义的所谓"善政"。对于中国封建政治体制的弊端，李鸿章的感受是"中国政体，官与民，内与外均难合一"。因此，他主张借鉴日本和西洋的所谓"善政"，改善或调整君、臣、民三者的关系，以期实现"庙堂内外，议论人心"趋于统一。

在长期办理洋务的过程中，李鸿章认识到，中国仅向西方学其"用"不学其"体"不行。幸而，有马建忠介绍西方"三权分立"的政治学说，薛福成也推介过英国议会的两党制，郭嵩焘任驻英、法公使后，甚至极力敦促李鸿章接受西方的教育体制和政治制度。1877年，郭嵩焘来函详细赞赏西方的"议政"体制，李氏回应道："西洋政教规模，弟虽未至其地，留心咨访考究几二十年，亦略闻其详。"客观地说，李鸿章对西方的政治制度并不是一无所知，但有两点不足：一是认识肤浅。如不清楚议院制度和言官制度的区别，把日本的议院等同于中国的都察院；二是担心不适用而不敢轻易接受。

李鸿章把希望寄托在清朝最高统治者身上，认为"抚绥之责在疆吏，而振奋之本在朝廷"。"若非朝廷力开风气，破拘挛之故习，求制胜之实济，天下危局，终不可支；日后乏才，且有甚于今日者。以中国之大，而无自强自立之时，非惟可忧，抑亦可耻。"在1879年的一份奏折中，他说："倘蒙圣主坚持定见，激励人才，勿为浮议所摇，勿为常例所格，内外臣工同戮力，以图自治自强之要。"

李鸿章建议清廷应该励精图治，冲破"文法拘束"，抓住"官"这个联系君与民的中间环节，着重整顿吏治，裁汰冗员，酌增廉俸，停止捐例，多使用"以国事为家事"的"血性人"整顿地方。他设想，如"县令得人，则一县受其益，郡守得人，则一郡受其益"。不过，应该指出，这里李鸿章强调的依然是儒家传统治略的"人治"，即为政在人、人存政举，还不可能达到"法治"境界。

1880年，李鸿章看出清王朝的统治已岌岌可危，"今之局势殆如敝絮塞漏舟，腐木支广厦，稍一倾覆，遂不可知"。在他看来，中国之所以积弱不振，"莫外乎不谙世事，默守陈法"。1881年，李鸿章在给王闿运的信中表示："自秦政变法而败亡，后世人君遂以守法为心传；自商鞅、王安石变法而诛绝，后世人臣遂以守法取容悦。今各国一变再变而蒸蒸日上，独中土以守法为兢兢，即败亡灭绝而不悔。"这些观点，还是非常切中时弊的，郭嵩焘就称赞说李鸿章在洋务上能见其大。

此后几年，李鸿章迫于时势，再没有向清廷建言变法。1885年慈禧召李鸿章入都敷陈时事，他写信给曾国荃说，"与当轴意见不能尽合"，"不敢有所建白"。在这种形势下，李鸿章只能"量力经营，得寸则寸，得尺则尺"，在自己可以掌控的范围内开展洋务建设。

总的来说，在海防会议后的20年里，李鸿章所成就的变法事业，数量不多，成效不大，对其估计不能过高。但重要的是，它使中国近代化事业，特别是民用企业，从无到有，为后来的发展奠定了一定的基础，其社会意义不应忽略。

八

在选材用人上，丁日昌和刘铭传的事例比较特殊，两人虽然都没有功名，却都具备相当的才干，其成就的事业远非一般士子能及。这让李鸿章对科举制度开始有了反思，"科举中未必即有真人才，培养根本之道或不尽系此耳！"他不由得感叹说："今世乏才，岂乏翰林科目耶！"但中国自古盛行"学而优则仕"，科举不仅关系着教育制度，而且与传统的官僚制度有着难以分割的复杂牵连。

1878年，李鸿章从指斥小楷试帖进而抨击科举制度。认为："人才风气之固结不解，积重难返，鄙论由于崇尚时文、小楷误之。世重科目时文、小楷，即其根本。"他觉得这些内容往往是"学非所用，用非所学"，"文武两途，仍舍章句末由进身，人才何由出"。但时人只将科举视为正途，如非正途出身，即便有真才实学，也会受到排挤。针对这种状况，李鸿章打算从培养人才、改善官吏素质入手，解决吏治腐败问题，希望局面能随之改观。

1885年伊藤博文来中国交涉朝鲜问题，与李鸿章晤谈，语及明治维新时，就劝说李鸿章"变革诸政"，任用明于西学、有魄力和干劲的人才。这正与李鸿章筹议海防时力主起用沈葆桢、丁日昌，强调改科举兴西学、培养新式人才的用意如出一辙。

正因为如此，李鸿章对日本的官制改革表示完全赞同。他说："陆军、海军、农商、递信诸省，全用泰西，大抵有一官办一事，大官少，小官多，最为得法。"他认为，中国的官制自秦汉以后"日益冗烦"，"高资华选，大半养望待迁之官"，进而提出"变法度必先易官制"的主张，以裁汰处优养尊、不办实事的皇室权贵。

这表明李鸿章赞成日本官制改革，希望做到"一官办一事"，"大官少，小官多"。他认真阅读顾厚焜写的《日本新政考》和黄遵宪写的《日本国志》，肯定其"敷陈新政"，并向驻俄公使洪钧推荐这两本书。驻日大使黎庶昌将日本官制改革后的"官员录"以及新颁布的宪法寄给李鸿章，他看后评论说："倭颁宪法，尊主卑臣，集权中央，琐屑操切，自是秦法，一则曰皇帝，再则曰皇帝，如读始皇本纪。"

可以看出，一定程度上，李鸿章对过度集权的君主专制持批判态度，反对"集权中央"。但是，李鸿章对日本实行的君主立宪制度也并非完全赞同。当得知日本内阁遭议会的批评而辞职时，他评价说："倭政府为议院所攻诘，当局委曲求济，而旁观议其不平，中东固无异矣。"又说，"汉唐宋明党争，两党三党止矣，岂有蕞尔之国，六派并兴，各从一是者"。表明李鸿章对这样的多党制很是不解。

他一方面认为君权不是绝对的，主张某种程度地削弱君权，但另一方面又不满意议院制度。这意味着李鸿章虽然萌发了削弱君权的意向，但仍旧没有突破君主专制制度的桎梏，还不能接受西方资产阶级民主制度。他主张中国要"治"，就须"变成法"，而"变法度必先易官制"，但他要求改革腐朽的官僚体制，实质上是为了改善而绝不是要改变封建君主专制制度。李鸿章等要求作某些局部的改革，无疑只是为了挽救和维护清王朝的统治，没有达到建立近代国家政治制度的高度，但它在当时的中国仍不失为进步思想。

尽管李鸿章对日本"变法度"进而"易官制"的做法表示赞许，却感叹在"文守千年"的中国无人敢倡行此事，"谁能骤更？若发大难之端，将环刃者不止一自由党矣"。他下意识地觉得洋务"新政"应该向政治改革深化，但没有足够政治胆略和实力将这可贵的政治改革思想付诸实践行动。

任何社会改革运动要想取得成功，必须有相应的社会基础。中国社会从传统走向近代，是在西方列强入侵的情况下被迫开始的。在洋务运动时期，具有变革意愿的社会力量，主要来自于通商口岸的商人群体，也就是洋务官吏、开明士绅和参与经营洋务企业的新式商人和受西方文化影响的知识分子。他们寄希望于李鸿章，入幕效力，或充任文案，或管理企业，李鸿章自觉或不自觉地充当了这些社会力量的政治代言人。但可惜的是这些人为数甚少、势力单薄，难以展开一场彻底的社会改革运动。

自19世纪60年代李鸿章的变法思想开始形成，到1874—1875年的海防建设问题讨论中提出变法的主张，李鸿章对国家民族的忧患意识一直甚于对个人安危的考量。但在保守派强烈反对下，这些主张没有被清廷采纳。其后虽略有发展，但并没有重大的突破，李鸿章只得以务实的精神兴办洋务企事业，在较低的层面进行改革。

上有昏聩无知的朝廷控制，下有颟顸顽固的官僚牵制，真是让人情何以堪啊！李鸿章简直欲哭无泪，"天下事无一不误于互相牵掣，遂致一事办不成！"

九

1880年刘铭传"暂借洋债"修筑铁路的提议，遭到一系列反对。翰林院侍读学士张家骧称修筑铁路有"三弊"：一是洋人可乘铁路到处往来，"从旁凯觎"；二是修铁路会毁坏民田、房屋和坟墓，"徒滋骚扰"；三是修了铁路就会夺民生计，"虚糜帑项，赔累无穷"。

以顽固著称的光禄寺少卿刘锡鸿、徐致祥等也群起反对。刘锡鸿条分缕析，坚决反对修造铁路。徐致祥上《论铁路利弊折》，直陈开铁路有八大害，希望清廷乾纲独断，"外洋有以此说煽诱者，拒勿纳；中国有此说尝试者，罪毋赦；恪守祖宗之成法，以固结民心，以永保天命，则天下臣民之福也"。

御史屠仁守上折指出："顾中国所以自强，在修道德、明政刑、正人心、厚风俗，以为之本，固不专恃铁路。"他还说："夫铁路之利，李鸿章、刘铭传等及凡习洋务之人皆力主之，……然夸其利者，但以利言，无复尊主庇民之至计。"李鸿章公开支持刘铭传，翰林院侍讲周德润谴责这是"以夷变夏""破坏列祖列宗之成法以乱天下"，要求将李、刘"严行申饬，量予议处，以为邪说蠹民者戒"。

顺天府尹王家璧则奏称：变法改制"似为外国谋，非为我朝廷谋也"，"臣闻刘铭传此奏，系李鸿章幕中范姓底稿，李鸿章先已兴知，故一经奉旨，不待与刘坤一妥筹熟商，急行覆奏"。甚至直接进行人身攻击，弹劾李鸿章"跋扈不臣，俨然帝制……假外援以窥神器"。这些严厉的措辞，摆明是想将其置其死地而后快。

保守派认为，修筑铁路在军事上的危害是"自撤藩篱"。李鸿章等提出"扣留火车，掘断铁路"能遏制外国军队，刘锡鸿坚决反对，他说："我虽掘断，彼固能填乎？洋人畚土机器最捷，恐掘之者堑未及成，填之者道已如砥也。火车铁辙皆其国所素备，千万如出一式，何虑我之扣留？"

在这种情形下，清廷发布"上谕"说："叠据廷臣奏，佥以铁路断不宜开，不为无见。刘铭传所奏，著毋庸议。"

郭嵩焘无奈地描述道："中国人心有万不可解者，西洋为害之烈，莫甚于鸦片烟，中国士大夫甘心陷溺，恬不为悔，数十年国家之耻，耗竭财力，毒害生民，无一人乃为疚心……一闻修造铁路、电报，痛心疾首，群起阻难，致有一见洋人机器为公愤者。"

1889年第二次铁路大论战，一大批守旧京官再次群起围攻李鸿章。御史余联沅诬陷说："是洋人以利啗李鸿章，而李鸿章以利误国家"，"不必以李鸿章一人之言为据"，应"毅然停止"筑路。大理寺少卿王家璧责问："李鸿章何乃欲胥中国士大夫之趋向尽属洋学？""纵洋人机器愈出愈奇，我不可效日本覆辙"，"毋庸日思变法，失我故步"。结果，李鸿章主持的已经动工的津通铁路被迫停工。

翰林院编修丁立钧则称："至于近年，总督李鸿章、侍郎曾纪泽率皆迁就依违，未能力排邪议。如洋人屡次请开银行，经部奏驳，而李鸿章以为可从，率与私议草约，事几欲行。假如此议一行，则国家利权寄之洋人，其害有甚于开铁路者。李鸿章读书明理，而惑于邪说，遂之蒙昧如此，然其心犹公而非私也。"相对来说，丁氏起码承认李鸿章是出于公心，与其他议论比起来还算中允。

自洋务兴起以来，朝中自命为正统的士大夫们"以不谈洋务为高，见有讲求西学者，则斥之为名教罪人，士林败类"。同光年间，面对洋务派学习西方的现实，他们"痛诋西学，目为异类"，认为学习西方制造船炮是"用夷变夏"，主持这些活动的洋务派"沉沦夷俗"。

洋务派奏请在京师设立同文馆，遭到大学士倭仁的坚决抵制，他认为："读书之人，讲明礼义，或可维持人心，今复举聪明隽秀、国家所培养而储以有用者，变而从夷，正气为之不伸，邪气因而弥炽，数年之后，不尽驱中国之众咸归夷不止。"这是清议派的传统士大夫抵制洋务的鲜明例证。他们认为，"李鸿章、丁日昌讲求洋学，实愈加败坏人才"。

在1872年，因保守派的反对，李鸿章解决造船和养船的建议未能实现，无论是闽局或沪局，都面临着严重的经费困难，只能勉强维持。这次争论显然阻挠了洋务运动的顺利进行。

在政治上，保守派官僚继承了传统的治国之道，固守"为政以德"的旧观念。认为"国之存亡在德不在强"，"立天下之纲纪，则人才自奋，吏治自修，民生自遂，赋税自裕，兵力自强，外夷自慑服，何事纷纷他求？"他们竭力维护君主专制制度和清朝开国形成的祖训祖制，不敢越雷池一步。与此同时，虚骄之辈利用传统文化的深厚底蕴，纷纷弹劾李鸿章，振振有词地反对政治变革。

礼亲王世铎认为："新法非所习，但闻有议院等制，是以民制君，上下倒置，则万不可行。"刚毅每遇施行新政，便哭列祖列宗。在他看来，"我朝成法，尽善尽美"，"不可轻易更张"。"夷狄之道未可施诸中国"，"中国天下为家已更数千载，政令统于一尊，财富归诸一人，尊卑贵贱礼制殊严，士农工商品流各别，……逐末之人何得妄参国是……市侩之贱何得擅蓄甲兵？"

保守派还反对军队装备近代化，即反对制造轮船和枪炮，反对购买铁甲舰，反对学习西方来加强海防，反对用西方办法操练中国军队。工部右侍郎于凌辰拿出"夷夏大防"教条，怒斥李、丁二人说："李鸿章、丁日昌胪列洋人造船、简器最详，而又推极言之，挟以必行之势。李鸿章复请各督抚设立洋学堂，并议另立洋务进取格，至谓舍变法用人断无下手之处。是古圣先贤所谓用夷变夏者，李鸿章、丁日昌直欲不用夷变夏不止。"王家璧质问李鸿章："欲弃经史章句之学而尽趋向洋学，试问电学、算学、化学、技艺学果足以御敌乎？"在对外战争上，保守派主张强硬，"放言好战"。他们大都昧于世界大势，对晚清中国仍然充满着盲目自信。

✝

早在19世纪60年代，曾国藩就说过："自宋以来，君子好痛诋和局，而轻言战争，至今清议未改此态。"1884年中法事起，清廷内出现一种新现象，清流派的主战愿望甚至表现得比保守派更加强烈。

他们抨击李鸿章最甚。御史秦钟简说他："张夷声势，恫吓朝廷"，"丧心昧良"。刘恩溥说他"保位贪荣，因循畏葸，凡事苟且敷衍，并无实心任事之处"。邓承修也指责他说："李鸿章治兵二十余年，不以丧师失地为耻"，"爱身误国，令人痛恨"。1884年3月李鸿章与法国达成《中法简明条约》后，进一步激起了以清流派为首的舆论界人士的愤怒，他们纷纷发声厉斥李并上奏折弹劾，让其离职，另派大臣处理中法外交事宜。

1885年战争结束后，兵部侍郎黄体芳上奏，谓北洋水师"并非中国沿海之水师，乃直隶天津之水师；非海军衙门之水师，乃李鸿章之水师……再阅数年，兵权益盛，恐用以御敌则不足，挟以自重则有余"。其意在责怪李鸿章不肯率北洋水师南下支援。黄体芳还把洋务企业效率低下作为攻击李鸿章的一项口实，他说："自办洋务以来，造机器、广招商、置兵轮、购枪炮，由李鸿章奏办者几二十年，靡国帑以亿万计，百弊丛生，毫无成效，略可睹矣。"并指责李鸿章不分正邪丑恶，

"最赏识信任者，则皆李凤苞、马建忠、唐廷枢、徐润一流人也"，而这些人在清流眼里是"贪诈卑污，毫无天性"之人，"夫以此数人分道献勤，或任出使，或筦招商，或办矿务，犹止于辱国启戎，秧民耗帑耳"。

黄体芳是"前清流""翰林四谏"之一，尽管这道奏折让慈禧太后十分震怒，以其"妄议更张，迹近乱政"罪名，交吏部议处，并于1886年将黄体芳由兵部左侍郎官降二级，贬为通政使司通政；然而，满洲亲贵对李鸿章的猜忌却是不可否认，也无法消除的，奏折背后透射出的是满洲亲贵对洋务派主导创办近代海军的敌视情绪，黄体芳之言实际上代表了他们的心声。在很多满洲贵族眼里，北洋舰队即李鸿章私产，削弱北洋海军就是打击李鸿章，这已是他们心照不宣的一个目标。

这样，当后来醇亲王奕譞提出移拨海军经费修建颐和园的私意后，李鸿章不得不同意并积极配合。甲午前几年，户部奏请停购北洋海军船械，幕僚周馥力请李鸿章奏驳，李表示："奏无益。"因为前有保守派拦截围堵，后有清流派喊叫追打，李鸿章明知事不可为。

到19世纪90年代，康有为仍表示，"寻五十年来，……清议进议者，不深维终始，高谈战事"。当中日甲午战争爆发，力主避战的李鸿章更成为清流们的眼中钉、肉中刺。战事不利，翰林院35名翰林联名奏参李鸿章，指责他"昏庸骄蹇，丧心误国"，要求予以罢免。还危言耸听地提出，"故李鸿章一人之去留，实于宗社安危，民生休戚，大有关系"。

当胜负已分、战局无法支持，清廷派人议和之时，监察御史安维峻上折奏称，"窃北洋大臣李鸿章，平日挟外洋以自重……日夜望倭寇之来"，直指李鸿章有叛国的野心，甚至说他"若能反，则早反耳。既不能反，而犹事挟制朝廷，抗违谕旨，彼其心目中不复知有我皇上，并不知有皇太后"，甚至说"中外臣民，无不切齿痛恨，欲食李鸿章之肉"。真可谓，众口铄金。对此，京官孙宝瑄在其日记里表示，"昨见安御史奏稿于书肆中，其所言仍劾合肥，语多市井无稽之谈，肤浅已极，文亦夹杂，不堪入目"。可见，沉重的"千古变局"一步步地逼出了清议派的亢激，而就其义理和识断来看，这些亢激则大多流于空泛。

张謇指责洋务运动以"自强"为目的，结果到头来还是积弱如故。他在弹劾李鸿章的折中抨击李"以四朝之元老，筹三省之海防，统胜兵精卒五十营，设机厂、学堂六、七处，历时二十年之久，用财数千万之多；一旦有事，但能漫为大言，胁制朝野，曾无一端立于可战之地，以善可和之局"。

对于甲午之败，张謇指斥是因为李鸿章一味求和，他说："伏惟直隶总督李鸿章自任北洋大臣以来，凡遇外洋侵侮中国之事，无一不坚持和议。"为了达到倒李目的，他不惜添油加醋、捏造事实，称"日之所欲，鸿章与之；日之所忌，鸿章去之"，完全把李鸿章说成是日本的内奸。他夸大事实，指出李鸿章主和的原因是"既自负善和，必且幸中国之败，以实其所言之中；必且冀中国之败，而仍须由其主和，以暴其所挟之尊"。最后总结说，"综其前后心迹观之，则二十年来，败坏和局者，李鸿章一人而已"。由于张謇后来以状元成为著名企业家，其言论对后世影响不小。

十一

在对外交涉上，保守派拘泥于传统的外交礼仪，坚持强硬态度，反对派遣公使出使外国。他们普遍认为，"中国赴外国，并无应办事件，无须遣使。中国出使外国……若不得人而往，转恐遗羞域外，误我事机"。中国遣使驻外，"徒损国体，于事无济"。"我之使彼，形同寄生，情类质子，供其驱策，随其颦笑，徒重辱国而已。"

事实上，早在1858年，《中英天津条约》已明文规定，两国间"可以任意交派秉权大员诣大清大英国京师"，《中法天津条约》也有类似条款，此后奕䜣、李鸿章等人每每以派遣驻外公使相请，至1875年也没能成功。是年秋，为就"马嘉理案"向英国道歉，晚清政府派出郭嵩焘为第一个驻外使节，直到1876年冬才正式出行。

1877年，保守派刘锡鸿攻击郭嵩焘十大罪状：奏折上的抬头没写钦差，参观洋人的炮台披了件洋人的衣服，擅自议论国旗以为黄色不妥，效仿洋人用伞而不用扇，以中国来和印度相比，效仿洋人尚右，无故与威玛争辩，违背程朱之道，怨谤，叫妇人学洋语、听戏，这是迎合洋人坏乱风俗。

保守派将国事、时务作为谈资、诗料，表面上看来他们也是关心国家大事的人，"其面常有忧国之容，其口不少哀时之语，但问其如何济世匡时又常以无可奈何四字一推了之"。

当保守派极尽言辞侮辱之能事，疯狂围攻郭嵩焘之时，清流派的张佩纶、何金寿也上折请求撤回郭嵩焘，罢免他的职务。无怪乎郑观应指责他们："以不谈洋务为高，见有讲求西学者，则斥之为名教罪人、士林败类。"

清流派不畏权贵，关心政事，以"敢于弹劾大臣为贵"，"上自朝政之阙，下及官方之邪，微及闾阎之困，无不朝闻事目、夕达封章"，逐渐成为晚清政局中风云一时的政治力量。清流派的出现并迅速活跃于晚清政治舞台，与当时政局的演变有着非常直接的关系，特别是与政治中枢集团之间的权力之争密不可分。

为防止对地方势力失去控制，满族贵族的领导核心人物便玩弄"以清议维持大局"的伎俩，将清流派当成了削弱汉族大员的秘密武器，利用这些发愤直言的京官，对李鸿章等地方大员进行不遗余力的诋毁抨击。再加上李鸿章的外交政策总是稍嫌软弱，清流派多为不满，故而李成为清流众人一致攻击的对象。正如李鸿章所抱怨的那样，他们"无能谋及远大，但以内轻外重为患，日鳃鳃然收将帅疆吏之权，不仅挑剔细致，专探谬悠无根之浮言"。

清流派对内主张整饬纪纲、改革弊政，并为此积极提出了许多具体实施的措施和办法，同时清流派对贪官污吏的弹劾揭露了社会问题，暴露了社会腐败和黑暗，可以促使更多的人正视现实而逐渐觉醒，积极寻求救国救民的道路。清流派对外强烈主战，民族思想意识仍然是忠君爱国的混合体；经济上学习西方，文化观具有洋务特色。

然而，他们提出的许多主张几乎都浮于空谈，缺乏实践性。清流派对外主张抵抗侵略，反对妥协投降，这对坚定清政府抵抗外侮、决心收复失地和利权起到了积极作用。但是，清流派发表的有关抵抗侵略的议论，由于既无经验，又不熟悉前线情况，更无亲自作战的经历，再加上对国际形势和军事知识一知半解，因此其主张多半是纸上谈兵，不能解决实际问题，甚至往往授人以口实。而脱离实际情况，漫无边际的夸夸其谈，也平添了许多不必要的政治混乱。

毋庸置疑，保守派是阻扰晚清政治变革的一股强大政治势力。例如徐桐，一向以守旧著称，他"以汉军翰林至大学士，以理学自命，日诵《太上感应篇》，恶新学如仇"。一生死抱传统，不加变通地排斥一切新鲜事物。清流派则不同，尽管他们在早期也带有守旧派的特征，反对师事西人，主张修明政治以达到振兴自强，但随着时势的变迁和认识的深化，他们的思想发生了变化，对西学的态度也开始慢慢转变，主张变通地学习西方，从某种意义上说，清流派在特定时期也是晚清社会的一股革新力量。

中法战后，日本驻华公使返国速请开战，担心过两年后日本会不敌中国。伊藤博文泰然而言，"中国以八股取士，以弓箭取武，所取非所用，稍为变更，言官肆口劾之。一二年后，又因循苟安，诚如西人所说：'又睡觉了。'倘此时与之战，是速其醒也。中国执权大官，腹中经济，只有前数千年之书，据之以为治国要点，若平静一二年，谋国者又不敢举动了。"这一段评论，还是比较准确地道出了当时中国政治的弊端所在。

十二

在日本，1868年，新兴的资产阶级联合一批具有资本主义倾向的地方军阀，发动了一次自上而下的资产阶级改革——明治维新，奉行"殖产兴业""文明开化"等推进近代化的口号，进行经济改革和经济建设，建立以明治天皇为首的地方资产阶级联合政权。同时还推行政治改革，以保障和促进经济建设的顺利进行。从1867—1868年推翻幕府，1885年实行内阁制，到1889年颁布第一个宪法，1890年召开第一届国会，前后用了22年时间就建立了资本主义性质的政治制度，即比较完整的君主立宪制度。

比较中日两国的自强新政，在时间上和措施上相差无几，但从根本上来看，却又天壤之别。同样是追求经世致用的"实学"，日本全国上下都斗志昂扬、意气勃发，无论社会地位高低，都有一鼓作气的气概。"自故日本则自以维新名其朝，新气一吹，如春风之来广陌，衰黄全退，嫩绿丛生。"

此间，明治政府大刀阔斧地实施全面的改革措施，废除封建领主制，剥夺旧统治阶级特权，实现形式上的平等，以巩固天皇为首的新政权；同时向西方学习，调整经济政策，扶持资本主义工商业，积极发展资本主义经济，推行"文明开化"政策，大力发展近代教育，培养资本主义建设人才。这显然是行之有效的，同时也是伊藤博文等人被提拔重用的一个客观社会条件，是其仕途发展的一个历史机遇。

而在中国，却完全是另一番景象。"中国则一傅众咻，偶有见明识卓之新人，悉遭地下陈人之沮尼？虽以贲获之猛，不能曳潜蚪以附青云。"对变法兴高采烈、欢欣鼓舞的只有李鸿章等少数开明人士，朝廷内外的舆论评价则大多不以为然，甚至连举足轻重的达官显宦和饱读诗书的儒家士人，对变法都深恶痛绝，毫不客气地斥责为"用夷变夏"，对于西方强国的良法美意，不是闭上眼睛装作没看见，就是捂着耳朵死活不愿听。

李鸿章对此有深刻感受，"诸臣墨守旧规，不足振兴"。"谤议盈庭"，惋惜"吾华风气之开，独居人后"。李鸿章以此与日本的明治维新相比较，"中国一切不独远逊西洋，抑实不如日本。日本盖自其君主持，而臣民一心并力，则财与才日生不穷。中国则一二外臣持之，朝议夕迁，早作晚辍，固不敢量其所终极也"。

世事历来是当局者迷旁观者清。英国驻华公使威妥玛曾说："中国苟能开放门户接受西洋制度文物以自强，则一二十年后，以中国之人力物力，自能为各国重视。然举中国今日以视日本，则中国之前途难于乐观。"他以亲历之事举例说："总署诸人如同小孩子，说来说去总是空谈。一味说从容商办，定是一件不办。中国自周朝以来，讲内修外攘，试问今日内修如何？外攘能否？今不改变一切，恐终不能自立。一向使臣到总署，必定吃饭，总署大臣陪座，一若饮食为交涉要务。使臣发言，大臣一个看一个，新大臣看老大臣，老大臣看恭亲王。恭亲王一发言，大臣便轰然响应。"

美国驻华公使田贝则总结说："主要原因为统治者之无知及与人民脱节。中国统治者虽自以为高贵尊荣，然终日忙于礼节之中。使最可敬爱之中国人中之最无智识而最愚笨者成为统治者。"

马关谈判时，李鸿章与伊藤博文有一段发人深省的对话。李说："欧洲虽强，不轻起衅，中日亦当效法，庶亚洲黄人，不为欧洲白人所侵蚀。"伊藤回："十年前既已言及，何以至今无变更？"李答："中国囿于习俗，自惭心有余而力不足。"伊藤说："皇天无所偏倚，要在自为，贵国必须将明于西学、年富力强者委以重任，拘于成法者一概去之，方有转机。"

清廷有识者经过一场剧烈的震撼，无不猛省，然而清政府中枢却仍一直在昏睡状态，即使不再讳疾忌医，但也已经是无可救药了。战后，许景澄向李鸿章力请"变法自强"，李鸿章回电表示："虽欲变法自强，无人主持，亦奈何矣。"

洋务运动虽然声势颇大，但由于政治斗争的影响，在中央没有形成一个强有力的领导，始终没有一个统一的规划、全盘的安排，办海军建海防，虽是在中央统一部署下进行的，但在实际建设中也是南洋、北洋、福建水师各行其是，没有形成全国性的统一的近代化海防体系，以致在反侵略战争中被各个击破。其他如练兵、办企业、兴学堂、遣留学，大抵也都是各洋务派官僚根据自己的需要而进行的。在这种情况下办洋务，其成效可想而知。

当时的经济基础尚未发展到一定高度，难以提出变革上层建筑的要求。虽然，生产方式变革的任务远未完成，但在甲午败绩的强烈刺激下，洋务派被迫提出改变上层建筑的要求，想要为改革扫除阻力和障碍。然而，欲速则不达，与世界先进国家的差距反而拉得更大，进而使对速度的追求显得更为迫切。于是，改革的方案一个比一个激进，并且偏向务虚而疏于务实，从而形成了中国近代的非良性循环。

至于具体原因，正如李鸿章在1875年提议时就指出的："人才之难得，经费之难筹，畛域之难化，故习之难除。循是不改，虽日事设防，犹画饼也。然则今日所急，惟在力破成见，以求实际而已。"这四项每一条都很有可能导致新兴事业毁于一旦，何况当时晚清政局问题重重，简直是到了要什么缺什么的地步。当然，这还只是表层的因素，最根本的原因，是清廷只把洋务作为测试新政的实验田和缓解内外矛盾的临时工具，始终没有作为一项基本国策来全面推行。

十三

对于变法图强，李鸿章早有明确的见解，"五洲列国，变法者兴，因循者殆。强大道处，互争自强之胜算，已日新月异而岁不同。人利器而我钝芒，正不知操何术以自善。然闭关谢使可也，试问强邻及，自返能乎？我俯首合掌，安禁彼不付背而扼吮？"他是下定决心要变法的。

由于李鸿章有开拓精神和改革意识，敢于对旧有体制的牵掣和传统观念的束缚做出某种突破，所以取得了一些超越同侪的成就。正因如此，李鸿章才被很多并世名人所尊崇，赢得了相当高的时望。

然而，改革越到关键之处越是寸步难行，到了深水区更是阻碍多多。每当李鸿章提出兴革倡议，"辇下诸公骇于未见，惑于浮议"，"枢府不敢主持"，甚至连慈禧"亦不能定此大计"，颇使他心灰意冷。曾国藩去世后，李鸿章与友人笔谈说："振奋之本在朝廷"，"岂疏远所能为力？即百湘乡在外，庸有济耶？"他表示，"鸿章自治分内应办之事，动多牵掣，日不遑给，遑敢驰骛高远？"

在此情形下，1874年，他向美国公使表达了这样一种意思：西化为必须，但不能行之过急。中国环境不成熟。实际上等于是宣布放慢改革的节奏。尽管他努力想取得最高当局的支持，以改变这种状况，却事倍功半。李鸿章曾寄希望于手握实权的慈禧，但多疑善变的老太后始终没授予他枢密大权，李鸿章只能终身处于"外臣"的地位，办起事来力难从心。

早期，李鸿章得到恭亲王奕䜣的一些支持，开展洋务运动。奕䜣因协助"辛酉政变"有功，慈安慈禧以太后身份"垂帘听政"时，奕䜣集内外大权于一身，成为实际上的宰辅。随着位高权重和声誉日隆，他不免有点得意忘形，对女主的权力构成了严重威胁，同时因为他重用汉人，也久为满洲权贵所忌恨。

中法战争期间，奕䜣、李鸿章认为中国的实力还不足以抵挡法国，同时中国也不可能像以前那样对越南进行有效的控制，因此主张同法国妥协，放弃对越南的宗主权。慈禧反对轻易放弃越南，主张以武力进行抗争。战争爆发后，奕䜣仍然抱着消极妥协的态度，对调兵筹饷、指挥战争等不积极，对战事失利负有一定责任。

1884年4月8日，清政府发生"军机大换班"事件，奕䜣被罢黜，洋务派失去了一个在中央统筹规划的强有力的权力精英。之后奕譞入主军机处，孙毓汶专权，贿赂公行，风气日坏，朝政益不可问。美国公使田贝在这期间给总统的报告中称，"中国政府几于无官不贪，无事不贿……中国军队中贪污、吃空额、营私、盗换公物、扣饷已为常事"。

甲申政变奕䜣失势后，清廷的重大事件，除了慈禧和奕譞可以决定外，其他人显然是很难插手的。李鸿章因是汉人做官，为官之道本来就很精通，而且他当时的权力也确实有限，想来他是不敢轻易卷入这一类的政治事件的。此外，考虑到在之后的中法交涉中，李鸿章并不被朝廷重视，慈禧和奕譞直接通过赫德和金登干对法谈判，以及李鸿章的一些主张根本不被慈禧理睬的事实，也可佐证李鸿章与慈禧及奕譞的关系不可能非常亲近。甲申政变造成了此后的"政令纷更，升黜予夺易于反掌，徒使贤者气沮，而狂惑喜事之人日益骄横"。这种恶劣后果，实际上使腐败的清政府更加腐败。

李鸿章真正稳固住其政治地位，大概在1885年9月5日左宗棠病逝以后。湘系凋零殆尽，只剩淮系一枝独秀，清廷不得不专倚于李。即便如此，李鸿章在清廷内部也经常苦于"有倡无和"，而有独木难支之感。

李鸿章风光了不过十年，甲午之败直接使得他从权力高峰挫跌，翁同龢和张之洞因此走得更高，分别成为政府中枢和封疆大吏。一身承担交战与议和双重责任的李鸿章却自然成为千夫所指、万怒所归的对象，落得"普天率土咸切齿于李鸿章之卖国"之评价！李鸿章议和归来赴京请安时，光绪"先慰问受伤愈否"，但马上就"诘责以身为重，凡两万万之款从何筹措，台湾一省送予外人，失民心伤国体"等等，词甚骏厉！在帝王的深宫之怒面前，李鸿章只能引咎唯唯！同一天，翰林院代递68人联衔弹劾的奏折，李鸿章的处境岌岌可危。

深度卷入交战与议和的军机大臣孙毓汶、徐用仪，奉旨休致，退出军机处、总署，半年前重回军机处的恭亲王奕䜣虽为中外所寄望，其实已"善病"而无复往昔之劲气，议政之际常常"无所可否"和"语多游移"。光绪多听信师傅翁同龢，而翁氏立朝三十余载，既不喜欢变成法，也不喜欢外国人！他惯于以不变应万变！因此，作为士林清望，翁同龢的变化虽起于一人一身，却典型地反照了其时"世变"影响人心的程度，从而典型地表现了与之久相因依的清流群体精神世界嬗蜕的深度！

有人评述这一段历史说："同治中兴而后，湘乡曾文正、合肥李文忠诸公，夹辅于外，而恭忠亲王密运枢机于内，虽外患渐侵，国事犹不至遽坏，枢府得人故也。至光绪甲申三月，恭王屏出军机，而以贪庸之礼王继之，时局日非，遂如江河之日下矣。……礼王既领枢府，仰承意旨，以海军经费移充颐和园工程，外人知我无备也，越十年遂有东藩之役，识者以为甲午之外侮，先肇于甲申之内讧。"较为客观地反映出当时的情况。

据日本人记载，马关议和之日，李鸿章在备受磨难的同时，又曾深作反思和前瞻，并对伊藤博文直言相告：在此，我不得不坦白地讲，此次交战获得两个良好结果，这就是第一，欧洲陆海军之战术方法，并非应由白人所独有，黄人亦能用之，并证明可收到实效；第二，日本非常之进步足以使我国觉醒！我国长夜之梦，将因贵国的打击而破灭，由此大步进入醒悟之阶段！

十四

早期改良主义思想家王韬主办《循环日报》期间，于1882年撰写了《洋务在用其所长》一文。里面谈道："夫我中国乃天下至大之国也，幅员辽阔，民族繁殷，物产饶富，苟能一旦奋发自雄，其坐致富强，天下当莫与颉颃。"与大多数文人一样，对清廷当权仍有所期望。

可惜的是，此时清王朝已经病入膏肓，无可救药。若清廷能顺应大势，除满汉畛域，全国一体，唯才是用，则国祚长延、国家进步大有可望。但清王朝既"寄命于汉族之手"，偏不破满汉之限，乃益重以满驭汉、以汉制汉，纵旗人如故，持旗习如前，使得中兴之象转瞬即逝，并为后来的排满种下前因。

清廷选官择将，名义上满汉兼用，六部堂官缺额对等，而实际上则不让汉员掌握实权，尤其不让他们掌握兵权。民族歧视和民族藩篱几乎无处不在。所谓民族歧视，就是旗员与汉员之间同样条件下的种种不平等，差别相当悬殊。所谓民族藩篱，就是对一些要害部门官吏任职资格的限制，或明或暗地规定，某些缺额只能由旗员担任，汉员不得与闻。

清廷对担当督抚要职的汉族大吏总是留有警戒之心，从来没有真正、完全放心。拼命挽救帝国的中兴名臣里，曾国藩生前止于内阁武英殿大学士；左宗棠两度担任军机大臣，1881年2月入军机半年多，10月就改任两江总督，1884年6月再次入京任军机大臣，9月以钦差大臣督办闽海军务，数月便被排挤出门。

直隶畿辅京城，位列总督之首，位高权重，先前所选多为满人。而李鸿章先后三次出任，时间长达近25年，是历任直督中任期最长的一位。1874年，李更被授予内阁中品级最高之文华殿大学士，嘉庆以降的清季六朝中，李鸿章是汉臣中获此殊荣的第二位也是最后一位。李鸿章位列内阁首辅虽长达二十余年，但至死无缘入军机处。

李鸿章的大学士地位只是虚衔，并没有所谓"相国"的实权。晚清政权的最高统治者仍是太后和皇帝，行政体制的核心机构是军机处和总理衙门，直接负责内政外交，首席大臣先后由奕䜣、奕譞和奕劻等满洲贵族占据，李鸿章从未进入军机总署。他抱怨说，"在直三年未得一望朝贵颜色"，"不复与闻机要"，"敝处虚有其表，数年来臃肿与居鞅掌为使久矣"等等。

后来出访欧美时，李鸿章曾与俾斯麦商榷："居枢要、侍近习者，常假威福挟持大局，若处此者当如何？"俾斯麦回答说，"苟为大臣，以至诚忧国，未有不能格君心者，惟与女人小子共事则无如何"。李鸿章闻之默然。梁启超曾把李鸿章与历代名相如商鞅、王安石、张居正比较，认为李算不上"权臣"，应当说是符合实际的。

宫廷暗斗、派系纷争、满汉矛盾充斥其中，制约着政治变革的发展。奕訢坚持重用汉族官僚，推行洋务建设，主张通过谈判解决外交争端。慈禧最关心的是自己能否长期垂帘听政，一旦这一点受到威胁或挑战，则不管对国家民族是否有利，立即予以最无情的打击。奕訢被罢免议政王后，"事无巨细，愈加寅畏小心，深自敛抑"，更不用说还能给李鸿章的洋务事业以有力支持了。奕譞开始对李鸿章有所支持，但后期挪用海军经费只为讨取慈禧欢心，则令人不齿。连洋务派在中央的灵魂人物奕訢都被保守派取代，李鸿章推行政治变革之努力的失败可想而知。

严复对清末自强运动作如此描述："海禁大开以还，所兴发者亦不少矣，译署（即总理衙门）一也，同文馆二也，船政三也，出洋肄业四也，轮船招商五也，制造六也，海军七也，海署（即海军衙门）八也，洋操九也，学堂十也，出使十一也，矿务十二也，电邮十三也，铁路十四也，拉杂书之，盖不止一二十事。"表明大多为实务，牵涉到政治体制的只有无关痛痒的数项。

十五

1896年，为祝贺俄皇加冕，李鸿章以钦差身份赴俄，随后环游欧美，此行周历俄、德、荷、比、法、英、美七国。清廷是否有意让李鸿章考察各国政情，目前未见明文，但从其后的相关书信日记来看，李鸿章本人无疑是有意识地将这次走马观花作为学习考察各国富强之术的良机。

尽管李鸿章此时已届晚年，但仍念念不忘改革之事，他在俄国表示"将博考诸国致治之道，他日重回华海，改弦而更张之"。对英国友人说，"华人生齿之繁，求其一世中于变时艰，与西方相伯仲。天下纵有笨伯，亦断不敢谓今日言之，明日成之也"。他认为仿西制变法不能操之过急。"故华人之效西法，如寒极而春至，必须迁延忍耐，逐渐加温。"又说："欲求治华之第一善策，务在不损其体统，不减其尊严，否则治丝而棼，迫而酿成大乱，甚至百务荒疲，难言底定之期。"这是李鸿章的经验之谈。

1896年6月27日，李鸿章访问德国前首相俾斯麦，询问富强之策："欲中国之复兴，请问何道之善？"

俾："辱承阁下明问，惜敝国去贵国较远，贵国之政平时又未尝留意，甚愧无从悬断。"

李："请问何以胜政府？"

俾："为人臣子，总不能与政府相争。故各国大臣，遇政府有与龃龉之处，非俯首以从命，即直言以纳诲耳。"

李："然则为政府言，请问何以图治？"

俾："以练兵为立国之基，舍此别无长策。"

李："中国非无人之为患，特无教席亦无兵法之为患。"最后表示："仆于三十年来务欲警醒敝国之人，俾克同于贵国，乃仍弱不可支。惟异日回华，必将仿照贵国军制，以练新兵。且需聘教习之武弁，仍惟贵国是赖。"

从这段对话中可看出，一是李鸿章确曾希望从欧美政要处得到复兴的秘诀；二是他与清廷决策层之间的分歧，使他倍感掣肘无奈；三是俾斯麦以练兵为强国首策的办法，李鸿章实行多年未见成效，不免有些担忧。

这是因为，国内原有社会矛盾激化，加之外族入侵和以工业化为标志的西方资本主义的介入，中国的政治体制结构、体制运作均发生巨变，而以传统伦理道德本位的统治方略应对这一变化，既不能改变其衰败的命运，更无法消解异质政治元素对原社会政治体制产生的作用。原本相互依存的传统政治体制模式与政治伦理相悖离，二者便都失去了政治建设中的合法性及积极意义。所以，李鸿章存在困惑也是可以理解的。

李鸿章访英时说过一段话，"即如欧美政教，本大臣耳熟能详，往以道阻且修，心领而未目击；今则见所见而去，尤胜于闻所闻来。其甚欲不虚此行者，即在敝国之蠲除嫌隙，而与欧洲诸国一通而无不通也"。在离英发表的告别辞中，他表明了心迹："深冀回华之日，再握大权。非仆之妄敢贪也，远适异国，顿括灵明。以一人之所知，补一国之所缺，分在则然，责无旁贷也。"表示要研求西欧制度以改造中国，但回国后并无机会施为。

不过，在出洋访问期间，李鸿章最关心的仍是"军事"，所以英国舆论批评说："就内政而论，中堂来英后，未遑考吾英之善政，而惟留意于船台枪炮与夫铁路电报之属，未免逐末而忘本。且工厂为便民之大要，中堂既恝然于心；……此皆仆等之所不甚佩服者也。"梁启超在《变法通议》中也批评说："中国自数十年以来，士夫已寡论变法，即有一二，则亦惟兵之为务，以谓外人之长技，吾国之急图，只此而已。"

英国记者还说："我辈西人久知中堂于富国养民之学，素未究心"；"中堂之面目心思，但见其为中国谋得财，未尝显其为华人谋生利也"。当然，这是当时清廷洋务派官员的通病，李鸿章已算相对较好的了。郭嵩焘早在19世纪70年代就曾经指出："中国官民之气，隔阂太甚。言富强者，视以为国家之本计，与百姓无涉"；"抑不知西洋之富专在民，不在国家也"。

回国后，李鸿章向慈禧和光绪汇报出访情况，即"沥陈各国强盛，中国贫弱，须亟设法"。时人写道："李中堂之使泰西也，国计民生，日往来于方寸。故遇有可裨益之事，穷日夕之力以察之，其遇未能洞彻之处，竭口舌之力以问之。"李鸿章出洋归来，本很有可能成为清廷体制更新的契机，却因慈禧、光绪尚无改革意向而波澜不惊，这段欧美之旅最终只能以一般性的游历考察载于史册。

十六

此时维新变法思想已经兴起，李鸿章的态度如何，是检验其西化认识程度的关键所在。1895年甲午战后，他就迫切地看到"上下一心，破除积习"的重要性，发出"根本大计，尤在变法自强"的心声。不过，"虽欲变法自强，无人、无财、无主持者，奈何！"在维新运动开始后，李鸿章称赞"都门新政，遐迩耸观"，表明他对此事件持肯定态度，并非阻挠戊戌变法的顽固势力。

1889年3月4日光绪亲政，宣布大清帝国将在过去三十年洋务运动的基础上继续发展，争取再现清王朝的昔日辉煌。这似乎让人们看到了中国的"彼得"和"明治"时代的到来，那些心中保有革新想法的官员们似乎又看到了希望。康有为更是恳请光绪能"以彼得之心为心法，以明治之政为政法"推行变法。帝党随之在朝堂中崛起，并逐渐与朝堂之外以康有为为首的维新派走向联合。

鉴于中法战争后"国势日蹙"，1888年10月，康有为第一次上书光绪，指出"日伺吉林于东，英启藏卫而窥川滇于西，俄筑铁路于北而迫盛京，法煽乱民于南以取滇粤"，陈述了变法图强的必要性和紧迫性，提出变成法、通下情、慎左右三事。由于保守派的阻挠，光绪并没看到这次上书，但其内容在社会上有所流传，产生了一定的影响。

在布衣上书时，康有为"称道日本变法致强之故事，请厘革积弊，修明内政，取法泰西，实行改革"。1890年，黄遵宪对日本也不再停留在"殖物产，兴商务"的赞叹上，惊呼"日本已开议院矣，进步之速，为古今万国所未有"；郑观应更用日本的实例来批判在中国"议院不可行"的论调。1895年5月和6月，康有为接连两次上书，明确主张学习西方"设议院以通下情"。幸运的是，第三次上书终于递到了光绪皇帝手中，并深得光绪帝的嘉许。

康有为屡次上书皇帝，以危言阐扬变法。其中第六次上书最为重要，提出了系统而具体的变法建议：大誓群臣以定国是，开制度局以定新制，别开法律局、税计局、农商局等12局以行新法，各省设民政局，实行地方自治。其警句之一是"能变则全，不变则亡，全变则强，小变仍亡"；第七次上书的警句之一是"桓拨速成雷轰电掣"。但慈禧指示王大臣"尽管驳议"，于是这些变法建议被逐条驳回，康有为的这次上书又以失败告终。

在戊戌变法中，康有为所提倡的断发易服、满汉不分，将改革的锋镝直指满洲贵族，这是要将清廷所赖以认同的民族标识抹掉，对于清廷自身来说无疑是不能接受的。在西方列强用炮舰打开中国的大门之后，中国所面临的主要问题已经不再是满汉问题而是中西问题，政府的重心应该是如何处理同西方列强的关系，而不是仍然纠缠于满汉大防的陈旧命题。遗憾的是，这正是百日维新失败的根源所在。

甲午战后，许多原来从事或者倾向洋务运动的人士转向戊戌变法。洋务运动是从经济领域开始的初步改革，而变法维新是改革的继续与深化，并提出了经济改革必须与政治体制改革同步进行的要求。康有为、梁启超等人所倡导的变法维新之所以能够蔚然而成政治风气，也说明了历时30多年的洋务运动已使中国的民族经济获得一定程度的发展，从而为戊戌变法创造了物质条件，客观上为中国的独立和进步积蓄着物质力量。

1895年8月，甲午新败不久，康有为等人在北京组织强学会，宣传变法维新，李鸿章拿出数千两银子报名入会，但由于他刚刚代表西太后去日本订立了空前丧权辱国的《马关条约》，名声不佳而被拒绝。这种民族义愤虽在情理之中，但康、梁等维新派宁愿寄望于一个自身难保的傀儡小皇帝，却不愿接受一个领导中国30余年社会改革运动、经验丰富影响巨大的权势人物的支持，反映出维新君子们认识上的狭隘和短浅，正因为此，这场本该更有生命力的变法运动，只延续了103天就中途而夭了。

对李鸿章这种跌落权势低谷的人物，后党不敢轻易再启用，帝党也很不理性地将其拒之门外。在李处于困境时，翁同龢为了取而代之甚至趁机落井下石，委派袁世凯来劝其告退。李是慈禧素所倚重的大臣，翁为了扳倒李势必借重光绪帝。但翁费尽心思地与李争夺权力，换来的却只能是对变法共识的不断破坏。

事实上，李鸿章在清廷中枢机构改革归并的过程中，尽管有所持重，但态度显然是正面肯定的，而且起了带头筹划、促成其事的重要作用。当时岑春煊请改官制，得到光绪皇帝同意，不料推行起来却非常棘手。其时朝廷吏、礼、兵、刑、工、户六大部门，都唯管理吏部的大学士徐桐和户部尚书敬信马首是瞻，两人却都持反对意见。光绪下旨严催，仍不见动静，随之翰林院也无法开展。李鸿章等"旋据典要，以詹事府并入翰林院，通政司并入内阁，左仆并兵部，大理并刑部，光禄、鸿胪并礼部"。简洁明快地解决了问题。

这实际上是李鸿章考虑已久的事情，中法战争后他就提出，"变法度，必先易官制"。他还有过改兵部为陆军部的想法，但却不敢公开上奏，只是在致驻日公使黎庶昌的私函中略微提及。戊戌维新失败后，面对慈禧质问"康党"之事，李鸿章直言不讳地说，"臣实是康党。废立之事，臣不与闻。六部诚可废！若旧法能富强，中国之强久矣，何待今日？"表明李鸿章旨在变法图强，其他事情对他来说都是次要的。

十七

戊戌变法时，李鸿章的政治境遇、思想状况以及与维新派的历史渊源，决定了他在维新和守旧的斗争中明里观望持重，暗中对维新多有同情。在百日维新中，李鸿章支持"整军经武"，支持废八股，兴学堂，对改革政治体制也不全然反对。他希望利用维新变法来加速洋务运动的进程，因而与维新派保持一定程度的默契，并在某些方面给予一定的帮助。

不过，李鸿章对维新派的变革方式并不全盘认同。康有为提出其变法设计："宜变法律"，"官制为先"。对此，李鸿章提出质疑：撤六部即为否定现行权力机制，"则例"即帝国的祖制要不要完全废除？在一个保守人士掌权的环境中，李鸿章明白变法必将遇到旧法荫庇的既得利益者的抵制，急进的举措反而会适得其反。变法期间，他曾对李提摩太说："掌权的大臣绝不知道西国的情形，没人肯看《泰西新史揽要》，我倒看过几次。京中大僚都称西学为鬼子学，所以人不肯研究。……现在政权在守旧派中，所以稍明新学的官员，得格外小心，不敢倡言新法。即使有新主张，新政见，也作不成什么事功。"

1898年9月初维新变法达到高潮时，李鸿章就认为应慎重采取裁撤机构和人员的方案。他认为"裁并官职，诚为今日当务之急。然各衙门承办多年，另改旧规，非取其素有交涉者以类相从，不足以臻完善"。"惟归并之后，事既更张，有同新创，其中头绪繁多，一切事宜非仓猝所能遽定。应由各该衙门移取职掌文卷，悉心校阅，体察情形，斟酌办理，另行详议具奏。庶名虽改而实犹存，不致冒昧从事，致滋贻误。"李鸿章对待变法的态度是谨慎的，他希望变法能切合实际，周善可行。不料，李鸿章的质疑和谨慎使他受到维新人士的不屑和唾骂，《马关条约》签订以来"汉奸"的称号越叫越响。

李鸿章对时局的看法绝对不比康有为低，他对政局有自己明晰的洞察。然而，因为他久居官场，难免被复杂的政局和人际关系牵制，自身前途和家族乃至派系的利益，让他不得不需要加以充分考虑，这日渐削弱了他身上原有的激情。李鸿章是倾向变法的，但他对帝党们不切实际的躁进措施有点不以为然，另一方面，帝党对他的抵触排斥又断绝了二者合作的可能，于是，维新派几乎成了孤军奋战。

不论结果如何，维新运动毕竟使国人增强了变革意识，养育了一代新人，促进了资产阶级改良思想家的产生，间接地引发了瓦解封建制度的民主革命。

李鸿章曾表示："康有为吾不如也。废制议事，吾欲为数十年而不能，彼竟能之，吾深愧焉。"当康、梁流亡海外时，李鸿章还特意托人捎信，寄意梁启超"精研西学，历练才干，以待他日效力国事。不必因现时境遇，遂灰初心"。李对康、梁等维新派表示同情，并寄予希望，康、梁等人也逐渐将他视为"维新之同志"。坦白说来，后期李鸿章近代化思想的活力没有初始阶段的光芒四射，与维新改良思想相比，反而显得有些黯淡无力了。

对于老师曾国藩晚年一再消极求退的做法，李鸿章颇不以为然，直接批评为"无益之请"。他说："今人大多讳言'热中'二字，予独不然。即予目前，便是非常热中。仕则慕君，士人以身许国，上致下泽，事业经济，皆非得君不可。余今不得于君，安能不热中耶？"李鸿章是这么想的，也是这么做的，但岁月无情，他也只能感叹，"鸿章老矣，报国之日短矣。即事事顺手，亦复何补涓埃？"

十八

　　1900年1月24日（己亥十二月），溥儁被慈禧诏立承继穆毅皇帝之子，下一步既可给载湉立嗣，也可废其帝位，实为"可进可退"之举。"己亥建储"表明，百日维新以来旗人顽固派的废立阴谋已至顶峰。慈禧等顽固派欲废光绪帝，完成戊戌政变未完成之事；勤王一系则欲使光绪复起，以推行变法自立，二者针锋相对。

　　这同时也是检验地方大吏对勤王运动态度的试金石。清廷在立储前令两江总督刘坤一进京，实际上是想夺其兵权，刘以病恙婉拒，并在立储后上"奏国事乞退疏"，给清政府难堪。其他疆吏大臣各有打算，如荣禄主张"徐承大统"。当荣禄就废立之事秘密征求李鸿章意见时，他怒言："此何等事，讵可行之今日。试问君有几许头颅，敢于尝试。此事若果举行，危险万状。各国使臣，首先抗议，各省疆臣更有仗义声讨者，无端动天下之兵，为害曷可胜言。东朝圣明，更事最久，母子天伦岂无转圜之望。是在君造膝之际，委曲密陈成败利钝，言尽于此。"因这一番话，李鸿章被视为反废帝的要角。他认为"朝政清肃，建储无废立说，当共喻之"，建议只立阿哥，不行废帝。

　　溥儁有了名义上的太子地位，很快便在其生父端王载漪周围形成"大阿哥党"，当时有军机大臣刚毅、大学士徐桐、户部尚书崇绮、礼部尚书启秀等人，此外还有庄亲王载勋以及载漪的兄弟载濂、载澜等人。这些人可分为两类，一类是以刚毅、徐桐为代表的顽固守旧官僚，他们不通外务，一味仇洋；另一类则是以载漪弟兄为首的满族亲贵，这些太子党从小便不学无术，却有着极强的权力欲望。当他们听说外国公使试图阻挠"废立"，更是群情激奋，恨得咬牙切齿，最终怂恿慈禧酿成一场祸国殃民的大事件。

　　立大阿哥后，李鸿章实行消极抗拒。驻英公使罗丰禄曾电询李鸿章："朝廷建储，应奏贺否？"回曰"为毅皇立阿哥，并无太子之名，似不宜贺"。清廷担心其有异动，慈禧怕出意外，将李鸿章外放为两广总督。某种意义上，调李出京，正同调刘坤一人京一样，都是废立派搞的调虎离山计。

李鸿章先通过《泰晤士报》将废立消息透露出去，又趁各国公使入贺之机，表明自己立场。《古红梅阁笔记》记载，"鸿章一日至总理衙门，各国使臣来会。各使问：'贵国废立之谣有之乎？'李笑曰：'决无此事。'又转诘之曰：'如诚有之，贵使意如何？'各使均对曰：'不赞成。'"英国使馆对废立的反应是："我英认定光绪二字，他非所知"。于是，李鸿章让荣禄转告慈禧，"各国拒我矣！"

1月7日，李鸿章离京赴任，18日正式接任两广总督。1月底，当"大逆不道"、公然反对建储的经元善从上海潜走澳门后，李鸿章一再推诿清政府就近交涉引渡之命，经氏终得平安。2月，由于康有为在海外成立"保皇会"，慈禧下令让李鸿章铲平康氏祖宗坟茔，李复奏"激则生变，铲平康有为本籍坟墓，似宜稍缓"。据康有为自己讲，勤王运动期间李鸿章曾三次促其"举兵"。此说或恐言过其实，但李一度支持勤王可见一斑。

十九

庚子事起后，6月25日，李鸿章致电盛宣怀云："顷美兵官来商，愿以铁船护送赴沽，俟电旨即行。二十五诏（即宣战诏书）粤断不奉，所谓矫诏也。希特将此电密致岘帅、香帅。"次日，他们公开拒绝清廷招团御侮的谕令，曰："沿江一带，会匪、盐枭、安庆道友甚多，与拳匪各自为党，平时专以掠劫为事，口号皆悖逆之语，并无拳会之党可招。"这并非李鸿章不想勤王，而是不愿与外国列强决裂，战乱一开政治改革就无从谈起了。

李鸿章是具有强烈的爱国热情与保国护民的责任意识的。当1874年日本侵略台湾，清廷内部极大震动时，他呈递《筹议海防折》，陈词恳切地提出了整顿海防、固我河山的见解。"自古用兵，未有不知己知彼而能决胜者。若彼之所长、己之所短尚未探讨明白，但欲逞意气于孤注之掷，岂非视国事如儿戏耶？"这等肺腑之言，明显发自李鸿章之内心。他绝非惧战，而是希望以最少的损失换来最大的收益。假如有仗就打、一味死战，拼上了整个国家，谁来收拾残局呢？

李鸿章奉旨进京途经上海时，汪康年等维新党人望其"会商各督抚，速行遴派劲兵，协筹饷项，并公举统兵大臣一人，率以北上"，并请布兵西道，以免"贼臣谋拥两宫西走山陕"，自然没有结局。此前，唐才常在上海组织正气会。到7月26日，经汪康年、唐才常等筹划，中国议会在上海张园宣告成立，江浙派人士占有主要优势。叶瀚任大会主席，以无记名投票选出议长容闳、副议长严复。章炳麟参加了会议，但他主张不准满人入会，比较激进。

中国议会的主要倾向是：一、尊光绪帝；二、不承认端王、刚毅等；三、力讲明新政法而谋实施之。公开提出其"宗旨"为：一、保全中国疆土与一切自主之权；二、力图更新日进文明；三、保全中外交涉和平之局；四、入会者专以联邦交、靖匪乱为责任，不承认现在通匪矫传之伪命。由于其公开宗旨看上去比较温和，与东南大吏也有不谋而合之处，李鸿章和张之洞、刘坤一等地方大吏也对中国议会表示默许，张之洞甚至派遣幕僚陶森甲为代表加入议会。

但中国议会还有很多连普通会员都不知道的十二条秘密宗旨，主要是"废除旧政府建立新政府，保全中外利益，使人民进化"等等。八国联军进入北京后，中国议会曾一度议论另立中央政府，推戴一名人任大总统，最有可能的人选就是汉人李鸿章。这是因为，由守旧开始的庚子事变以守旧的崩溃和摧折为了局，庙堂内的守旧一派被全部扑杀，在收拾时局的过程里，东南疆吏群体成了天下重心所归的集团，而李鸿章显然是其中最孚众望之人。

对于中国议会之事，开始李鸿章不甚注意，也并不阻止。及后官吏之入会者渐多，而唐等又一败而不可收拾，于是李与刘坤一都有阻止之议。李正色说道："破坏内阁，创立新政府，今之所谓维新党者，吾决不登庸之。"

在社会环境的各个方面，起关键影响的是政治体制。其时清廷政局已混沌不堪，一方面，地方势力的崛起使清廷羸弱到做不成什么大事，更无余力应付西方势力的入侵和挑战；另一方面，各地方势力却要依赖向朝廷争宠以保全和扩张自身。清廷凭借地方的"自强"变革来应付变局，却把大部分精力用于驾驭和控制上，而地方势力的种种明争暗斗在此消彼长中达到某种力量制衡。

19世纪末的清廷统治者越来越无力去构思或立志进行重大的社会变革，更不用说会去实践这样的变革了。只能采用那种在四处碰壁的条件下为了应付危机而仓皇地进行防卫性小修小补的做法，根本谈不上进行政治体制的改革。坚持专制皇权和过时的腐败政体，只能造成洋务运动时期的工业化进展缓慢、成效不大的恶果。一个外国学者认为，"中国（洋务运动）失败的原因的确应该归咎为缺乏能够引导经济发展的中央政府"。

二十

那么，兵权在握、声名显赫的李鸿章，有可能自立政府甚至称帝封王吗？尽管我们现在已经明确知道了答案，但在时人的认知中，这些猜测和设想还是颇有市场的。

1880年伊犁危机时，清政府通过赫德邀请戈登（时任印度总督秘书）来华帮助御俄。戈登在天津逗留数月，专门拜访了镇压太平军时的老搭档李鸿章。两人在谈到中国的困局时，戈登说："中国今日如此情形，终不可以立于往后之世界，除非君自取之，握全权以大加整顿耳。君如有意，仆当执鞭效犬马之劳。"李鸿章显然没料到戈登会提这个胆大包天的建议，他的反应是"瞿然改容，舌挢而不能言"。李鸿章虽未置可，却也未置否，他心里究竟是怎么想的，值得玩味。

李鸿章虽有顺应时代潮流的一面，但是政治方面的变化相对比较迟缓，因为他无法摆脱身为清廷一品高官的立场，他曾告诫同僚说："疆吏尤不敢有窥测朝廷之迹。"1882年，美国公使薛斐尔对此批评说："鸿章误国之罪，莫大于顶奉慈禧为神圣。"中法战争后，慈禧有意

"训政数年"，命奕譞征询于李鸿章，李鸿章表示支持。最了解他的朋友郭嵩焘则指出："今时独合肥伯相能知洋务，而以位高望重，不敢与枢府异同，遂为议论所持。"

如果说1880年的时机尚不成熟，那么20年后，李鸿章有了更好的机会。1900年7月，李鸿章应召北上纾难，途经香港，专门拜会了港督卜力。卜力极力劝说李鸿章领导两广独立，但李鸿章"没有留下任何的表示"，反而劝卜力"禁止颠覆分子（指资产阶级党人）利用香港作为基地"。这说明他根本没有帝王之梦，外界所流传的大多是坊间的臆测或推断。

李鸿章羡慕俾斯麦和伊藤博文的得政之专、世无与比，而他自己所憧憬的"宰相变法"，只能是一座虚幻的海市蜃楼。"若发大难之端，将环刃者不止一自由党矣。"他自喻在改革中的处境："功计于预定而上不行，过出于难言而人不谅。"尽管如此，他还是希望"当路诸大君子，务引君父以洞悉天下中外真情，勿徒务虚名而忘实际，狃常而忽远图"。李鸿章平生不谈空言高论，只知以实心办实事，并将个人祸福得失早已置之度外。

他的开放活动每推进一步，都不得不克服巨大的阻力，上受制于腐败的清廷，中受制于保守同僚，下受制于被蒙蔽的国人。一些外国友人对李鸿章持无奈的同情："他在无数的困难之中劳动着，一些和他同辈或比他高级的政府官员，由于个人的竞争与厌嫌，恶毒地反对他；其他高级官员，出于极端守旧动机，阻挠他的计划，认为孔夫子时代用的武器今天是不应当改良的；还有另外一些人，极端仇外，所以反对他。虽然他们知道，李鸿章一切努力的主要目标是保护共同的祖国，反对外国的侵略，但是由于愚蠢，不懂得'以火攻火'的规律，反而想法子谴责他采用西法。"

晚清守旧派官僚集团主张：经济上坚持"以农为本"，反对发展近代工商业；政治上固守传统的治国之道和君主专制制度，反对政治变革；思想文化上固守程朱理学和"夷夏之防"（即天朝上国观念），反对学习西方文化；军事上反对军队近代化，对外盲目言战；外交上拘泥于传统礼仪，反对近代外交观念，不愿与外国平等往来。其时代特征是，恪守"天朝上国"观念、儒家道统、祖宗成法、固有权势地位和社会习俗等多方面的统一。

保守势力对晚清政治产生了极为深远的影响。如阻挠对康有为等主张变法者的提拔、任用，压制维新派的变法建议，拖延、抗拒执行"新政"诏令，造谣惑众、挑动社会对变法的恐惧与不满，阴谋发动政变，恳请慈禧太后训政，扼杀"百日维新"。在"庚子事件"中他们盲目排外，维持固有权势地位和社会习俗。他们以强调中国国情的特殊性为立论基础，"经学式思维"，"述而不作"。

李鸿章不由得感叹说："今代之臣不得有相业，固已昭于祖训，二百余载，权不下移，此非外国所能几抑，亦前朝所未有也。"又说，"制度如此，实亦无可如何之事也"。

客观看来，这与中国国力不支、政治腐败、科学技术落后有关，只能在"和戎"的旗帜下实行"变法"，以徐图对列强的抗争，有争取时间、避免不必要牺牲，通过"变法"达到"自强"的用意。

总体而言，李鸿章在晚清政治上的一系列思想和行动比较符合实际情况，是顺应历史发展潮流之举，在一定程度上延缓晚清中国半殖民地半封建社会进程的同时，在政治近代化方面做出了力所能及的个人努力。

鞠躬尽瘁——庚子年最后的努力

李鸿章出身翰林，以率军赴上海进攻太平天国及后来剿杀捻军之功，得以在晚清政坛一飞冲天，跻身举足轻重的封疆大吏之列，又因热心举办洋务，不惮与列强交涉，更成为中国近代化史上清廷数一数二的代表人物。李鸿章早年对内军功素著，但步入晚年后却在十年之内连遭对法战争和对日战争之败，一生声名几乎一扫无余。

幸而清廷当政的慈禧太后念其忍辱负重、高瞻远瞩之能为常人所难及，仍然委以重任访聘欧美，并于1899年底令其署理两广总督，予以再次开府一方的契机。李鸿章1900年1月赴广州接任两广总督，积极推行各项新政举措，力图在老暮之年仍可有所贡献，然而，不到4个月时间，义和团运动爆发，内外时局为之突变。

义和团事起于1900年春夏的北方，并立即演变成朝野纷争、中外激荡的一发不可收拾之局，民族危亡的紧迫将远放南国边陲、处于政治边缘的李鸿章再次推向历史的前台，成为中外停战和谈的焦点所在。随着形势变化，李鸿章的北上心态也几经起伏，从5月底庚子事起到9月14日决然北上的近4个月时间里，李鸿章几乎陷于日日惊心的困窘境地。

通过联络南方督抚齐心协力推行互保安靖边地、使节外交与各国初通款曲定计联俄、与清廷讨价还价获得全权代表资格、争取地方大吏支持联衔奏请惩办为祸首凶，在这些步步为营的应对措施之后，乱象纷呈、茫无指归的时局也逐渐明朗，李鸿章终于可以胸有成竹地安然北上，为实现中国近代化的毕生梦想做出最后的努力。

一

　　庚子年或许注定了是中国历史上的一个重要年份，晚清王朝在经历了两次英法入侵、太平天国和捻军及各民族起义、对法对日相继战败后，满族人的统治在进入第三个世纪之交时终于面临摇摇欲坠、分崩离析的难局。5月8日，义和团惊动北京，"扶清灭洋"大旗一时遮天蔽日。21日，各国驻华公使联合抗议，请制止拳民。27日，义和团毁坏长辛店一带铁路，而荣禄令聂士成军妥为保护，各国公使遂于次日议决召海军陆战队入京。31日，盛宣怀电告李鸿章："拳匪戕杨福同后，拆毁卢保铁路及半。法、比洋人二十余名尚未出险，皆毓君酿成也。"李鸿章立即回电："卢保铁路拆毁情形如何，杨福同被戕致命否，盼续电。"杨福同是清军一个不大不小的副将，他的伤亡与否直接决定了事件的严重程度，这是李鸿章在事变发生伊始最为关心的，却不料杨氏22日已死，矛盾激化。

　　6月3日，盛宣怀请李鸿章领衔会奏剿拳，李鸿章次日回电说："清议不以铁路为然，正快其意，时事尚可问乎。似非外臣所能匡救。"不在其位不谋其政，远在华南的李鸿章并不想惹火烧身。但各国公使要求慈禧斥退顽固起事大臣、剿灭拳民，否则将自行处理，态度已趋明显，却没能引起清王朝的足够注意，慈禧只派赵舒翘、刚毅前往宣慰。尽管身在枢要的荣禄6日密电李鸿章表示，拳民若不解散即一意主剿，但李鸿章知道这并非"圣意"，他认为宣慰的做法恐不济事，何况刚毅等人想利用拳民的朴素爱国热情达一己之私。果然，9日，慈禧调同情义和团的董福祥军入驻北京城内，而驻华公使们议定的临时方案得到各自政府批准，各国军舰24艘骤集天津。10日，英国海军中将西摩尔率八国联军两千人进犯北京，义和团民沿途拦截，京津交通断绝。11日，董军杀日本使馆书记官杉山彬后，"各使馆外人，尤大诈愤，群起向总署诘责，问我政府究竟有无保护外人能力。当局支吾应付，仍不闻有何等措置"。到此时，列强对中国的态度基本确定，而中国对外国的态度却一直犹豫难决。

　　不过，此时清廷已有令李鸿章北上之意。12日，李鸿章电盛宣怀：

鞠躬尽瘁——庚子年最后的努力

"国事太乱，政出多门，鄙人何能为力。"话虽这么说，事实上李鸿章对国事依然满怀关心，他15日电询盛宣怀："洋兵与匪开仗后仍进京否，京津路究通否，均查明速电告。"16日，李鸿章再电盛宣怀："董福祥坚拒不往剿拳，闻候刚毅宣抚后定计。载漪、载澜等并党团，外衅可忧。国事竟为若辈把持，外臣焦急而已。"17日，李鸿章听闻英国从香港派船分运枪炮队约千人北上，所带粮食、火药足用两月，有夺据大沽炮台之说，即电直隶总督裕禄提醒其密为防备，并询"京、津烧毁教堂后若何情形，洋兵已登岸者究有多少，望电示"。可惜消息已迟，事实上当日各国联合舰队就攻占了大沽炮台，局势更加恶化。

20日，德国公使克林德欲赴总理衙门理论，途中为清兵所杀，更无异于火上浇油。李鸿章电军机处译署请代转奏："非自清内匪，事无转机。仰恳宸衷独断，先定内乱，再弭外侮。心急如焚，但使水陆路通，无不相机前进。"清廷宣战后，"饬各省召集义民，成团御侮，必能得力，办法迅奏，沿江、海尤宜急筹"，自然不会剿杀团民。22日，李鸿章在广州对记者谈话认为，拳民仅系愚民，慈禧系受人蛊惑。起事原因，教民与教士不能辞其责。至于大沽之事，皇室未备战，不能认为宣战，皇室将遣散拳民与各国议和。随后电请山东巡抚袁世凯代奏清廷："德国以公使久无音信，尚未明定态度。至今未闻有痛剿拳匪之诏，殊无以谢各国，鸿即速去，断不能挽此危局。"认为只有清廷决心剿杀义和团，他的北上才有价值。但这样抗旨显然是有风险的。23日，李经方从上海来电建议："现事机紧急，奉召似不宜缓，到沪先行布置，以待后命，似属两全。"李鸿章则答复："若不剿匪定乱，只身前去何益，应俟电旨再行为妥。"24日，慈禧谕山西巡抚毓贤尽杀外国人，拳民在京大屠教民，一时全市陷入极恐怖状态。天津方面，紫竹林全被官军、拳匪烧毁，洋人被毙百余，传闻英提督也被打死。次日，清廷发布上谕："中外强弱情形，亦不待智者而后知，团民在辇毂之下，仇教焚杀，正在剿抚两难之际，而各国强占大沽炮台，衅非我开，试图推卸责任。"

湖广总督张之洞来电，请各省督抚联衔电告各国外部，代朝廷表明并无开衅之意，请其按兵停战，俟李傅相到京妥议，以纾两宫目前之急。李鸿章复电："拳党逐洋使，各国必大愤怒，决裂即在目前。"在7月1日复两江总督刘坤一的电文里，李鸿章明确表示："兵匪仍力攻使馆。政府悖谬至此，鸿章何能断难挽救，鸿去何益。"过了几个小时刘又电："两宫诸邸左右，半系拳会中人，满汉各营卒中，亦皆大半。都中数万，来去如蝗，万难收拾。"7月3日，袁世凯也电示："内廷左右皆拳匪，王公贝勒皆设坛，内城紧闭，每日只启一门半日。"事实上都证明了李鸿章对局势的判断是正确的。

西摩尔所率联军为聂士成所败，退至天津候援。7月初，德国派瓦德西率军7000人来华。英、日两国"添调兵三万余，不日必大战"。5日，李鸿章在广州下令："朝廷虽有宣战旨，并未行各省及各国政府电。是日请各使赴总署议事，不料乱兵、团民中途戕德使，实非政府指使，亦非意料所及，务遍布新报，以释疑怒。"尽管李鸿章百般掩饰，以控制两广不乱，华北却是乱象频仍。8日，山西巡抚毓贤诱杀外国传教士男女老少40余人，对属下言：我以一头换数十异族头，亦值得。并已有思想准备：我头当准被洋人砍之。9日，聂士成于天津南门外八里台战死，但李鸿章一周后才通过袁电得知。10日，袁世凯来电称使馆仍未克。"匪势散去大半，兵心亦怯，都下内外颇悔惧。似此颇有转机，如趁此再联名奏请剿匪议和，当可有济。"李则认为，"剿匪恐难明谕，乘其势衰，解散亦佳"。能不大动干戈当然是上策。12日，李鸿章领衔奏请明令保护各国公使安全，以避免善后时无法使用外交手段的困窘。

清廷8月2日发布上谕："所有各处教民，如有感悔投诚者，著各呈请该地方官，一体照此办理，不得概加杀戮。其各处匪徒，假托义民，寻仇劫杀者，即著分别查明，随时惩办，以靖乱源。"这说明清廷的内外政策有了根本性的转变，5日袁转电李。对于义和团，李鸿章认为，拳乱"实为本朝二百四十年未有之奇祸，亦为历代史乘所罕见"，"官不剿不能保民，官不剿而留为外人代剿，更不能为国"。25日，他上奏请明降谕旨，声明拳匪罪恶，饬令直隶总督督饬文武及各路援兵认真剿办，并令各直省将军督抚遇有会匪滋生事端，尽力痛惩，以靖地方而快人心。

相较于李鸿章的鲜明态度，其他疆吏则大多显得畏首畏尾。30日，

鞠躬尽瘁——庚子年最后的努力

张之洞来电称："请将酿难者处分谢天下一节，疆臣不敢言，惟傅相全权尚可言耳。"9月2日，张之洞又电，表示不愿主稿，请李鸿章速奏，并认为盛宣怀"归咎酿难诸人之语，乃自生枝节，……洞断不敢列衔"。李鸿章5日复电说，即使开议，元凶尚在，政府亦无办法，奈何。但张仍固执己见，既不主稿也不列名。9月8日，中秋节，李鸿章在复电驻俄公使杨儒时说："和使自京来，密言各使欲请太后归政，严办端、庄、刚庇匪诸人始可议和，此岂臣子所敢言。二十九虽有便宜行事之旨，究亦空文。"15日，李鸿章与张之洞、刘坤一、袁世凯合奏："请查办载勋等拳匪首祸王大臣。即可宣告各国，与之克期开议。……事关宗社存亡，不敢稍避嫌怨，谨合词冒死沥陈，不胜迫切待命之至。"

从朴素的爱国主义角度来看，或许李鸿章主张剿办义和团可以被认定为卖国行为，然而，史实表明，拳民大多是被清廷中一帮别有用心的王公大臣所利用，因此，其义举并不能起到真正意义上的爱国作用，当然，世人也不能就此否定其可歌可泣的爱国精神。李鸿章自然看出了拳民"愚忠"之可敬，所以他处置拳民不像袁世凯那般残酷镇压，只是做做样子不贻外人口实，主要着力点在惩办首祸王大臣，以利和谈的开展。

二

清廷内部由于利益集团的不同，因而对义和团的处理持不同意见。6月6日，慈禧召军机大臣会议，荣禄主张调李鸿章为直隶总督，刚毅则主张以李秉衡代替，因此没有定议。但是，局势却在急速恶化。10日，赫德电告李鸿章："各使馆甚虞被击，均以为中国政府若非仇视外人，即系无力保护，倘稍有不测，或局面无速转机，各国必定并力大举。中国危亡即在旦夕。"13日，刘坤一电李鸿章："畿辅拳匪猖獗，政府剿抚不定，各国纷纷征兵调舰，大局危急。"请教李鸿章的意见。李复电："即早定计，善后已难商办，大局危甚。"同日，俄国外交部电驻华公使格尔思请慈禧召李鸿章定乱。14日，安徽巡抚王之春电李："大局危在旦暮已可想见。师门如何补救，言以人重，迅速敷陈，曷胜企幸。"李回电："内意主抚，电奏无益。……荣拥兵数万，当无坐视。群小把持，慈后回护，必酿大变，奈何。"王之春同时也电张之洞：大局危急万分，危言力谏，非公莫属，曷胜企幸。不过，可以看出，当此大乱之际，大多数中外人士首先想到的还是李鸿章。盛宣怀17日致函荣禄和王文韶，认为"李鸿章督直二十五年，久得民心，威名素著，即调令督直，限十日到津，于平内乱及劝阻洋兵必能做到"。几乎不约而同地，朝野上下将李的还镇北洋视为扭转时局的枢机。

15日，慈禧六百里加急谕李鸿章与袁世凯迅速来京，旋命袁留山东，以将军德寿兼署粤督，似乎有议和之意。但19日，慈禧召御前会议主战，总署令各国公使于24小时内离京。清廷宣战后，章太炎上书李鸿章说："事机既迫，钓石之重，集于一人。明绝伪诏，更建政府，养贤致民，以全半壁。"作为洋务派要角、拥有地方实力、距离北京较远的两江总督刘坤一、湖广总督张之洞等，在英国的策划下，经过盛宣怀的穿针引线，与列强实行所谓"东南互保"。时势的演变一下子把李鸿章推到了举足轻重的地位。27日，刘坤一联合张之洞致电端王载漪，请催李鸿章进京面授方略，保社稷、安两宫，但显然不能被保守固执的载漪接受。7月2日，上谕到，派庄亲王载勋、协办大学士刚毅统率义和团，英年、载澜会同办理。"诸团众努力王家，同仇敌忾，总期众志成城，始终勿懈。"并命户部再发放粳米200石供团民食用，慈禧甚至拿出自己的"私房钱"50万两白银，奖赏清军和团民。李鸿章对此举甚觉惊奇。7月6日，袁世凯转来3日廷寄说："现在中外业经开战，断无即行议和之势。……各将军、督、抚等务将'和'之一字先行扫除于胸中，胆气自为之一壮。"

8日，闽浙总督许应骙来电："宜早定和局，明揭条款，照旧通商，俾人心复安，匪势自散。……倘所索无大碍，即由中堂主稿，会同督、抚力吁，冀可易危为安。"李复曰："祸未有艾……，有归罪政府之说，恐非尊论所能解也。"就在这天，慈禧下旨调李鸿章为直隶总督兼北洋大臣。11日，李鸿章接到上海转保定来电，得知6月29日清廷致电出使各国大臣："中国即不自量，亦何至与各国同时开衅，并何至恃乱民以与各国开衅，此意当为各国所深谅。……现仍严饬带兵官，照前保护使馆，惟力是视。此种乱民，设法相机自行惩办。"此意与几天前大相径庭，表明清廷在利用义和团对抗外国这一点上的左右两难，既心有不甘想拼力一试，又明知实力不济，唯恐落得个玉石俱焚、全盘皆输。

12日，李鸿章收到清廷4日上谕："前有旨谕令各省督抚酌派营队来京，听候调遣。著严催统带各员，务即星夜兼程北上，毋稍延缓。"希望李鸿章"勤王"之意十分明显。这一天，俄国驻美公使喀西尼对记者谈话："中国政府中知西方实情者惟鸿章，奕劻亦有希望。故今日与中国谈判，惟鸿章可靠。"且不论喀西尼此言是否另有目的，李鸿章之所以成为众望所归，与他的灵活思维和大局观念密不可分，特别是他出访欧美后，对各国政情和世界大势的了解更非一般官员可比。那时的李鸿章是世界闻名的中国政治家。虽然暂时失势，但他的潜势力，他的国际声望，尤其是他在后党中的地位，仍是一时无两的，所以才能"一时成为中外安危所系"。

在保护公使的问题上，盛宣怀12日三次来电，认为"各使存亡，宗社系之，否则百喙难辩"。"事机极迫，务请师速到沪，再筹进止。愈迟愈难。"李认为，"国书支饰，断难见信外人"。13日，张之洞来电，"各国最愤伤使，攻津洋兵俱以救使为言"，请李鸿章领衔会同各督抚，速致电荣禄，请设法保护，"如能救使 人，将来减祸一分，未尝无益"。李鸿章马上回应："此电早发一日，早松一日，不必迟疑。到沪再酌。"并指出电文应由南洋大臣刘坤一主稿，大概因为封疆大吏中以直隶、两江为最显要，而北洋大臣身陷其中有所不便。稍晚，盛再次来电："务使兵民咸知杀使无益而有害，各国咸知，攻使是乱民，救使是圣意。"李表示，"如香帅肯主稿会电，鸿愿列名。但虑诸公畏事，内意难回"。在清廷没有拿定主意之前，李鸿章显然不愿轻易以身犯险。

但他也看到，自大沽口开战以来，洋兵死者不过数百人，官兵死者不下数千，团匪死者数万，平民受害者不计其数。中国军力根本不是外国联军的对手，和谈是迟早的事，而为了保留能坐到谈判桌前的机会，则保护公使人身安全为第一要义。于是，14日，李鸿章领衔会同各督抚，致电庆王、荣禄和王文韶，请将各使保护安全，加以抚慰，一面补致美、法、德国书，一面令各使将国书之意分电本国，方可释然，于事有济。16日，李鸿章代递许应骙折片，"倘以堂堂大国而任兵民迁怒于公使，滥行焚杀，于理未协，于情亦未安，……特结之解不解，系乎使之存不存"。他请清廷认真保护公使，并派总署大臣亲往慰问，嘱其各告平安，"俾各国得电疑愤稍纾，转圜较易"。

张之洞拟具奏稿，请推行四事：一、"请明降谕旨，饬各省将军、督抚仍照旧保护各省洋商、教士，以示虽已开战，其不预战事者，皆为国家所保护，益彰圣朝如天之仁。且中国使臣、官员、商民在外国者尤多，保全尤广"。二、"请明降谕旨，将德公使被戕事切实惋惜，并致国书于德主，以待别国排解。并请致美、法两国国书，以见中国意在敦睦，一视同仁"。三、"请明降谕旨，饬顺天府、直隶总督查明，除因战事外，此次匪乱被害之洋人、教堂等所有损失人命、物产，开具清单，请旨抚恤，以示朝廷不肯波及无辜之恩义。不待外人启口，将来所省实多"。四、"请明降谕旨，饬直省境内督抚、统兵大员，如有乱匪、乱兵实系扰害良民、焚杀劫掠，准其相机剿办，一面奏闻。从来安内乃可攘外，必先令京畿安谧，民心乃固；必先能纪律严肃，兵气乃扬"。李鸿章领衔，合两江总督刘坤一、湖广总督张之洞、闽浙总督许应骙、四川总督奎俊、福州将军善联、大理寺少卿盛宣怀、浙江巡抚刘树棠、安徽巡抚王之春、山东巡抚袁世凯、陕西巡抚端方等同奏。

7月17日发出后，20日，袁世凯转来清廷18日上谕："除德使被乱民戕害，现在严行查办外，其余各国使臣，朝廷苦心保护，幸各无恙。惟保护使臣，是朝廷之大体，设敌兵来犯，当同心御侮，以保疆土。"清廷以保护公使为台阶，开启了议和谈判的契机，从而也给李鸿章的东山再起创造了可能。果然，23日，慈禧再谕鸿章入京。25日，李鸿章接到袁世凯转来清廷23日电旨："该督受恩深重，尤非诸大臣可比，岂能坐视大局艰危于不顾耶。……无论水陆，即刻起程，并将日期速行电奏。"李鸿章奏复："惟念前在北洋二十余年，经营诸务，粗有就绪，今一旦败坏扫地尽矣。奉命于危难之中，深惧无可措手，万难再膺巨任。连日盛暑驰驱，感冒腹泻，衰年屡躯，眠食俱废，奋飞不能，徒增惶急。……容俟调养稍愈，即由陆路前进。"除了有讨价还价之嫌外，其实意在推辞等待事态进一步明朗。当然，这时的李鸿章已77岁高龄，老迈体衰也是事实，并非假言相欺。

26日，袁世凯转来24日上谕，解释说："朝廷本意原不欲轻开边衅，……总以保护使臣及各口岸商民，为尽其在我之实，与该督等意见正复相同。将坦怀相与之意宣示各国，共筹补救之方，以维大局。并言明日前已给各使馆蔬果食物，以示体恤。"如此一来，无异于认可了南方督抚们的做法，刘坤一、张之洞等抓住时机会奏："请授李鸿章全权，就近在沪与各国电商，藉探消息，缓其进兵，以间敌谋而纾国难。"与此同时，慈禧谕令一心勤王的李秉衡帮办武卫军事务，节制四军。支持义和团的广西巡抚黄槐森奏称："义民雪国耻，刘坤一、张之洞谋自保，私与夷约，使夷兵得并力趋京师，误大局。"清廷虽不置可否，多少却有点相信。28日，慈禧还将总理衙门中主和的许景澄、袁昶两人视为帝党而杀害。这些表明，内间虽渐有转机，仍无定见。

30日，盛宣怀拟定支电奏稿，李领衔，致电袁世凯："若尚迟疑或香帅有异词，即由鸿与岘帅两人会衔，由尊处代发，声明鸿主稿。"刘坤一认为："能多列数衔固好，如虑会商需时，即四衔亦无不可。希望当日发折为要。"袁世凯则认为："此时措辞总以婉转易入、与事有济为主。如过激烈，恐反到底，拼与决裂，前功尽弃。原稿痛快切要，但字句间或有过激及稍涉语病者，可否酌加润色，再行缮发。"张之洞来电说："此时即无全权，亦可先行电致各国，探询情形，有益无损。况中堂为国家重臣，此次系特召，与各督抚不同，询商各国勿攻京城，断断无妨。"只字不提会衔之事。31日，李鸿章收到袁世凯转来29日谕旨："现在事机甚紧，著仍遵前旨迅速北来，毋再借延。"

李、刘再次会奏："外邦亦知非出圣意，故各国复书只求保使剿匪，实际不难妥商了结。拟请速定大计者四端：一饬大学士荣禄派文武大员带兵护送各使赴津，以示宽大而泯积怨，如虑沿途护送为难，该使等不欲冒险，或先撤去仇攻之兵，专派保护之兵，优加体恤。准各使通信本国；一各国洋商、教士仍按照条约一体认真保护；认真剿办各处土匪及乱民散勇；请专派大员会同顺天府尹、直隶总督筹款赈济畿辅，俾胁从良民各归本籍。目前各国以救使、剿匪为词，声明天津之战非与我国家开衅，尚不致有非常之祸，若迟之又久，而使臣不出、土匪不靖，其兵到齐，遏之不止，宫阙受惊，官民荼毒。且恐一国变其宗旨，各国悍然不顾，祸在眉睫，莫可补救。"

李鸿章感到，京中暂虽无事，断难久支。大局糜烂至此，从何收拾。8月2日，袁世凯转来庆王意思"各使不至再有伤亡，京城内外土匪亟以剿除，庶足以杜外国之口而靖中国之乱。惟有尽思之所能及与力之所能为，以求挽回于万一而已矣。"不料，此时北京城里倒李风潮也达到白热化程度，无奈之下李鸿章奏请病假20日。随后接到袁世凯转来2日上谕，同意派兵护送各使前往天津暂避，未出京前可与本国通明电，由总理衙门速为办理。5日，李秉衡奉慈禧命出京督军。各国援军共18000人向北京进发，6日攻陷杨村，直隶总督裕禄自杀。9日，张之洞再次以李系特召，与他人不同，尚可进言为由，请他单衔电奏，力言战虽胜，仍不能救亡，不战则虽弱而不亡。同日，收到袁转来7日谕旨："此次中外起衅，各国不无误会，中国地方官亦有办理不善之处，兵连祸结，有乖和好，终非全球之福。著授李鸿章为全权大臣，即日电商各国外部，先行停战。次日又谕：事机至迫，所请赏假之处，著毋庸议。"

事情至此似乎有了转机，但事实却不尽然。11日，兵部尚书徐用仪、户部尚书立山、内阁学士联元，以主和被杀。鸿章奏："欲排难解纷，挽回危局，送使、剿匪两层，均未实力办到，虽百喙难以自明，断非区区绵力所能胜任。"清廷的处置方式看上去如同神智错乱，忽左忽右，国家大事全系于个人的喜怒哀乐之上，实在荒谬危险之极。不久李秉衡兵败自杀，北京城危在旦夕。李鸿章认为："乘舆迁否，大清存亡系之，两宫安危亦系之。"13日，他电请各督抚列名会奏，力阻两宫西幸。两天内陆续得到肯定答复。只有张之洞不愿列名，不过他表示，如拳匪扈卫则必谏阻。此时瓦德西率领的八国联军将至蔡村。李鸿章紧急密奏："乘舆万万不可西幸，不迁则各国有言在先，尚有可议之约、可转之机，迁则朝廷不自剿匪，团众必拥卫西行，闻各国已预备陆军向西截击，千里蒙尘，中途波折，自蹈危机，何堪设想。"然而，因战乱导致交通阻隔，这道急奏16日才到总理衙门。

　　张之洞15日来电，认为两宫不去，万分危险。因此请将谏阻西幸的会奏列名删去。此外还有许应骙说未便列衔，袁世凯原就主张西幸，未列名。李鸿章复电张："诸帅列名者皆复电矣。莱公孤注，究竟得失何如，公自有见。已未会衔。"在这件事情上，将国家利益还是个人得失放在首要地位，所表现出来的高下之别判若云泥。不久李鸿章奉得谕旨："暂行西幸，命竭力转圜。"17日，清廷各军均败绩不能成伍，大学士徐桐自杀。19日，盛宣怀电告刘坤一："庆邸留守，照庚申案与公会筹议约。是宗社安危，在公一人，公不到京，不能会议，事局非唯难定，且虑各国改易初心。"

　　20日，张之洞电请李鸿章以议约自任，力阻各国万勿进兵追袭圣驾，免致生灵涂炭，枝节横生，中外各国俱属无益。李鸿章领衔会奏："一、请派亲信王大臣速与各国议款；二、请明降谕旨派入卫各军统兵大臣剿办拳匪；三、请速颁谕旨飞饬各省将军、督、抚务须照常办事，镇静民心，保守疆土，仍遵前旨保护各国商、教，遇有各种匪徒藉端生事，啸聚焚杀，意图乘机作乱，立即派兵剿平，勿任滋蔓，扰动大局。"22日，清廷下求贤诏，24日，又明发上谕："全权大臣李鸿章著准其便宜行事，将应办事宜迅速办理，朕不为遥制。"意即李鸿章可以根据具体情况灵活办理，不过这道圣旨迟至9月7日才送达。

　　9日，收到清廷8月27日上谕："李鸿章著即乘轮船来京，会同庆亲王商办一切事宜，毋延。"同时慈禧命对义和团严行查办，务净根株，这就等于给李鸿章吃了定心丸，他决定14日启程北上。11日，刘坤一来电："惟匡扶危局，日月重光，十庙在天之灵，实式凭之矣。"随后李鸿章收到清廷8日寄谕："勉为其难，所厚望焉。"14日，张之洞来电："上意既专倚傅相，悚以存亡系之，责以旋乾转坤，所言虽难办亦不可以为忤，况全权未派江、鄂，上意自有斟酌。"接着，又电李、盛以病力辞，"且幸款议就绪，外人必要挟改政，出无数新奇花样，下才岂能办此？""伏望傅相闵此病夫，赦此废物，……如一言虚诳，有如曒日"。堂堂清廷一品大员，竟然不惜以赌咒发誓来逃避责任，可见张之洞难肩重托，而李鸿章却理所当然地成为众望所归。事实上，尽管李鸿章一开始也想尽量避免蹚这趟浑水，他也明知甚至会吃力不讨好，但当大任降临时，他还是义不容辞地挺身而出，并未雨绸缪，为与外国侵略者平等地坐到谈判桌前做出了方方面面的努力和前期准备工作。历史决定了，李鸿章必须"再一次充当不可或缺的斡旋者"。

三

清廷向各国宣战后，袁世凯6月22日向李鸿章转达圣旨："饬各省筹划保守疆土，接济京师，不使朝廷坐困。各督抚互相劝勉、联络一气，共挽危局。"刘坤一表示推戴说："危局惟公可撑持，祈早日启节，以慰两宫焦盼、天下仰望。"张之洞则致电罗、伍、李三使："各省督抚并未奉有开战谕旨，可见朝廷并无失和之意。务望婉商各国政府，迅电天津各兵官，力劝各国暂行按兵停战，俟李中堂到京请旨开议，必当妥为了结，不启战祸，官兵方能专力剿匪。目下长江沿海一带各督抚力任保护之责，诸国洋人均可无庸顾虑。"在一开始张之洞也将希望寄托在李鸿章身上，只是他把事情看得过于简单了。

盛宣怀因个人企业主要在江南地区，与美国驻上海总领事古德诺磋商东南自保，但由于声望不足，希望由李鸿章领衔宣布。24日，他电告昔日恩师说："指顾必糜烂，如欲图补救，须趁未宣战之先，岘帅、香帅会同电饬地方官、上海道与各领事订约，上海租界准归各国保护，长江内地均归督抚保护，两不相扰，以保全商民人命产业为主。一面责成文武弹压地方，不准滋事，有犯必惩，以靖人心。北事不久必大坏，留东南三大帅以救社稷苍生，似非从权不可。若一拘泥，不仅东南同毁，挽回全局即难。"25日，盛宣怀再次"千万秘密"地来电恳求东南自保，"今为疆臣计，各省集义团御侮，必同归于尽。欲全东南，以保宗社，诸大帅须以权宜应之，以定各国之心，仍不背二十四旨，各督抚联络一气，以保疆土"。李鸿章在拳乱大起时知慈禧意在纵拳，憾之而无法挽救，面对此情此景，他态度坚决地复电："二十五矫诏，粤断不奉，所谓乱命也。"这被后人视为"东南自保之张本"。

李鸿章等封疆大吏懂得，中国在这场战争中是不可能取胜的，因而想方设法减少战争带来的损害。他们不仅对朝廷的宣战不予理睬，而且极力主和。这意味着战争可以被限制在北方，同时也意味着种种条约义务，包括支付的外债和赔款，皆可由中国的其他地区认可并承担。刘、张接到宣战诏书时的反应是"意犹豫，不知所为"，对互保之议也不敢遽然应允，但李鸿章的表态使他们下了决心。26日，刘坤一电告李鸿章："北直已经糜烂，南方必须图全，所有保护长江一带地方，与张之洞力任。并饬上海道余联沅与驻沪各领事妥筹保护租界之法，立约为凭，以期彼此相安。"并问李"此外有无方略，尚祈电示为荷"。不久刘、张打定主意保全东南疆土，留为大局转机。在经过与幕友会商及得到日本驻上海总领事小田切万寿之助的电报后，都同意盛宣怀的建议，分别派沈瑜庆、陶森甲代表两江与湖广，到上海参加会商。

伍廷芳从华盛顿来电："各国震动，陆续派兵。……商美政府，如无要急，允不派舰入江。师北上，即可解。"英日两国虽派兵舰进入长江各口，但据小田切向张之洞解释，"并无他意"，"幸勿见虑"。也就是说，与江南有利害关系的列强赞成南方督抚们的做法，并愿意在相关方面进行配合。27日，盛宣怀告诉李鸿章："已同余联沅与各国领事会议保护上海、长江内地通共章程……若长江内地无乱耗，各国决不派兵干预。"并将26日所议章程九条全文呈核。随后李鸿章接到慈禧25日谕旨："此次之变，事机杂出，均非意料所及。朝廷慎重邦交，从不肯轻于开衅……沿海、沿江各督抚惟当懔遵叠次谕旨，各尽其职守之所当为，相机审势，竭力办理。"但并未催促李鸿章北上。29日，接到26日谕旨："尔督抚度势量力，不欲轻构外衅，诚老成谋国之道。……此乃天时人事相激相迫，遂成不能不战之势。勿再迟疑观望，迅速筹兵筹饷，力保疆土。如有疏失，惟各督抚是问。"一边嘉许督抚"老成谋国"，一边督促筹兵备战，可见清廷做好了两手准备的打算，并为自己留好了后路，这同时也给了李鸿章等人运筹帷幄的政治空间。

7月1日，盛宣怀在与英、美、日领事商酌前知会李鸿章，表示将按江、鄂两帅意见办理。随后盛告知，各国领事来函说："闻命欣慰，倘能于所管各省之内，按照中外和约，实力保护外国人民之权利，我各国之政府前时、现今均无意在扬子江一带进兵。不独一国不如此做，合力亦不如此做。当江西等地发生民教纠纷时，各国遵约事先函商，若不能保护，便须进兵。"因此，盛宣怀急电请沿海各督抚飞饬各道府，劝各教会总将州、县、乡、镇洋教士暂回省城商埠，其教堂房产交与地方官看管，毁坏赔偿，庶易弹压。尽量避免冲突，竭力保护现有和平局面。针对此种偶发情况，盛宣怀3日向李鸿章请示："因宣战已揭晓，恐有一处蠢动，致碍此约。请分致各省，宣战切勿出示，以免乱阶。"幸而老辣的李鸿章早料及此，他命令两广地方文武官吏不张贴宣战诏书，更不分行各属。于是马上电复盛宣怀："务饬电局勿张扬，外人乌得而知。"如此，盛宣怀就放胆着手互保事宜，5日，他电告李鸿章并致东南各督抚："现与各国领事商定，但使各国水师舰队不入长江，则内地各省所有各国人口、产业均归地方官极力保护。业经妥议办法，电奏在案。……务使商民安业，地方平静，以仰副谕旨相机审势保守疆土之意。"所谓"上有政策、下有对策"，溯至近代或自盛宣怀始。

不久发生洋债停付事件，因清廷寄谕各督抚，既与外洋决裂，各省洋款即暂停解，听候部拨移充军饷。4日，刘坤一急电："此事若遵办，各国必分据海关，沿江海各省即刻危急；若秘密不宣，各省皆不解款，限期络绎，何以应付。忧急欲死，究应如何办理，祈飞电示复。"与李鸿章、张之洞商讨对策。李复："事关紧急，似应由尊处挈列江海各督抚衔，电奏请旨。"6日，张之洞也来电："洋债如爽约，各国必立据海关，沿江沿海危矣。……或与各国婉商展缓一两个月，容我内外各省商定。"刘坤一担心既然朝廷发出如此上谕，"奏必不准，且被严谴"。经过反复商议，李、刘决定会奏："洋款若停，牵动内地厘金，亦碍华民生计，转于饷需有损，京饷及北上诸军饷需无人接济，关系尤大，可否饬下户部通盘筹计，俯准暂行仍照旧案解还，以保饷源而维全局。"9日，盛来电说："洋债事，力止必不可行，亦不可播。"随后李复刘、张："盛与领事商缓一两月，后必补足，似可行。"并建议对此模棱棘手之事采用"宕字诀"，这招果然有效，不久清廷批复：著照所议。当时6、7两个月共需解款110余万，其他各地停拨，幸亏东南素来富庶，独立即能完成。这样东南互保也就免受影响。

进入8月，局势更加恶化。14日英国派兵舰入宁波、定海，浙江巡抚刘树棠大惊，"直视我东南各省并无一人，上海全约已渐露毁弃之意矣"。李鸿章回电指示，"只须弹压，内地安靖，勿生事端为要"。一场惊险，遂弭于无形。因联军攻京城，张之洞17日来电，"拟由各督抚联衔致驻外公使，请转送各国外交部。南方保护之局，各督抚均系奉旨办理，倘各国不顾两宫，则何以处南方之各督抚。……万一有意外之危险，全国人心愤激，从此将不知祸之所止"。张之洞很为个人安危担心，李无奈回复，洋兵已入京城，电亦来不及。到31日，英国驻武汉领事照会："英外交部来电称，将来议结之时，至于本国国家必向两江、湖广二位督部堂请询意见若何，本国国家亦必以二位督部堂之意为重。因其保护长江，容其亦发议论，以顾局面。"总算给了张之洞些许安慰。9月3日，李鸿章收到8月20日内阁奉上谕："前据刘坤一、张之洞等奏：沿海、沿江各口商务，照常如约保护，今仍应照议施行，以昭大信。"正式肯定了李鸿章等人东南互保的做法。

除了东南，李鸿章在东北和西南等地的大局问题上也多有建言。东北素为沙俄觊觎，但李鸿章为借俄"制夷"，同时也由于受其欺蒙，不惜一再退让。7月1日，李鸿章同时致电增祺等东北三省将军，请禁乱民毁路。张之洞认为："俄一据东三省，各国必分据各省，是立即瓜分矣。……战局未定，毁路暂可从缓，以保国家全局，请中堂设法阻止。"2日，刘坤一表示已致电增祺，但"恐不足动听，丁祈中堂设法阻之。此著再错，不可救药矣"。在禁止毁路以免陷入被动这一点上，几人意见相同。但张之洞却认为俄国会割据东北，想利用列强之间的矛盾转移战场，未免过于想当然。3日，他致电鸿章："奉、吉毁路，俄虽欲据地，日必力争，英思染指；移祸关东，攻津稍缓。各国当有变局，或者有转圜之望。"不过末尾他声明全系臆测，如李致电增祺、长顺时，不要提及他的名字。李鸿章回电："各国使馆情急，未必移近战为远战。即偶拆路，俄兵必自救护，似不致立即据地也。"

7月1日，李鸿章曾告诉杨儒，"都乱实由自作"。并明示东南各督抚均与内意龃龉，多不能遵，在东北问题上亦可效仿。4日，李鸿章让杨儒向俄声明："勿再调兵，致生疑衅。所有三省铁路，各省力任保护，嘱其放心。"张之洞致电李、刘："此时辽东自以不毁俄路为正办，必待至各国力攻京城、决裂到底、大局已溃不允议和时，乃出此下策。"然而，俄军并不像他们所想的那样温顺，他们自焚房屋，坏我电线，然后乘火车逃往哈尔滨。黑龙江将军寿山16日来电称："今晨复由轮载兵数千南下哈尔滨，来电诬我攻击，故逃，铁路惟我是问等。"17日，俄军在东北先后制造了海兰泡惨案并强占江东六十四屯，李鸿章到28日才得知黑龙江消息，从他离粤北上的那一天开始，有7000多中国百姓惨遭俄军屠杀。对此李鸿章当然不能容忍，请促俄专使会晤，却未能如愿。

俄军继续作恶。8月4日，他们火烧瑷珲城，15日东北三姓、珲春、熊岳、盖平等地均告失守。但清廷为了争取俄国帮助，以与其他列强迅速议和，采取了绥靖姑息的政策。军机处传达圣旨说："东三省事宜著李鸿章稳慎通筹，如果确有把握，自当谕饬增祺等一体停兵也。"8月底，俄国占据东北仍然不肯退兵。9月2日，李鸿章与刘、张会奏："俄财相微特相助，千载一时，绝不可失，请速命奕劻、荣禄返北京会办，罢斥东三省将军。"事后证明，他们完全看错了沙文主义的俄国，《庚子条约》签订后，李鸿章临死前还被俄使逼索酬劳。

在李鸿章负有管理责任的直隶以及两广、云贵等地，也都出现了一些意外情况，需要李鸿章一语定乾坤。7月3日，云南发生焚抢教堂事件，法国军队临境，将开兵衅。署云贵总督丁振铎急电李鸿章请授机宜。9日，再次请示："北事如何转圜，滇事如何了结，中堂全局在胸，敬恳直切训示，指导愚昧，不胜感祷。并请酌拨快利枪弹。"李鸿章凑黎意等枪1800支，配足子弹。告诉丁振铎说："各国添兵往援，不日可到，城下之盟，尚堪问乎？"10日，李鸿章侄儿、云南按察使李经羲来电问安并乞援，李鸿章说已嘱法国领事致电越南总督妥商，据称均无侵占土地之意，但恐因小节酿成大故。同时，李鸿章电知广西巡抚和提督，法国政府和越南总督请竭力保护两广及外国人性命、财产，法必不派兵入边生事。16日，又致电署云贵总督丁振铎，令他勿与法国派来保护领事之兵冲突。李鸿章采取的这些应急措施很有成效，8月23日，李经羲告知："滇尚粗宁，事极难办，防务未就绪。"李鸿章复曰："大局如此。如何译结，殊难逆料。"直隶是义和团发源地之一，境内拳民人数众多，常有滋扰情形，8月27日，李鸿章下令："放胆办匪，吾能作主，勿畏蒽。"28日，李鸿章电告说："和谈须德国所派大帅带兵到齐方能集议。战事应照常严备，保、涿一带若有拳匪啸聚，须令解散，免洋兵借词深入。"

庚子事起，孙中山曾告诉日本友人宫崎，他对这个年事已高的国务活动家对政治形势是否具有远大的眼光没有太大的信心，但他认为值得一试。北京对列强宣战，使孙中山都相信李鸿章终究会决定宣布独立的。李鸿章的态度不但决定着两广独立的成败，而且密切关联着当时的政局。东南约成后，广西巡抚黄槐森反对互保，打算上奏弹劾，刘、张"惧而计无所出，问于鸿章"，李鸿章答曰："吾思之熟矣，即被遣一身任之，不相及也。"他通过德寿上告使黄以毁教堂离职，终于保护了刘、张及"东南互保"之局。李鸿章经过香港时，吁请入侵者对中国要宽宏大量，并向卜力建议，镇压在香港的煽动起义者，广州就能保持和平与安宁。9月6日，李鸿章认为，东南大局订约保护洋人，中国官员自应力任。因此他致电驻英公使罗丰禄，请向英国交涉查捕新加坡、香港一带起事之革命党，彻底断绝了孙中山等人拉拢地方大吏趁机起义的想法。当然，李鸿章为了顾全大局，对一些地方的局部利益可能不得不有所牺牲，假如一定得让他承担责任，李鸿章多少难辞其咎。

当李鸿章7月17日动身赴沪前，曾对下属说："京师难作，虽根本摇动，幸袁慰庭揩拄山东，香涛、岘庄向有定识，必能联络，保全上海，不至一蹶不振。"只字没有提及自己在稳定大局中的作用。马士对此曾分析道："扬子江流域各总督握住了在义和团活动范围以外的帝国各地方的行政大权，而他们的友伴李鸿章亲手控制着对外关系则显而易见。"这个论断虽然不够具体详细，但还是显示出较强的观察力，是有一定道理的。李鸿章支持刘、张与驻上海各国领事订约，当时三大帅鼎足而立，构成南国的轴心，李鸿章在其中处于关键地位，故有"微李鸿章，东南且乱"之说。不过，李鸿章并没有因涉身"东南互保"而转移北顾的目标。即使是刘、张、盛等，也都无意让李鸿章胶着于"东南互保"的棋局上，他们认为李鸿章应该做清朝全盘棋局上的一只大车。

四

　　义和团事起，李鸿章与清廷派驻主要国家的公使保持了密切迅捷的电报联系，以弄清对方各国的底线和筹码，保持国内外信息畅通，及时进行沟通洽谈，为下一步动作做参考。6月20日，李鸿章电驻日公使李盛铎："北事紧急，奉命进京。拟请先清内匪，再退外兵。希与日政府商之。"21日，驻俄公使杨儒来电："俄国照会派兵四千，请北上。"李鸿章回电："政府姑息酿祸，事无可为，恐将西迁。"得知大沽开战并失守后，李鸿章立即电驻英、法、德、俄、日五使："各国是否作为开衅，希密探彼政府注意所在。如可商量停兵，即日北上，面奏先靖内乱，再议善后。令探彼口气，速电复，俾定行止。"22日李盛铎来电："沽口之战，英损一舰，日毙一将，不能作为未开衅。"尽管驻法公使裕庚来电言：法外部言，开炮究在官弁，可定准不认开衅，但难改大局。实际上，慈禧已在21日向各国宣战，使李鸿章想把事件控制在外交解决的初级状态的愿望落空。

　　李鸿章电告驻德公使吕海寰："是政府尚无主见，鸿即绕道前去，无济于事。粤民攀留甚切，亦难久停。""德主注意若何，仍祈随时探示。"23日，驻英公使罗丰禄电告，"英政府注意专在平匪、保全英民性命、产业，绝无乘机强令中国变易政体、家法之意"。李鸿章据此上奏，"至于索偿、索保护自在意中。……靖乱似无把握，乱不靖，则瓜分之势必成，鸿去实无补益。"24日，李鸿章电罗丰禄并密转吕、杨二使："事由端、刚主持，与鄙意龃龉，不可救药，奈何。"表明自己不掌实权，暂时无能为力。李盛铎电："我师行止，各国视为进退，一闻旌麾北莅，人心内安，强敌外戢，无办法中即是办法。"话虽如此，但李鸿章一时半刻尚未能谋得良策。

　　这时，俄国公爵、华俄道胜银行董事长吴克（乌克托姆斯基）自彼得堡来电："大祸深动于心，以友道求体面之国，进京惟公一人，可救此极险。户部大臣愿庇护中国，我无论何事，均愿助公。"同日杨儒来电："大沽口之战俄伤人较多，善后之计，倘俄易就范，他国便有迎刃之势。刻下已成联俄之局，舍此恐无良策。"俄国财政大臣维特的蓄意拉拢、吴克的主动示好和杨儒的建议，使李鸿章产生了以沙俄牵制其他诸夷的想法。25日，李鸿章电请杨儒转致维特，"旨召入京，竟无路可达，请公指示，有何相助之法。并请转奏大皇帝，俯念俄、华数百年友谊最厚，务求力为排解，转商各国政府，迅电来华各兵官，勿因无知官民逞忿小故，遽败各国和局。"次日，李鸿章更直接与维特通电，请支持谈和并建议办法，维特答复："能使满洲安定，北京使馆安全，俄可全力相助。"并命吴克在广州与李鸿章面商。

李鸿章当然清楚只有使馆安全才是谈判前提，但京城那帮颟顸大臣不见棺材不落泪，他远在南国鞭长莫及。27日，李鸿章复电杨儒并密转其他各驻外公使："如能力保使馆，大局或可挽回。……所谓保护，似亦未甚尽力。此事恐须各国兵临城下才见分晓。公等无太匆促，仍从容相机图之。"28日，接维特来电："本国政府并本国军兵必合力帮助。"在各国兵锋纷指的困境中，维特的承诺对李鸿章来说无异于雪中送炭。当7月1日杨儒及荣禄电各省督抚，请共促李鸿章北上。并说俄国欲借此进占满洲，情势危急。李鸿章对此竟没有给予足够的注意，抑或是打算以局部甜头换取其国际支持，却不料沙俄也是欲壑难填，联俄制夷遂成为李鸿章外交生涯的一大败笔。

另一方面，清廷驻各国公使没有收到任何指示，形成了两国交战但外交关系却并不断裂的奇特局面。30日，盛宣怀告知已电驻外各使，使知内乱实情。请李鸿章电各使缓归，共保和局。各国对此乱象也有各自说法。李盛铎来电："日本外部称，各国派兵系代华剿匪，现匪扰日甚，各使员踪迹未知所在，停兵一节各国断难允。惟请转商各帅，力保东南为要著。"在此问题上，英国外交部部长告诉罗丰禄：英国愿保护东南，并尊重东南自保，但不能承认为条约。并向其议会解释，需要谈和时，鸿章之地位与声望可能为联军之助。李鸿章询问罗丰禄："俄已允保我自主之权，英能同保否，究有几国与英同心，索复电闻。"在试探对方反应的同时，意欲谋取更有利的谈判筹码。

克林德被杀引起各国舆论纷纷。7月2日，吕海寰来电："西报言北京宫殿有被焚处，果然则戕使或可借词解说，希图能为己方找到合理借口。"4日，李鸿章致电罗丰禄："德使在京为兵所杀。洋报各使均在英馆。"罗丰禄请李鸿章专电清廷,如各国使馆或其他洋人被害,应将政府诸公抵偿。过了几天,英国驻沪总领事又致电李鸿章,表达了同样意思。连未参战的小国也有波及,驻朝鲜公使徐寿来电:"驻扎各国公使断难再留。此间情形不同,尚可小住,然事变亦难逆料。大局决裂至此,即公能北上,亦无从措手。"徐寿不愧为李鸿章的老幕僚,看出了昔日幕主的难处。鸿章复电:"举国若狂,无可救药。各国尚无逐使说。韩僻小,更可缓。"杨儒来电:"德使被戕,德主性躁,恐将发作,深为吕使危也。现各国因天暑兵单,尚未敢邃进。日久糜烂愈甚,更难收拾。"吕海寰对李鸿章表示,"回华一节,倘彼不下逐客令,我未奉电旨,断无擅走之理,自应坚忍静候,以济时艰"。5日,吕海寰电告李鸿章:"德使戕后,柏林民情汹汹,甚危急。"德国又派铁舰四、快船一赴华,约兵2000名,矢取北京为城下盟。情势顿时紧张。

8日,裕庚来电说,法国外交部面告,"请即行电告贵国政府王大臣,如各国驻京大臣及各使馆人员并商民、洋人等被害,我国定要中国政府抵命",并嘱勿改一字。态度十分强硬。10日,法国还请李鸿章转告奕劻、荣禄,"如能设法将各公使及洋人性命保全,可与和平商议,将来之事,各国意见皆同。……务请设法转圜,力保使馆。免各国添调重兵大举,庶可转危为安"。13日,日军统帅山县有朋向日本天皇建议对华政策:"应惩凶赔款,立光绪,与鸿章谈和。"李盛铎曾于3日为日本使馆书记被杀事道歉,并请日本助华同抗欧洲人,6日,又请李鸿章商令袁世凯率兵入都,救出各使。袁认为,"擅率兵北上救各使,恐中途先自败,实难照办"。14日,李盛铎仍希望袁军北上救使,无果。次日电刘坤一,袁军救使自办不到,然总以设法保住各使为急。

俄兵入侵东北,李鸿章根据杨儒电报,相信其是不得已,剿平乱匪后即行撤回,因此电东三省将军勿与冲突。14日,杨儒报告李鸿章接到军机处3日发出的致俄国国书:"为时势所迫,几致干犯众怒,排难解纷,不得不惟贵国是赖。"15日,余联沅转来军机处致英、俄、日国书三道。16日,李盛铎转来日本答复:"中国如能平匪救使,则余事易办。"李鸿章遂与袁世凯等联衔上奏,"若使臣皆歼,各国即不以公法待中国,窃思杀使无纤毫之益,有无穷之害"。请令四川提督宋庆派兵护送各使赴津，"洵为安危利害之一关键，宗社幸甚"。英国驻沪总领事电刘坤一，转达英国政府意见："现在保全中国，惟视各疆臣之能安靖地方与否。本国非特决无瓜分之意，并未闻别国有此举动。"并请分致各省。

罗丰禄来电，称从英国报纸得知德国意图，但不确定。不久吕海寰电告鸿章，"各国总以各使及眷口有无伤害再定办法"，"以代靖内乱为词"。刻下虽无逐客令，然已有不应再为接待之语。后事亦难意料。17日，又接吕海寰电，知德国之意："一、在保护本国寓华商民身家、财产、工本；一、救护在京被困欧人性命；一、使中朝之人实有治国理民之能者重整一切，并筹一善法，保不再乱；一、所有凶恶焚杀之事，须索赔、惩治，如愿以偿。德国无瓜分之意，亦不求专利。深愿会同各国和衷共济，互相妥商，庶中国早平内乱，速享升平之乐，此德国所最注意者也。"罗丰禄再电："北耗甚惶，行程乞慎酌，对李鸿章的人身安全表示关注。"

18日，杨儒电告，维特须李鸿章抵京、清廷剿匪有效，才令吴克启程。俄国答复愿力助挽回时局，前提是："光绪大皇帝政权自操，将各国人民照约保护，剿平匪乱。"俄外交部称，须各使无恙，满路保全，方有词向各国排解。诱使清廷先满足己方无理要求。清廷妄逞蛮勇，与各国同时开战，后才自知是理屈胡闹，此刻正须借重俄国从中调停，以摆脱尴尬处境。例如在李鸿章北上的途径上，清廷谕旨："如能借坐俄国信船，由海道星夜北上，尤为殷盼。否则即由陆路兼程前来，勿稍刻延。"21日，李鸿章到达上海，美总领事函送美公使康格电称，"似各国兵临城下，非救使一端可了局"。次日，驻美公使伍廷芳来电：美首倡保全中国疆土，照会各国。美国得到康格平安电讯甚喜。李鸿章在广州初次接旨时，美舰刚好在港，对李颇为尊敬，有愿送津之请，但因为启程时间未定，舰即有事开去。后未曾互相通问。法国驻沪总领事白藻泰拜访，说未得公使消息，举国惶急。

24日，李鸿章奏请送各国公使至天津，各国政府以北京混乱、李鸿章身份不明，拒绝与其谈判。《字林西报》则提醒各国，勿使中国上下因瓜分而奋死抵抗，以致各国外人安全发生危险。俄国方面，杨儒电告，"海兰泡由瑷珲统领派兵攻击，彼并无意开衅，我先越境寻仇。俄廷大怒，恐东三省非我所有。此时俄国并无邮船在沪，又值奉天、黑龙江开战，俄船必不肯借"。罗丰禄电称，"英国外交部请俟各使护送到津，再北上与之会议，未知都中能派队伍送各使赴津否"。李鸿章得旨："现在时机甚紧，著仍遵前旨，迅速北来，毋再藉延。"他26日复电杨儒："津沽联合军总统闻系俄提督，吴克若速来，可共商挽救之策。"29日，吴克来电表态："救俄使馆及一切俄人往天津，俄政府视此举以定用和平、势力两策。"30日，又言："俄决意用兵，京城危极。美调停，空言无实。"

德国方面，22日，刘坤一转来吕海寰电，德外交部屡言，"中国究竟谁秉国政，论情势，本不应再为接待。刻又禁发密电，恐不免有逐客令"。31日，德国外交部复电称，"须先查明驻京各使馆暨在京洋人被困情形，以及德使被杀的赔偿事宜，并如何设法足保将来按照公法、礼法办事"。刘坤一26日转来伍廷芳译呈美国答复国书，"美国派兵在中国登岸，原为援卫使馆，保护寓华商民起见，各国派兵亦同此意，均经声明。建议：一、将驻京各使臣现在情形宣告各国。二、立准各使臣与本国任便通信，仍切实保护，俾免惊险。三、谕饬各大员，与各国兵官会商协救使馆，保护各国人民，安靖地方。倘蒙允行，则此次扰乱各事不难与各国妥商了结。但其他各国责怪美国轻信，须准各使函电往来，始易商办。美国派前驻京参赞柔克义来华查访，约一月后抵沪"。29日，伍廷芳请李上奏，先准通电。

李鸿章电驻英、俄使请缓兵，两国以空言保护而不接受。英、日、俄三国组织天津临时政府。盛宣怀来电说，"总署饬转还俄、美、日洋文密电，嘱令改用明码。但实际上各国早料到此，已在大沽、威海、烟台、上海强设海线，并预备行军陆线，跟随洋兵由津逐步直通到京。若禁密码，即与美书所请任便通信相背，况其海线、行军线将成，不久即无求于我矣"。杨儒来电告知俄国出示六条："一、贵国屡称平乱，迄无举动。二、贵国大皇帝暨各督抚虽请俄国调处，阻各国进兵，仍不准俄国公使、人民径与本国通电，又不将伊等护送至津。三、如此情形，俄此后不能容忍。四、俄国人民立盼释放，并加保护。五、如贵国顾自己利益，将来实欲俄友助，须有真实凭证，空言无益。六、以上各条，立待明白见复。"

李鸿章收到保定转来清廷7月19日谕旨，"告知各国使臣均平安无恙，著李鸿章电致杨儒等，转告各国外部勿念。并迅速兼程北上，毋再刻延"。恰好杨儒来电："俄愿借兵船送钧麾北上。近兵部日怂进兵，幸户部劝阻。"8月1日，杨儒又来密电："俄主定见，如东省无战事，伊（吴克）到前决不向北京进兵，各国或可因此松劲。"2日，收到吴克7月31日电，由加拿大来华，盼李鸿章乘俄国兵船"平顺"赴津。李经方代复吴克，"李不能久候，届时伯行在沪可晤商，将来我两人各别办理，以免各国猜忌"。此时，美、英、日各使均与本国通消息，俄国却还没有，5日杨儒转来维特意见："若送津、通电两层不肯速做，俄即无可为力，吴亦虚此一行，辜负俄一片美意。"

李盛铎电转日本外交部意见，"此时惟有奏请派兵护各使出都，不必定赴津，但送至安静内地妥为保护，将来倘战不胜，各使尚存，仍可议款，庶无碍中国全局"。日本领事奉命向鸿章建议："东南自保，坚定立场，不奉上谕。"6日，日本政府得知清廷2日上谕，同意暂停进兵。8日，俄、英均云非俟各使通电，无可商办。当天有8国发电。9日，西摩尔扎兵上海，军舰二三十艘，调兵数千。刘坤一来电请教李鸿章，"应否会电罗丰禄，向英外交部相机进言，陈说利害，我保疆土，彼保商务，毋为武员所愚"。杨儒也电请在德兵到前送使并通电，否则俄国调停更难着手。并请东三省即日停兵，免损邻交。

11日，盛拟电稿，由李、刘、张、盛联衔公电各国外交部。但吕海寰转来德国外交部称，"止兵非一国专主。德深知两宫十分为难，并无仇视意，请勿多虑。内匪未靖，显见兵力不足，故代平乱。兵到后自见分晓，再商办法"。12日，鸿章电杨儒："都城恐已慌乱，如能不迁为妙。俄领事密称，奉国命派大快船候接，望先道感谢，俟各国复电到齐，即暗度陈仓。前有俄员照料，当无险阻。"李盛铎13日来电："傅相未入京，议和之旨恐各国不信。"实际上，各国眼见北京城指日可下，都不想放弃这千载难逢的好机会，对于停战互相推诿。14日英外交部仍继续派兵进京，美总统"深愿和商，无乖夙好"，但须公使护送至津后，与前敌兵官就近妥商停战之约。俄财政部派头等兵舰"阿特密腊格尼洛甫"到沪，维特劝李早赴津沽，表示将随处保护。俄国意见，各使抵津，满洲安靖，便可条议停战，竭力排解。除了与别国相同的公使安全抵达天津外，不同的是多了一条"满洲安靖"，维特还电请东三省停攻保路俄兵，并派晓事全权大臣驰往，将违旨肇乱各官严查惩办。乘人之危，无出其右。

李鸿章通过日本驻沪领事小田切密电老对手伊藤博文，希望借此打破无法开议的僵局，但对方复电说，"贵国政府屡次延宕，遂不能于外军未交迫北京之前，敏活办理一切事宜。……将来办法，予与阁下旧交至谊，关切殊深，至愿临时电商，以贡寸诚，并无切实办法"。日本外交部称，"并无他意，……如有祸及两宫之虞，日本政府应须极力保护"。15日，吕海寰说，"德与各国明告：各使馆例不能伤损，如再生变，即将北京办事人员性命、财产抵偿"。在此种严峻压力下，李鸿章飞电军机处："存亡呼吸，惟以保使为枢纽，……以延国脉。"并电各驻外公使，请各国兵不入京，以免两宫受惊、万民涂炭，致亏大清元气，而伤天下臣民之心。英国外交部说，如能将北京城内的各国公使安全送到东便门城外，交给各国联军部队保护，即可约明不入京城。于是李鸿章请军机处译署派员与英国统领吉思利并各使商办。他此时尚不知道，慈禧携光绪已于凌晨出逃。

16日，李鸿章电各国外交部商议停战。17日，洋兵逼近京畿，局势大变。英、日、俄同意各国兵队持白旗在京门迎迓在京西人。德、美、法复书会同办理。19日，李鸿章电驻外公使转各国政府，联军进京，各使无恙，似可即行停战，请派使谈判。20日，李盛铎电告李鸿章日本政府志在速和，请商退兵。21日，李鸿章再电驻外各公使，"切商外部及时退兵，仍派全权会议善后，以敦和好"。小田切函告，"日本保护中国皇太后、皇上各节，全系出自日本政府本意"。并请速电两江、两湖总督。此时，日兵已进占紫禁城。

22日，李鸿章电杨儒，"请复维特：东三省消息甚恶，由于我政府力难兼顾，……望贵国停兵勿进，共保和局"。次日又电告杨儒说，"各使均诿俟京使确信，似有意纵延，有违初议。俄称无据东省意似未

鞠躬尽瘁——庚子年最后的努力

尽确。各国必将借辞效尤，大局殊不可问"。等到30日，俄国终于答允将兵队、公使、人民一并撤至天津，以示真心见好，绝不据尺寸土地。李鸿章认为"此绝大转机，不可再误"。他打算31日候批旨回，"俄使有到津确信，即航海往晤"。但他觉得，各国皆注重纵庇拳匪乱兵之人，和议必难就绪。俄国通告各国："亟愿维持秩序，请各国撤兵。"法国赞同俄国撤兵建议，但不考虑鸿章为谈和代表。美国报界电告鸿章，表示愿意美军退出北京。23日，伍廷芳电李鸿章：美方派员与中国实在任事秉权之政府所派大员，会同各国会和商。美国国内意思均愿洋兵退出北京，并认鸿章为政府议和大臣。

然而，德国由于公使被杀不愿轻易罢休。吕海寰电李鸿章："德国恐非兵到难开议。"24日，德外交部面告吕海寰，京内情形尚未查明，中堂所授全权，各国均难遽认。李鸿章认为，洋兵果能退出北京，议和较易。俄先撤兵回津，法、美、日均以退兵为然，唯英、德不允。9月3日，各国意见不能统一，尚难开议。李鸿章气愤之下质问罗丰禄："英国至今不认全权，不与开议，……尔驻英久，与外部颇相得，何以置若罔闻。"4日，罗丰禄答复："中堂全权，外部并无不认。洋人不议和则已，如议和中国惟有中堂一人，何能不认。"此语虽有敷衍塞责之嫌，但却不无道理，奕劻在日本保护下曾向各国公使请求和谈，就以无训令为词而遭到拒绝。

在事变发生一直以来，笼络着中国驻外使节的主和派施展精明的外交手腕，几经周折之后，11日，李鸿章通告各国将于14日北上会议。次日，各国海军司令官开会讨论，除德国外，都允许李鸿章通过防线。13日，美国答应电告京津美国统兵将军，沿途保护李鸿章。既然列强允许李鸿章北上和谈，保留了外交解决的机会，说明其暂时没有或不敢有吞并中国的企图，代表当时中国政府的晚清朝廷也就残存着一线希望，李鸿章和诸公使与列强们反复交涉的心力总算没有白费。

五

清廷初次召李鸿章北上时，局面尚可收拾，李鸿章也没多大顾虑，然而，随着形势的急速变化，李鸿章的北上心态也几经起伏。大沽失守后，盛宣怀6月18日提醒李鸿章："一国与各国战，断无是理。……须先照会各国水师提督，方能北上。"19日，李鸿章电告驻守山海关的宋庆，准备由秦皇岛登岸，令周馥之子周学熙备车马，在北京贤良寺备行馆。他打算乘"印度皇后"号，于6月27日中午启程，先到香港，"粤至港线当饬文武保护"，转上海北上，"间道进京"。并嘱咐盛宣怀说，"尊处得京、津确信，仍随时电知"。以掌握最新动态，避免自投罗网，实际上，只要义和团控制首都，他就无意登程。

为安全起见，李鸿章致电袁世凯说，"庸谬误国，可恨"，"旨召弟入卫，是否亲往，抑分队。兄只可单骑赴北，但虑洋兵、拳匪阻隔不通。望续电示"。如能得袁军护卫，当然多一份保障。次日，袁回电："京探有西迁说。"李随即复电："董军一挫，恐即西迁，各省援兵何益。"拟月朔自港开，到沪再探路进。董福祥所部甘军是北京城内建制较整齐的一支部队，一旦不敌则无更强防守力量。按照盛宣怀的建议，李鸿章将北上行止照会各国驻粤领事，请转达驻京公使、水师提督。英国当局和两广绅民不希望李鸿章离去，担心港粤不宁。李鸿章21日电告盛："粤人呼吁攀留，拟稍缓启程，以待后命。"当然，除此原因外，清廷既没有明示令他北上的目的也没有授予其相应的职权，让李鸿章颇费猜疑，因此，暂时观望无疑是最佳选择。

盛宣怀认为，"大沽互击未奉旨，可不作为失和"，但"恐蹈庚申辙，大局只望师到挽回。早一日好一日"。担心出现类似当年咸丰北逃的尴尬局面，李鸿章复电："即赴沪……候信取进止。岘、香已派兵北援否。"随后致电直隶总督裕禄："洋兵大队究抵何处，已否与我军接仗，京城若何情形，乞速详示。"他想知道确切消息。22日，盛宣怀连促鸿章北上："拳匪易了，大沽不算失和。"李鸿章以"董军攻使馆，吾何辞以阻外人添兵耶。且国是不定，我不能失信外人"谢绝。过了几个小时又发电说："保住使馆或尚可商办。"他私下告同人："董军无

鞠躬尽瘁——庚子年最后的努力

大炮，不能毁伤使馆。"各国添调重兵，事势万分危急。假如清廷声明大沽口开炮并非奉旨，各国即可不作为开战。他们听说李鸿章将入觐靖乱，认为善后已有期望。

旧属周馥来电说："北事危，非师莫解，中外如望岁。"朝野上下盼望李鸿章北上解围的心情，竟然像等待除夕夜一样迫切。四川将军绰哈布电："国事危急，特召大贤扶持。可否先借一二强邻之力排解，暂顾目前。"这与李鸿章的一贯思维不谋而合。闽浙总督许应骙电："中堂内召，实关社稷安危，深盼速行，以副众望。"李鸿章答复，"水陆梗阻，万难速达"。"不能奋飞，焦急无似"。28日，张謇与刘坤一商定，公推李鸿章总率援军北上。29日，盛再促李鸿章北上，请令袁世凯率军进京以清君侧、护两宫。刘坤一表示："非公重望，威信四夷，不能有济，乞迅赐裁行。"李鸿章仍坚持按兵不动，次日向李经方道出了真实想法："惟内意决裂，变态日出，暂不能许。"

7月1日，刘坤一再电："目下朝局，非公速发，另筹切实办法，病在腹心，几不可治。"李鸿章复曰："荣、庆尚不能挽回，鄙人何敢担此危局。各国兵日内当抵城下，想有一二恶战，乃见分晓。"不到最后关头，清廷肯定会固执到底。3日，清廷催促入京。但李鸿章到12日才收到。6日，清廷再促鸿章北上。12日，李复电杨儒时说，"旨催迅速来京，未言何事，似由维德前电而发，倘俄将决裂，去有何益，拟月内至沪，再酌进止"。京内使馆渐稳。14日，刘坤一来电："各使初七（3日）致国书，并趣公速入。内间必有转机，务求趁各国兵队未到，早日启节，较易转圜。"在清廷连番逼催之下，加上使馆暂告安全，各国也有议和之意，李鸿章心里算是有了点底。

15日，李鸿章电告经方：定17日起程，到沪暂住。让他看明住处、妥筹卫队屯扎之所并知会领事。随后电盛说，"香帅救使会折和岘帅洋款会折均已电催慰廷速奏。粤中绅民、领事攀留甚切，然不敢再留，二十一乘'安平'起程，到沪后或得避嚣逭暑。各使不救将何之。"张之洞电询何日自粤启行。李鸿章回复："拟到沪后，看救使会奏有效否再取进止。"次日，李鸿章由袁世凯处得知清廷8日的直隶总督委任，觉得此时"调简直督，是大难事"。尽管前途艰险，但毕竟有了名正言顺的职位。于是，17日，李鸿章乘招商局安平轮，不顾港督慰留转道北上。至此，李鸿章迈出了北上议和的关键一步。

在李鸿章宣布将启程北上莅任后，港英当局对此感到惊慌和愤懑。两广当地的官员也担心李鸿章走后，义和团运动将席卷华南，这使他们心烦意乱。英国外交部认为，李鸿章留在广州比他前往北京将更有效地促进秩序的维护，因此港督卜力企图在李鸿章途经香港时将其扣留，幸而英国殖民大臣张伯伦指示他不许打扰这位年事已高的政治家。尽管如此，李鸿章21日抵达上海时，英领事仍表示不欢迎，不准其卫队200人登岸，得到他们解除武装后才允许20名随从进入租界。李鸿章住在幕僚刘学洵宅，但各领事相约不访，说李鸿章应留广州主持东南自保，不奉京命，又各国公使若在京，驻沪领事无权谈判。而勤王师可解散拳民，和议即成。伦敦《泰晤士报》及上海的英国人协会反对优待李鸿章，说不明其受命来自何人，将他视为端王代表而不予承认。他们还认为李鸿章名为进步，实则阻碍，必须请光绪出而主政。李鸿章声明系奉密诏北上，不能不遵命，授直隶总督之任命乃慈禧签发，但仍未能与各领事直接面谈。

不过，南方督抚和当地大小官绅对李鸿章的到来表示隆重的欢迎，"节钺北移，中外忻庆"。22日，刘坤一贺调任大喜，并询北上期，复电曰"不敢当贺，体中小有不适，拟略休养，再取道运河北上"。此时李经述来电提醒说，"天津14日失守，劝万勿冒险北上，如廷旨严催，亦宜由旱路徐徐前进，相机而动，为家国留一后著"。次日，袁世凯转来北京消息，"各使无恙，均愿太平"。尽管如此，李鸿章仍不愿冒险北上，25日复张之洞说，"冒暑腹疾，须俟北信再行"。

此时，"北方万众翘仰宪节，望若云霓，以解倒悬"。27日，刘坤一约晤李鸿章，促北上。但李鸿章认为，"各使在京虽无恙，看各国语气，未容在都商议，致受劫制，当轴误会，恐酿大祸"。"鸿去迟速皆无济也"。29日，张之洞来电曲意调停，请等待后续谕旨以了然朝局，与李鸿章不谋而合。不久再次奉诏促北上，李鸿章复奏称颂"圣主知人，山河之幸"。然而，31日，他收到李经述27日从德州发来的电报："内意信拳，非敌兵围京，断难议和，祈留一身以救全局。"8月1日回复说，"余六奉旨催北上，因内意无定，尚缓行，若敌兵围城，恐即播迁矣"。2日，李经述再电："党拳煽乱，慈圣力不能制。围城西幸势所必然，尚祈在沪留，俟变定再筹补救，切勿轻身赴召，自蹈危机。"连掌握最高统治权的慈禧也无能为力，李鸿章决意继续静观待变，"洋兵已前进，一月内大局可定。吾稍缓待，虽严遣不顾也"。北上之期再度推迟。

李鸿章在上海的日子也不是那么舒服，10日，风闻印度兵二千将到沪，商民惊徙，恐至市廛一空。幸而清廷授李鸿章为全权大臣的旨意到达，刘坤一致电恭贺全权大喜，"旋转乾坤，熙天浴日，惟公是赖"。清廷之所以下定决心任命，是因为北京城此时正面临灭顶之灾，15日美军攻紫禁城，清晨慈禧、光绪化装西逃。据时人记述，"联军入京之初，南中得京师已陷、两宫不知下落之讯，甚有谣传已遇害者。人心为之皇皇"。江督刘坤一乃发起推李鸿章以类似"伯里玺天德"（总统）之名义，主国政，俾暂维大局，应付外交。密商之下，鄂督张之洞等赞成之。李鸿章对刘说："众既以此见推，我亦知他人亦断不肯任此挨骂之事，苟利国家，吾不敢辞。日内如两宫仍无消息，当勉从众议，惟一俟探得两宫安讯，即日奉还大政，守我臣节。"刚好第二天就得到两宫已行至某处之报，此议遂寝。

北方大乱，联军进至通州，护理直督"以菲材实难兼顾，务恳宪节速临，以免贻误"。李鸿章电慰，"旧地重来，实觉无可措手。……敌兵并无犯保之意，只须弹压拳匪团民勿借生事为要。俟确信再航海北上，但未有期"。18日，袁世凯电告联军15日晚上入京。"各国使馆解围。西狩已确。无人主持，望公速航海北上，设法议款，挽救危局，迟恐焚烧、追及。大清存亡，惟公是赖"。但议和事关重大，"京内无人主持，款从何议，应俟事局略定，即航海而北"。不过李鸿章没有闲着，他商请各国停战止兵，但是各外交部互相推诿，有的说须先与驻京公使商酌，其实已是杀红了眼停不下手。李鸿章觉得"各国图我，同一意见，竟无亲疏之分"。真是四顾无助、悲哀莫名。

8月25日，云贵总督丁振铎请李鸿章与刘坤一同心合力，大兴淮楚之师，固守吴楚，保全浙江、湖广，完善财赋，以图中兴。或许受此建议影响，李鸿章痛切上奏："臣一身不足惜，其如大局何。请添派庆、荣、刘、张会办。事关重大，断非独力能胜。……值兹至大至难之事，宜收群策群力之功。"26日，慈禧谕奕劻回京与李鸿章会办和议。李鸿章再次密奏："立简重臣，先清内匪，善遣驻使，速送彼军，臣冒暑遄征，已临沪渎，屡奉敦促，岂惜扶疾以行，惟每读诏书则国是未定，认贼作子则人心未安；而臣客寄江南，手无一兵一旅，即使奔命赴阙，道途险阻，徒为乱臣贼子作菹醢之资，是以小作盘桓，预筹兵食，兼敌志，徐议排解，仍候布置稍齐，即星驰北上。"

张之洞闻知可能将随同与议，不胜惊悚。电称，"国事至此，岂敢推诿，但各国要挟必有难于上陈者。洞望轻才庸，岂可滥附诸元老之列，将来尚须恳辞耳"。然而，刘坤一29日传来消息，德续调重兵，英调兵驻沪，日在厦门寻衅，各占先著，伺隙而动。"一国开端，分裂立见。……目前计惟有速结，尚可弱而不亡。"31日，慈禧派刘坤一、张之洞会商和议，张奏请与李鸿章以全权大臣节制所有在直隶军队，并令地方官剿拳匪，清廷准奏。9月1日，李鸿章收到清廷8月19日上谕："著即迅筹办法，……从而转圜。务期竭尽心力，为国家捍此大患。"9月2日，李鸿章奏请抢修电线并明发上谕以靖人心。严剿拳匪，"窃愿朝廷效法禹汤，先下罪己之诏，能使海内臣民抚膺而痛苦，即能使域外诸邦心悦而诚服"。自称"受四朝特达之知，今蒙畀以恢复神京重任，虽衰迈无能，曷敢诿卸"，"一俟稍有转机，即当航海驰赴津京，相机会同商议"。

李鸿章为何迟迟不肯北上？有人认为，"清廷倚之愈殷，鸿章持之益力"。这种心态即使真有偶尔出现，也不会是主要部分。李鸿章不能迅速北上，也有他的苦衷。据分析，第一，当时的局势虽然危急，但清廷的中央政府仍为顽固的主战分子所控制。第二，当清政府因拳乱而下诏与各国宣战时，一举而与中国成为敌对的国家，多至十一国，各有其侵略野心，假如李鸿章不能得到适当的安全保证，他也不敢轻身北上，致蹈不测。梁启超对李鸿章也做出了理性谅解，"知单骑入都之或有意外，故迟迟其行，知非破京城后则和议必不能成，故逗留上海，数月不发"。欲救人先图自救，应该说是明智而实用的做法，否则不仅徒增无谓牺牲，更使局面扑朔迷离不堪收拾。

国家危亡将清廷地方大吏迅速地团结在一起，迫使他们同意李鸿章的主张，并唯李鸿章马首是瞻，联衔参奏首祸王大臣。因为"此次变出非常，各国之意，决非空言所能就范。……成败利钝，非可逆睹"。李鸿章之所以斗胆请清廷下罪己诏，是为了以认错赢取主动，将主要责任诿卸于亲义和团的王大臣，这样既保证了他北上后的安全系数，又能给列强一个交代博得其信任。因此，吉尔伯特·罗兹曼也认为，李鸿章"不仅限制了列强向中国北方渗透，而且稳定了局势，并使皇太后得以和1900年那场失败了的起义划清界限，以这场破坏性起义的镇压者身份重新回到权力宝座上去"。在那日日惊心的危急时刻，李鸿章通过使节外交与各国初通款曲，和东南督抚齐心协力安靖边地，与清廷讨价还价获得全权，争取地方大吏支持奏请惩办为祸首凶，步步为营的应对措施之后，时局也慢慢明朗，他终于可以安然北上了。9月14日，李鸿章从上海乘招商局轮船，继续他人生最惊心动魄、最艰难困窘同时也使他备受后人诟议的不归之旅。

六

据目前资料可及，整个庚子年，李鸿章只写了6封信，其中3封是给儿子李经方的。其他都是来去如飞的电报，特别是从庚子事起到北上和谈这几个月时间里，几乎从没间断，诚可谓"烽火连三月，家书抵万金"了。李鸿章长兄李瀚章5月初下葬时，门庭已显冷清，李鸿章无奈自释，"吊客甚少，转觉省事省费"。6月9日，局势已然不妙，李鸿章对李经方感慨道，"时事艰极，吾高年膺此重寄，徒增焦烦，不知岘庄何以大耐官职也"。但时代风云很快将他推到历史的前台，再次站在风口浪尖力挽狂澜，李鸿章8月5日致函师友孙衣言说，"时局变迁，非只手所能障挽"，"渐图补救"。不能将李鸿章的话全看作门面语，他"确有临事的精神，所以才一直到七十九岁高龄还在位做事"。

在当时的疆吏中，李鸿章能最为迅捷地掌握义和团运动的动向并即时了解到清廷最高当局的态度，从而做出自己的决断。另一方面，那时驻外的公使，例如驻英的罗丰禄、驻德的吕海寰、驻美的伍廷芳、驻俄的杨儒等等，都是一流的外交官。可是，端王载漪管理下的总理各国事务衙门（职能相当于今日的外交部），对他们却没有任何指示。幸好这些使臣大都曾是李鸿章的幕僚或下属，在危急时刻仍能坚守本职岗位，积极向清廷地方大吏提供所在国的最新情报，使李鸿章可以如臂使指，对列国政情了然于胸，从而能够做出相对合理的外交决断。例如他认为清廷的宣战命令是"矫诏"，通电表示断不奉行，《凌霄一士随笔》的作者认为李鸿章语至坚定，风声所树，关系时局甚大，其未至全局糜烂，此电实与有力。正是因为有了李鸿章的坚不宣战，使南方其他督抚敢于相继效法，才使东南互保有了实践操作的可能性。

在这个问题上，不少人将此归功于盛宣怀或刘坤一，应该说不够准确。"东南自保，获免全国糜烂，俾大局危而复安，尚论者惟知李鸿章刘坤一张之洞诸氏，决大疑、定大计，功莫与京……"上海士绅奔走于金陵武昌之间，在关键时刻，李鸿章为站在第一线的张之洞、刘坤一打气、壮胆，并积极参与和响应，促成了"东南互保"的最后议定。事实上，举朝上下（包括李鸿章自己）皆知折冲樽俎、和戎却敌，仍非李不可。因此，数月之间，清廷十下诏书催促他回京主持大局。长江二督张之洞、刘坤一深知才有不敌、甘附骥尾，为撑持危局，必要时两人甚至愿意拥戴李鸿章出任新政府的大总统。李剑农认为，李、刘、张、袁四人"把乱事限拘在直省一隅，颇费了一点苦心"。李鸿章的作用显然是首要的，连义和团都认为李鸿章是东南督抚们的头头，始终是东南互保的后台和主谋，"纠合十余省督抚，保护外洋商务……并力抗我"。义和团要杀的"二虎"除奕劻或荣禄不确定外，李鸿章实居其首。

假如那时不搞"互保"，则长江中下游和云贵两广等地区都有可能陷于战火之中，地方大吏们所考虑的是"犹冀北去而南存，为大清留一虚号耳"。有人据此称赞李鸿章能有超卓的见解，不应诏与战，得免江南两广于难，人民不但减少苦痛，国家元气上，也保留一部而未丧失。中国致力于自强运动的各省总督们着手控制局势，只要外国人不让军队和炮艇介入，他们就保证中部和南部中国平安无事。这个大话当真起了作用。南方督抚们起劲地致力于"互保"，又包含着审时度势之后的用心。使战胜之后的列强在处置中国时不能不正视驻守东南的几十万军队。东南互保的成就，除了使东南地方避免战祸，保全国力外，也增加了外交上讲话的力量，有助于日后的议和。曾目睹咸丰悲剧场面的慈禧记住了前车之鉴，知道上海关系重大，并能与上海维持好特殊关系，因此，事后清廷对南方督抚们互保做法的有效性予以追认。

有研究认为东南互保"是英国为保护其长江流域的利益，亲俄派的李鸿章对此是有隔阂和距离的"，此论有待商榷。当乱起之初，李鸿章特别关心并设法探听英、法、德、俄、日本等国"政府注意所在"，英国一方面声称"绝无乘机强令中国变易政体"，另一方面却又策动两广独立，这种自相矛盾颇令李鸿章感到困惑。以致当他离开广州后，7月19日，护理两广总督德寿还致电盛宣怀，询问上海所议保约是否有粤省在内，同时请盛酌量附入。其他列强对中国究竟抱有何种意图，李鸿章开始也比较茫然，不了解列强的"注意所在"，没有得到英国和其他列强的切实保证，李鸿章是绝不敢轻举妄动的。

然而，英国不承认李鸿章为和谈代表，德国一心复仇，法国并无主见，美国虽较积极却略嫌稚嫩，对日交涉又无功，可倚为奥援的只剩蓄谋已久的沙俄。而且，真正的亲俄派其实是慈禧太后，李鸿章只希望能联俄制夷，他从不无目的地亲近任何列强。当然，不独李鸿章被沙俄的伪善表演欺骗，连刘、张等大吏也同样被其狡猾手段蒙蔽。如9月8日，刘坤一就致电李鸿章，认为"俄先撤兵，意颇真挚"。

清廷一度逃离北京的事实，使列强清楚地认识到，清王朝已成为新型的外国在华特权格局的组成部分，而公开分割"中国西瓜"亦将是代价昂贵，而且后患无穷。正是考虑到这一层，"华南各省的中国官员立即声明这是一次国内的叛乱，并非北京所宣称的排外运动。靠这一虚构的说法，清廷又延长了10年寿命"。李鸿章为什么要这么做呢？或许"一个由19世纪后半期的风霜雨露铸育出来的老人只能属于19世纪。代表20世纪的人们盼望王纲解体，属于19世纪的人们却不愿意看到王纲解体"。对那个时代的李鸿章而言，国家和政府无疑是一体的，他将清廷等同于中国，民主和共和还是相当遥远的事。

李鸿章的后半生基本都是在为维护清朝统治而奋战，甲午战败后，他自嘲为"裱糊匠"，但又无奈地感慨"何术能负其责"。所谓裱糊，是指中国传统社会居民在资金不足的情况下，为保证基本居住而采取的权宜之计。裱糊并不等于糊弄，民间裱糊匠的手艺其实是很高超的，有的甚至能化腐朽为神奇。能让一所破烂不堪的房子旧貌换新颜，并且表面上看起来还颇有气概，委实是极不容易的事。只要房子留存、产权在手，加以全家老少众志成城的苦心经营，何愁没有翻盖华厦的那一天。李鸿章从不轻易示弱于外人，他自称为裱糊匠，表面看来似为自贬，实则内心不无孤傲自得之意。只不过，李鸿章的"裱糊"大多是被迫而为之，又因囊中羞涩只得挖东墙补西墙，这使他疲于应付，最终为此耗尽了心力。

或正为此，吉尔伯特·罗兹曼认为李氏"是一个能干的政治权谋家，但他的巨大才华用错了地方。……因此，他也必须被看作是中国20世纪军阀罪孽的始作俑者"。此论未免要求过高，不了解李鸿章在清廷中的实际影响力，并且没能领会李鸿章的真实本意。

李鸿章之所以忍辱负重，是想以时间甚至空间换取发展机会，使中国尽快强大起来，能够有实力与列强相颉颃，因此当务之急是养精蓄锐保存实力，不可轻于言战。可惜的是，却被一干名为爱国救国的颟顸大臣性急冲动所误，使李鸿章长期以来卧薪尝胆的孤苦心血毁于一旦，怎能不让他在临终时仍痛骂毓贤误国、恨恨不已而难以瞑目？！

民国人士综评这段历史说："那位曾被唾弃的老外交家李鸿章终于又被迫来收拾残局，要他含垢忍辱地办这个吃力不讨好的外交。他依然运用他利用列强相互间的矛盾的外交手腕，在八国联军威胁之下，与各国代表相周旋。以镇静的态度，应付错综纠纷的时局，谈何容易！他所签订的辛丑和约，虽足以使我国至今受其束缚，当然无功可言，但任何人处此地位，恐也不能有较好的成绩的。"应当说还是非常理性中肯的，清廷当政者对此当然心知肚明，所以在国史本传里这样记述他庚子年的北上，"以鸿章公忠素著，威望信服，此行为安危存亡所系，勉为其难"。在李鸿章入祀贤良祠的祭文里肯定其"老成忧国之忱"；御制表忠祠碑文褒扬他"扶持危局"，"所处尤难"。神道碑铭里哀叹他

"孑然一老与七八坚敌相抗年余"。

罗尔纲也持同样看法，"孑然一老，与列强相抗年余，卒定和约"，饱含同情。也有人毫不客气地批评那些反对者"今之后生，喜谤前辈"，李鸿章"以一身当国家对外之冲，论才气，论资望，论声名流传之广远，论耿耿谋国之孤忠，似尚无一人能及鸿章者"。当然，仔细探究查考这段历史绝非仅为李鸿章正名。庚子年和李鸿章距今有百余年之遥，与我们的日常生活已渐行渐远，但当国家民族面临重大危机关头时，这段令人扼腕叹息的沉痛史实仍然是值得现代中国人借鉴和反思的。

李鸿章虽一心维持力保和局，以争取中国得到最大发展，但不可能控制其身后人事，不管是刘坤一、张之洞，还是李宗羲、袁世凯。但在某种意义上，清末新政是李鸿章近代化事业的延续，他所倡导的观念在清末已深入民心。刘坤一、张之洞联衔提出的"江楚会奏三折"，成为新政改革的蓝本，洋务派官员们呼风唤雨，积极活动，成为新政改革的主要骨干。如果这样发展下去，李鸿章的愿望不用改朝换代或许就可以基本实现。孰料，铁路线的国有化损害了原股东利益，清廷统治者缺乏诚意引起了民众的激烈反抗，成为革命发动的导火索，最终还是葬送了清王朝。

成乎？败乎？一生在路上

李鸿章诞生的时代，中国正从清王朝所代表的传统政治文化发展的曲线最高点开始下降，而其生活的世界，却正处于欧洲列强所创造的民主科学与工业科技的近代文明发展曲线开始极速上升的阶段。

这也是中国社会急剧变动的一个历史时期，空前严重的民族危机和晚清错综复杂的阶级矛盾造就了李鸿章独特的政治品格。作为晚清洋务派重要首领，为了维护大清王朝的统治，为了挽救中华民族的危亡，他大力兴办近代军事工业、民用厂矿业、交通通信业以及文化教育事业，并在政治、外交等方面提出诸多建议和办法。李鸿章开办近代工厂从军事工业入手，但并不仅限于此，从其理论思想与实际行动来看，军用与民用之间并无明确界限，在紧急军情结束后即开始民用品生产。这表明，其心中蓝图仍是整个工业的近代化，然后推而广之，实现整个社会经济、军事、政治、外交、文化的近代化。

据不完全统计，洋务运动时期，仅近代工矿业和交通运输业就开设有388家，其中19世纪70年代之后创办的有382家。这些企业分布在机器修造、缫丝、棉毛纺织、轮运、铁路、电报、采矿、钢铁等近20个行业中，实存资本数达到5250多万银圆。它们与军事工业群体一起，以1亿5千多万银圆的投资规模，初步构成了中国近代工业的早期体系。

一

在晚清中国，实现资本主义近代化的任务繁重而又艰难，从起步开始就是在坎坷不平的道路上蹒跚前行。洋务派兴办近代工业遇到来自国内外两方面的重重阻力，首先是西方帝国主义列强的蚕食鲸吞步步进逼，不给中国休养生息的时间，外国在华企业则百般排挤和肆意倾轧华资企业；其次是国内顽固保守势力的反对，处处阻挠洋务事业的推行，清廷统治者愚昧衰朽，内部矛盾重重、互相倾轧，使得李鸿章的宏图远略，或不得实行或半途而废，无法收到预期效果，从而使中国近代化事业得不到健康的、长足的发展。

在从1840到1900年的60年中，列强对中国发动了5次大规模的侵略战争，对中国经济生活和生产建设的破坏一次比一次严重。这分散了中国进行经济建设的注意力，迫使清政府不得不耗费巨资去募兵筹饷购械，无力调动足够的资本用于经济建设。

更严重的是，为了对付外来侵略，中国的近代化也不得不始终围绕军事这一中心来进行，原本有限的资金又大部分用于非生产性开支，对中国的近代化建设很是不利。特别是每次城下之盟后需支付大量战争赔款，更使中国民穷财尽，加剧了中国经济发展的艰难。与此同时，西方列强通过武力在中国攫取一系列特权，无限制地向中国进行商品和资本输出，与中国微弱的民族资本争夺原料和市场，民族资本生存维艰，遑论取得理想发展。

另一方面，在千年一遇之大变局面前，清廷中的顽固保守派仍坚持"国之存亡，在德不在强弱"的传统思维。他们信奉"立国之道，尚礼义不尚权谋；根本之图，在人心不在技艺"，认为"天下大利，首在农桑"，"不能舍本务而图末艺"，因此，他们与李鸿章等洋务派大唱反调也就可想而知了。

洋务派提倡士大夫讲求机器制造原理，保守派认为"朝廷命官，必用科甲正途者，为其读孔孟之书，学尧舜之道，明体达用，规模宏远也，何必令其习为机巧……"洋务派倡议学习天文算学，保守派说"立国之道当以礼义人心为本，未有专恃术数而能起衰振弱者。天文算学只为末议，即不讲习，于国家大计亦无所损"；洋务派努力推广机器生产，保守派却说，"四民之中，农居大半。男耕女织，各职其业，治安之本，不外于此。……机器渐行，则失业者渐众，胥天下为游民，其害不胜言矣"。

洋务派力图振兴商务，保守派认为，"圣朝之生财，自有大道，岂效商贾所为"；洋务派想修筑铁路，保守派更是群起反对，"火车实西洋利器，而断非中国所能仿行也"，"西洋专奉天主耶稣，不知山川之神。……我中国名山大川，历古沿为祀典；明禋既久，神斯凭焉。倘骤加焚凿，恐惊耳骇目，群视为不祥。山川之灵不安，即旱潦之灾易召"。更有甚者，居然"睹电竿而伤心，闻铁路则掩耳"。

有的干脆直接对洋务派进行人身攻击，说是"唐虞患洪水，商季患戎狄猛兽，春秋患乱臣贼子，今日之患未有如侈谈洋务之大者也"，甚至指名道姓责骂"李鸿章……直欲不用夷变夏不止"。李鸿章自述，主持洋务"三十年来日在谣琢之中"，因为支持者寥寥可数，反对者却是在坑满坑、在谷满谷，有的认为西法窒碍难行，有的觉得不必学习西法，还有的认为即使暂时实施也不能长久，干脆就不用学了。匡助少而敌对多，难度之大，可想而知。

任何政治经济方面的近代化措施，都要有一个反复实践、不断深化的过程。李鸿章主张"变法"，不断前进，但传统中国社会建立在自给自足的自然经济基础之上，以此为支柱的政治和经济体制、民情风俗、思想观念，对于西方的新学新器物都具有天然的排斥性。

难能可贵的是，李鸿章具有常人所不及的魄力，明知山有虎、偏向虎山行。他说，"处今日喜谈洋务乃圣之时。人人怕谈、厌谈，事至，非张皇即卤莽，鲜不误国。公等可不喜谈，鄙人若亦不谈，天下赖何术以支持耶？"在闭锁之风盛极的晚清中国，李鸿章早早形成开放意识，不仅谈论洋务，且积极付诸行动，不遗余力地引进西方先进器物和技术。

晚清朝廷中，实际统治者慈禧虽有决断的能力和灵活的手腕，但缺乏对近代科技知识和世界大局的了解，思想上又过于固执。最关键的是，她并不把国家的根本利益放在最高位置，只专注于维持自己在朝廷中的绝对权势，对李鸿章等倡导的洋务运动，既予以一定的支持，同时也明里暗里施以各种制衡掣肘。

在这样的政治局面下，那些开明或杰出的所谓洋务派，不论是枢廷大臣还是地方督抚，都无法彻底放手推进洋务事业，使它们对国家的近代化产生决定性的作用。因为皇权的专制，使洋务派不可能发展成为一个真正意义上的政治集团，不能够用集体的力量采取各种办法去争取洋务事业的贯彻和扩大。李鸿章等人之所以能在各自辖区开展一些洋务，主要是因为清廷无力加强对地方的控制，同时还得依赖疆臣维持治安，故而在某种程度上不得不给予一点自主权。

尽管李鸿章能够运用政权的力量推进民族工业的发展，为促进近代化的推广做出努力，但清廷对民族工业的支持不是毫无限制的。李鸿章虽为封疆大吏，仍受到来自总理衙门、户部和督察院等有关部门的监控和约束，只能在政府机构允许的范围内，按照清廷的要求和愿望来进行近代化活动。

尽管到清末地方督抚权势日渐加重，但作为推行洋务运动中枢的总理衙门没有通盘规划，各洋务巨头多以自我为中心，扩充一己势力，各自为战，各自施政，有时还会陷于利益之争，这自然不利于整个洋务事业的发展。李鸿章的许多主张和设想最后没有得以实现，这对他个人来说是一个遗憾，对于中国的近代化来说，更是一个巨大的损失。

事实上，李鸿章推广西方近代科技、引进机器生产，这些谋求国家富强的改革措施，一是为了平息内乱，二是为了抗御列强进一步侵略，恰恰是巩固而并非威胁皇权统治。然而，洋务运动中出现的新事物和新观念，仍然使习惯于传统生活方式和思维方式的那些国民感到不舒服。因此，李鸿章的近代化事业势必会遭到重重阻碍，直面各种前所未有的复杂情况和棘手问题。

二

曾有外国学者认为，李鸿章"把持着国家的前沿，这里极有可能出现重大改革，结果却只变革了微不足道的一点点，所以李氏乃中国的丧失了的机会的绝好象征，这个机会本可以使中国在强有力的复兴浪潮冲击下建立一个更好的政府"。这明显是不谙中国国情，或是对李鸿章寄望过高。

李鸿章自幼一直接受正统习惯的规训，这些约束虽然没有妨碍他个人在功名利禄上的扩张追求，但却使他始终只知效忠于朝廷。而清廷归根结底是为了巩固权力、维护统治，而不是为了实现国家的近代化，所以他们对洋务派的近代化建设只能是既鼓励又限制。洋务派认为传统中国的政治制度和立国精神都是好的，但他们的新事业，不免受到旧制度和旧精神的阻碍。

晚清国家机器日趋腐朽，上层政府职能首先松弛，导致各级官僚行政组织的效率大为下降。有的掌权者滥用私人，以公权谋私利，官方经办的企业也在所难免，人浮于事、办事拖拉、贪污浪费严重，政治腐败直接腐蚀着洋务运动期间兴办的新式企业。另一方面，轻视工商业仍然是19世纪下半期的社会风气，传统的知识分子、乡绅和官员大多不愿意投资于工商业，而且又使在近代企业中任职的知识分子难以养成西方那样的企业家精神，在这种社会环境中，洋务事业自然难以进展和发达。

李鸿章推行"自强"新政，深感进展很慢，多次诉称"身苦有倡无和"，"局外匡助少而挑剔多"。总理各国事务衙门将这些情况总结道，"承办各国事务，于练兵、裕饷、习机器、制轮船等议"，每每遭遇"歧于意见"的困境，"致多阻隔者有之，绌于经费未能扩充者有之，初基已立而无以继起久持者有之"。

根本原因或许在于，执政者不能广纳众智，所推行的"自强"策，不能顺应时势和国家发展的要求，凝聚不了民情，使洋务运动不能在整个社会经济范围内得到大力度的普及。这样一场关系家国命运的深度改革，仅靠李鸿章和洋务派显然是不够的，既需要具备坚忍不拔精神的雄才大略式领袖人物，更需要具有觉醒意识和勇于奉献精神的坚定不移的广大追随者。

孙中山在19世纪末曾这样批判国民的守旧心态："盖中国之孤立自大，由来已久，而向未知国际互助之益，故不能取人之长，以补己之短。……虽闭关自守之局为外力所打破者已六七十年，而思想则犹是闭关时代荒岛孤人之思想。故尚不能利用外资、利用外才以图中国之富强也。"在通商互市几十年后，中国一般国民尚不能完全接受开放思想，在心理上尚不能从孤立转向联合。

李鸿章早就已经开始身体力行，其超乎寻常的洞察力确实优于同时代人，主要体现在，"必先富而后能强"的富强观，"堵塞漏卮，收回利权"的商战思想，独立自主的经营方针，勇于对外开放，不拘一格的人才观。洋务派在缺少经费、经验不足、没有技术、没有人才的情况下，引进西方的机器设备，进行近代化的初步实践，即使是在没有阻力的情况下，取得部分成功都已经是很不容易的。李鸿章为中国近代化开端奠基，假如没有李氏和洋务运动，则中国的近代化进程可能更得无限期推迟。

三

客观地说，洋务运动并不是一场有组织有计划的运动，只凭着少数志同道合的开明官僚的一腔热血，多半是就事论事，缺少整体运筹和各省联动，这导致中国近代化进程充满艰难和曲折。与欧美国家一般从创办轻工业开始的近代化历程不同，曾国藩、李鸿章等人因内忧外患的危局被迫起而拯之，决定了近代军事工业在中国的先行开办，势必成为中国工业近代化的核心，可惜的是，军工企业在以先进技术装备其他经济部门方面所起到的作用并不是很理想。

近代化运动是在盱衡形势逼人的全球大局后，由清廷中识时务者所倡导的，但他们毕竟是旧营垒中人，所设计的方案，如官督商办等体制，都不可避免地带有落后的一面。无论采用官督商办还是官商合办经营形式的企业，官僚机构臃肿庞大，企业封建衙门化，以及错综复杂的封建宗法人际关系造成的用人不当、浪费成风、管理腐败等，都是通病，这直接导致效率低下，最终走向破产失败。不少企业实际上是被这种封建恶习扼杀的，而不是李鸿章造成的，这个责任不应由其个人来独自承担。

以现代观点来看，洋务运动或许只能看作是肤浅的模仿西方，但却是中国近代化的开端，把近代工业导入了中国。它实现了从手工制造转入机器生产的起步，开始了中国的机器时代，奠定了近代中国工业的基础，使中国开始步入近代社会。在工业技术、军事力量和教育内容上缩小了与西方的差距，并为中国的独立和进步积累了物质力量，展现出中国社会发展前进不可逆转的新方向。

必须承认，李鸿章的近代化建设，虽然没有立即使中国真正富强起来，但却使中国在近代化的道路上迈出了历史前进的第一步，客观上促进了社会经济的发展。没有李鸿章等洋务派的积极倡导和大力经营，中国人自己的近代工矿企业、近代电讯交通和近代科技教育，可能要推迟很多年才会出现，而这种迟滞所造成的严重后果显然是人们不敢想象的。

洋务运动虽然没能做出改变国体政体的努力，但在全面推进近代化的过程中，部分改变了某些传统政策，使中国在外交政策、教育制度、货币制度和对外贸易等方面都力图别开生面。在中华大地上既引进了机器生产技术，也组织了相应的经营形式，并使有投资意愿、管理能力者以投资经营大型近代企业的机会，在促进生产、发展经济上，都比前人提供了更新的东西。最重要的是，李鸿章为中国学习西方确立了引进、仿造、移植、自立的一整套程序。

另一方面，洋务运动对抵制西方列强的经济侵略也起到了一定作用。欧美列强为扩大对华贸易，要求在中国享有铁路铺设权、矿山开发权、企业经营权，洋务派以实际行动向这些外来压力显示出一种对抗姿态。他们从求强、求富和挽回利权等真实动机出发，行爱国之实，民族意识的觉醒是内在动力，假如没有民族自觉的爱国思想为背景，洋务运动也不会兴起。它在某种程度上是一个民族觉醒的新趋向和新标志，超出了旧有的历史范畴。

李鸿章把中国近代化的实践第一次提上了日程表，冲破了顽固保守派的种种阻难，创建了一批军事工业和民用企业，建立了一支近代化的海军，设立了一批新式学堂，派遣了几百名留学生，翻译了数百种科学书籍，这是中国历史上从来没有过的创举，是中国近代化的第一次大规模实践。这一实践，使人们的世界观和价值观开始发生变化。这些都为后来的改良运动和革命运动，奠定了物质基础和精神目标。

中国人对西学的认识有一个由浅入深、由表及里的过程，大概在19世纪中叶后，从武器装备和军事工业着手，逐渐扩展到社会经济、政治外交，最后深化到文化教育一层，是循序渐进的。在40—60年代开始接触时，中国人认为向西方学习的主要内容就是坚船利炮和自然科学技术知识。到70年代，中国人进一步认识到应仿效欧美发展机器生产，兴办近代企业。80年代之后，才进入到思想和体制方面。

早期工业化运动的步步推进，势不可挡地冲刷涤荡着中国传统社会的堤防，导引着社会的各个方面不同程度地走向近代化，使落后封闭的中国在寻求富强的进程中，接受了近代工业文明的洗礼。近代中国启蒙运动的先声，也伴随着工业化运动的进展而发生了。

梁启超论述晚清时期人们思想认识的变化时说："所谓西学者逐渐输入，始则工艺，次则政制"，于是，有志之士"对外求索之欲日炽，对内厌弃之情日烈"，乃不得不"对于旧政治而思奋斗"，在经过一番摸索之后，终于"公然举叛旗矣"。

李鸿章扮演了一个既是旧秩序的"守护神"，又是新时代的"盗火人"的特殊角色。他思维敏捷，乐于接受西方新事物，"以求洋法、习洋器为自立张本"，是洋务运动的倡导者和推行者。这创榛辟莽的近代化既包含有积极因素，但也因认知所限存在不足。虽然没能取得完全成功，却积累了一些符合中国国情的实现近代化的经验，就进行近代化的实践来说，其成就远远超过同时代的其他人物，比曾国藩、左宗棠的贡献更大更多。

这些成功和失败的纪录，对后来的历史都起着某种作用，是近代中国学习西方的一个里程碑。必须看到，在中国社会艰难曲折的近代化进程中，不论是轻工业，还是重工业；不论是电报、纺织、邮政，还是轮船、铁路运输、采矿事业，都有无法抹去的李鸿章印迹，因此，不可否认李鸿章作为中国近代化运动开创者和奠基人的历史地位。我们不应当盲目菲薄、苛责前人，而应该认真地总结先贤的经验教训，更好地续写中华民族的历史。

一个外国人说："李鸿章耗费金钱于最新武器之购买而疏于纪律与士气，疏于基本工业之建设，殊不知士气与纪律同武器一样重要，而工业为最基本之武装。"这是因为李鸿章"悬想海上战争，辙用危心"，看到中外实力差距，看到中国官僚政治的腐败、国家亟需海军建设等，但"拘于成法，牵于众议，虽欲振奋而未由"，由于无法放手实施，御侮自强的成效无形中就被打了折扣。其洋务思想和洋务实践，在中法、中日战争后，社会影响的深度和广度都变得更小了。

然而，李鸿章仍不失为当时人杰。上海才子王韬说："清廷唯李鸿章可与言治"；年轻的孙中山1894年的《上李鸿章书》，赞誉李"勋名功业一时无双"、"任寄股肱位高望重"，期望他能"步武泰西，参行西法"，使中国20年内臻于富强；章太炎也上书李鸿章，寄予变革希望。国外舆论总的来说对李鸿章是誉多毁少。有外国人把李鸿章与德国俾斯麦、英国首相格兰斯敦并称为"世界三大贤相"，而孙中山业师康德黎直接把李鸿章誉为"中国的俾斯麦"。

在身后，李鸿章反而博得比生前更高的声誉。吴永说：李鸿章"晚年因中日一役，未免为舆论所集矢"。然而，自庚子年奉命再起与各国议和，"渐觉誉多而毁少"。翁同龢在日记中记叙，"报载李傅相于本月二十七日病卒，……东三省俄约未定。噫！难矣！"严复认为，"使当时尽用其谋，知成效必不止此"，明确指出，由于李鸿章的许多正确筹谋因受到各方牵掣而不能全面执行，才使得他壮志难酬，无法尽展其才。

四

李鸿章没能像日本伊藤博文、井上馨那样留学欧美，对西方资产阶级文明取得系统深刻的认识，难以具有日本急进改革派那样的魄力，同时又因为中国的国情特殊，不能将开国进取的方针作为国策确定下来，这使他们基本上只能停留在"中体西用"的低水平上。1885年李鸿章与伊藤博文在天津初次会面，盛赞这位对手"久历欧洲，极力摹仿，实有治国之才"。

19世纪七八十年代之交起，日本历史进入所谓"学习时代"或"欧化时代"。日本近代化在"富国强兵"、"殖产兴业"、"文明开化"

成乎？败乎？一生在路上

等口号下取得了显著成效，同时还推行政治改革，用以保障和促进经济建设。与其相反，中国的洋务运动，由于自身腐败和内外牵掣，规模狭浅，发展缓慢，差距日益增大。

有人统计说，至1895年，中国人自己兴办的近代工矿企业只有100余家，资本总额约3000余万银圆，在整个国民经济中所占比重很小；日本有5000家近代企业，资本总额达4亿余日元。如果据此认定李鸿章的近代化完全失败，显然有失公允，简单的数字不足以说明问题，并且没有辨析货币的实际购买力。另一方面，没有考虑到特殊的国情，庞然大国船重难转向，蕞尔岛国船小好调头，而且中国的内部阻力远远超过日本。

还有研究者认为，洋务派虽然为中国现代化做了努力，但是失败了，中国仍然没摆脱以小农经济和小手工业经济为主的格局，未能奠定中国近代化的工业基础。

中国现代化的起步是从1895年开始的。李鸿章从重视军事工业转向兴建民用工业，并且已经意识到直接与国际一流企业技术往来的重要性，他在这方面表现出的眼光和睿智值得充分肯定，在一定程度上都推进了中国社会的经济、教育改革，推动了中国的近代化进程，没有李鸿章的前期努力，1895年也只能是从零开始。

任何一个国家的近代化，都无法抛开其固有的长期传统，也难以脱离其原有的经济基础，不可能凭空造楼。也正因如此，每个国家的近代化，都应该走自己的道路，有自己的模式，而不能完全照搬西方，更不能以西方的标准去衡量其成败。

李鸿章创办的洋务事业虽然存在着不少问题和弊端，但毕竟把当时世界最先进的科技、工艺以及其他新事物引入中国，为古老的神州大地带来了焕然一新的气息，使落后的中国向着近代化之路起步迈进，反映了世界大势与生活在苦难之中的平民百姓希望落后的中国能够早日跻身世界先进民族之林的愿望。他所创办的一系列军用和民用工业，为中国工业近代化打了头阵，当之无愧为中国近代化的开拓者和奠基者。

他以制造局为起点、以煤铁为原材料，可以说是抓住了发展近代工业的关键，社会经济得以发展。李鸿章还有"以商养兵"、"以商务支持整个洋务"的思想，充分认识到商务在对外交涉和富国强兵的要求中所占的重要地位，护商、保利、开源，在其脑海中是紧密相连的，所倡导的以商务支持洋务的原则，贯穿于整个洋务运动。

这是近代社会生产力不断发展、国际经济联系日益密切以及中国近代化的迫切要求，加上李鸿章个人性格、志趣、才能、情操等诸多因素的交相融合，就构成了一种合纵连横、多层次、立体型的动力机制，促使李鸿章在西势东渐、民族权益受到严重损害的情况下，毅然摆脱传统体制和泥古不化的陈腐观念的束缚，悉心考求洋情，比较清晰地认识到学习西方的重要性。

由于比同时代的人更具有睿智远识和勇于进取的务实精神，李鸿章自觉或不自觉地将中国儒家文化与西方科技文化、传统爱国思想与近代民族意识、富国强兵的理想目标与开源取利求富的现实需要较为妥帖地糅合在一起。

有研究者评论说，李鸿章以一文官典掌兵戎转战南北，总制北洋，内参枢机，外当交涉要冲，垂三十年，目光之远大，手腕之敏捷，迥非时人所能及。李鸿章之成功，端赖于坚忍不拔之毅力。并总结道，李鸿章是晚清不可多得的人才，欲求中国富强之心始终不渝。能忍辱负重，不避劳苦是所长；弥缝偷安，留恋权位是所短。能立功于闭关自守之时代，但无法周旋于列强角逐之国际舞台。还有人归纳说，李鸿章的长处，第一是眼光敏锐，认识时代最清楚。第二，勇于任事，不避困难。第三，不畏谤言，忍辱负重。其短处是：一、不能与旧势力严正对抗，反而有时与之妥协。二，任用私人，举措不公。应该说，都是有一定道理的。

但如果仅仅以甲午战败就全部否定李鸿章近代化事业的失败，显然是只见其表，不见其里，或者说是有失偏颇的。甲午战争的失败，其主客观原因有很多，李鸿章固然难辞其咎，但他的近代化努力并没有就此被扼杀殆尽，而是仍然在普通中国人的社会经济生活中潜移默化地存在着，并发挥着深远的无法估量的影响。

他生平以天下为己任，忍辱负重，在推动现代化的事业上做出了巨大贡献。当然，不能因李鸿章有开创中国近代化的功绩，而忽略他的错误和不足，但是，如果因其有误国行为，而贬低其在中国近代化过程中的作用，显然既不科学也不合情理。李鸿章数十年大声疾呼，并付诸洋务事业的实践、创办北洋海军、开创近代外交、开办近代教育等等，如若说李鸿章没有爱国心，肯定是难服人心的。连有的外国人都表示同情和理解，"不论李氏的过失如何，他可说是19世纪最伟大的中国人"。

确实，李鸿章堪称中国近代史上数一数二的人物，而集文事、武功、内政、外交于一身的伟人，古今中外的历史上又有几个？或许，在历史长河中，李鸿章也只是一个普通的星座，既有光彩夺目之时，也有黯然失色之际，只是他璀璨的亮度和时间比一般人都要强一点、长一点。更为重要的是，李鸿章上承龚林曾胡，下启康梁孙黄，在三千年未有之大变局中，在内忧外患、涂炭晦暗的转折时代里，他一直在努力，一生在路上。

参考文献

顾廷龙，戴逸. 李鸿章全集[M]. 合肥：安徽教育出版社，2008.

雷禄庆. 李鸿章年谱[M]. 北京：商务印书馆，1977.

李书春. 清李文忠公鸿章年谱[M]. 北京：商务印书馆，1978.

窦宗一. 李鸿章年（日）谱[M]. // 沈云龙. 近代中国史料丛刊[M]. 续编第70辑，台北：文海出版社，1980.

梁启超. 中国四十年来大事记，梁启超全集[M]. 北京：北京出版社，1999.

王玺. 李鸿章与中日订约[M]. 台北："中央研究院"近代史研究所，1981.

雷禄庆. 李鸿章新传[M]. 台北：文海出版社，1983.

李守孔. 李鸿章传[M]. 台北：台湾学生书局，1985.

尹福庭. 李鸿章[M]. 北京：军事科学出版社，1991.

蔡尔康等. 李鸿章历聘欧美记[M]. 长沙：岳麓书社，1986.

周军，杨雨润. 李鸿章与中国近代化[M]. 合肥：安徽人民出版社，1989.

康念德. 李鸿章与中国军事工业近代化[M]. 杨天宏等，译. 成都：四川大学出版社，1992.

刘广京，朱昌峻. 李鸿章评传：中国近代化的起始[M]. 陈绛译校. 上海：上海古籍出版社，1995.

陆方，李之渤. 晚清淮系集团研究——淮军、淮将和李鸿章[M]. 长春：东北师范大学出版社，1993.

马昌华. 淮系人物列传——李鸿章家族成员·武职[M]. 合肥：黄山书社，1995.

马昌华. 淮系人物列传——文职·北洋海军·洋员[M]. 合肥：黄山书社，1995.

王承仁，刘铁君. 李鸿章思想体系研究[M]. 武汉：武汉大学出版社，1998.

苑书义. 李鸿章传[M]. 北京：人民出版社，2004.

宋路霞. 晚清第一家：李鸿章家族[M]. 重庆：重庆出版社，2005.

茅海建. 天朝的崩溃——鸦片战争再研究[M]. 北京：生活·读书·新知三联书店，2005.

牛贯杰. 原来李鸿章[M]. 重庆：重庆出版社，2006.

王家俭. 李鸿章与北洋舰队：近代中国创建海军的失败与教训[M]. 北京：生活·读书·新知三联书店，2008.

谢世诚. 李鸿章评传[M]. 南京：南京大学出版社，2011.

蔡东杰. 李鸿章与清季中国外交[M]. 台北：文津出版社，2001.

董丛林. 刀锋下的外交：李鸿章在1870—1901[M]. 上海：东方出版社，2012.

约翰·奥特维·布兰德. 李鸿章传：一个英国记者四十年中国生活札记[M]. 徐志晶，译. 合肥：安徽人民出版社，2012.

欧阳跃峰. 李鸿章和他的幕僚们[M]. 北京：团结出版社，2013.

雷颐. 李鸿章与晚清四十年[M]. 太原：山西人民出版社，2013.

罗伯特·道格拉斯. 李鸿章传：一位晚清在华外交官笔下的帝国"裱糊匠"[M]. 李静韬等，译. 杭州：浙江大学出版社，2013.

王瑛. 李鸿章与晚清中外条约研究[M]. 长沙：湖南人民出版社，2011.

王志强. 李鸿章与越南问题（1881—1886）[M]. 广州：暨南大学出版社，2013.

徐锋华. 李鸿章与近代上海社会[M]. 上海：上海辞书出版社，2014.

王闿运. 湘军志[M]. 长沙：岳麓书社，1983.

王定安. 湘军记[M]. 朱纯，点校. 长沙：岳麓书社，1983.

孟森. 清史讲义[M]. 杭州：浙江人民出版社，1998.

王尔敏. 清季兵工业的兴起[M]. 台北"中央研究院"近代史研究所，1978.

王尔敏. 淮军志[M]. 台北："中央研究院"近代史研究所，1981.

樊百川. 淮军史[M]. 成都：四川人民出版社，1994.

罗尔纲. 《晚清兵志》第一卷《淮军志》[M]. 北京：中华书局，

1997.

唐浩明等. 曾国藩全集[M]. 长沙：岳麓书社，1985—1994.

苑书义等. 张之洞全集[M]. 石家庄：河北人民出版社，1998.

中国科学院历史研究所第三所主编. 刘坤一遗集[M]. 北京：中华书局，1959.

王玉棠. 刘坤一评传[M]. 广州：暨南大学出版社，1990.

徐凌霄，徐一士. 凌霄一士随笔[M]. 台北：文海出版社，1980.

罗尔纲. 困学集[M]. 北京：中华书局，1986.

中国史学会主编. 太平天国[M]. 1—8册，上海：上海人民出版社，1957.

静吾，仲丁编. 吴煦档案中的太平天国史料选辑[M]. 北京：生活·读书·新知三联书店，1958.

太平天国历史博物馆编. 吴煦档案选编[M]. 南京：江苏人民出版社，1983.

太平天国历史博物馆编. 太平天国资料汇编[M]. 第1册，北京：中华书局，1980.

太平天国历史博物馆编. 太平天国资料汇编[M]. 第2册，北京：中华书局，1979.

吉尔伯特·罗兹曼等. 中国的现代化[M]. 南京：江苏人民出版社，1995.

史景迁. 追寻现代中国：1600—1912年的中国历史[M]. 黄纯艳，译. 上海：上海远东出版社，2005.

费正清. 伟大的中国革命1800—1985[M]. 刘尊棋，译. 北京：国际文化出版公司，1989.

费正清. 美国与中国革命[M]. 张理京，译. 北京：世界知识出版社，1999.

李剑农. 中国近百年政治史（1840—1926）[M]. 上海：复旦大学出版社，2002.

蒋廷黻. 中国近代史[M]. 上海：上海古籍出版社，1999.

陈旭麓. 近代中国八十年[M]. 上海：上海人民出版社，1983.

陈旭麓. 近代史思辨录[M]. 广州：广东人民出版社，1984.

陈旭麓. 近代中国社会的新陈代谢[M]. 上海：上海人民出版社，1992.

张仲礼等. 太古集团在旧中国[M]. 上海：上海人民出版社，1991.

熊月之. 上海通史[M]. 上海：上海人民出版社，1999.

熊月之. 冯桂芬评传[M]. 南京：南京大学出版社，2004.

熊月之. 西学东渐与晚清社会[M]. 北京：中国人民大学出版社，2011.

于醒民. 上海，1862年[M]. 上海：上海人民出版社，1991.

崔运武. 中国早期现代化中的地方督抚：刘坤一个案研究[M]. 北京：中国社会科学出版社，1998.

梁元生. 上海道台研究——转变社会中之联系人物1843-1890[M]. 陈同译. 上海：上海古籍出版社，2003.

梁元生. 晚清上海：一个城市的历史记忆[M]. 桂林：广西师范大学出版社，2010.

庄练. 中国近代史上的关键人物[M]. 北京：中华书局，1988.

郭廷以. 太平天国史事日志[M]. 上海：上海书店出版社，1986.

郭廷以. 近代中国史事日志[M]. 北京：中华书局，1987.

马士. 中华帝国对外关系史[M]. 张汇文等，译. 北京：商务印书馆，1963.

吟唎. 太平天国革命亲历记[M]. 王维周，译. 上海：上海古籍出版社，1985.

徐润. 徐愚斋自叙年谱[M]. 台北：台湾商务印书馆，1981.

张国辉. 洋务运动与中国近代企业[M]. 北京：中国社会科学出版社，1979.

夏东元. 晚清洋务运动研究[M]. 成都：四川人民出版社，1985.

夏东元. 洋务运动史[M]. 上海：华东师范大学出版社，1992.

徐泰来. 洋务运动新论[M]. 长沙：湖南人民出版社，1986.

孔令仁，李德征主编. 中国近代化与洋务运动[M]. 济南：山东大学出版社，1992.

樊百川. 中国轮船航运业的兴起[M]. 成都：四川人民出版社，1985.

樊百川. 清季的洋务新政[M]. 上海：上海书店出版社，2003.

朱荫贵. 国家干预经济与中日近代化：招商局与三菱·日本邮船会社的比较研究[M]. 上海：东方出版社，1994.

《江南造船厂史》编写组. 江南造船厂史[M]. 上海：上海人民出版社，1975.

上海社会科学院经济研究所. 江南造船厂厂史[M]. 南京：江苏人民出版社，1983.

张后铨. 招商局史（近代部分）[M]. ，北京：人民交通出版社，1988.

易惠莉，胡政. 招商局与近代中国研究[M]. 北京：中国社会科学出版社，2005.

王宏斌. 赫德爵士传——大清海关洋总管[M]. 北京：文化艺术出版社，2000.

柯文. 在传统与现代性之间——王韬与晚清革命[M]. 雷颐等，译. 南京：江苏人民出版社，1998.

汪敬虞. 唐廷枢研究[M]. 北京：中国社会科学出版社，1983.

吕实强. 丁日昌与自强运动[M]. 台北"中央研究院"近代史研究所，1987.

福尔索姆. 朋友·客人·同事：晚清幕府制度研究[M]. 刘悦斌等，译. 北京：中国社会科学出版社，2002.

芮玛丽. 同治中兴：中国保守主义的最后抵抗（1862—1874）[M]. 房德邻等，译. 北京：中国社会科学出版社，2002.

兰比尔·沃拉. 中国：前现代化的阵痛[M]. 沈阳：辽宁人民出版社，1989.

费维恺. 中国早期工业化：盛宣怀和官督商办企业[M]. 虞和平，译. 北京：中国社会科学出版社，1990.

袁伟时. 帝国落日：晚清大变局[M]. 南昌：江西人民出版社，2003.

刘伟. 晚清督抚政治：中央与地方关系研究[M]. 武汉：湖北教育出版社，2003.

贾小叶. 晚清大变局中督抚的历史角色[M]. 上海：上海书店出版社，2008.

雷颐. 历史：何以至此——从小事件看清末以来的大变局[M]. 太原：山西人民出版社，2010.

郝延平. 中国近代商业革命[M]. 陈潮等，译. 上海：上海人民出版社，1991.

陈锦江. 清末现代企业与官商关系[M]. 王笛等，译. 虞和平，校. 北京：中国社会科学出版社，1997.

陈旭麓，顾廷龙，汪熙. 中国通商银行：盛宣怀档案资料选辑之五[M]. 上海：上海人民出版社，2000.

冯天瑜. "千岁丸"上海行——日本人1862年的中国观察[M]. 北京：商务印书馆，2001.

王定安. 曾国藩传[M]. 重庆：重庆出版社，1998.

《曾国藩全集·日记》3册，长沙：岳麓书社，1987、1988、1989.

方行，汤志钧整理. 王韬日记[M]. 北京：中华书局，1987.

夏东元. 郑观应传[M]. 上海：华东师范大学出版社，1981.

夏东元编. 郑观应集[M]. 上下册，上海：上海人民出版社，1982、1988.

费成康. 薛福成. 上海：上海人民出版社，1983.

丁凤麟，王欣之. 薛福成选集[M]. 上海：上海人民出版社，1987.

谢俊美. 翁同龢集[M]. 北京：中华书局，2005.

邓亦兵. 丁日昌评传[M]. 广州：广东人民出版社，1988.

谢俊美. 翁同龢评传[M]. 南京：南京大学出版社，1998.

丁凤麟. 薛福成评传[M]. 南京：南京大学出版社，1998.

张海林. 王韬评传（附容闳评传）[M]. 南京：南京大学出版社，1993.

杨自强. 学贯中西——李善兰传[M]. 杭州：浙江人民出版社，2006.

杨根编. 徐寿和中国近代化学史[M]. 北京：科学技术文献出版社，1986.

汪广仁. 中国近代科学先驱徐寿父子研究[M]. 北京：清华大学出版

社，1998.

陈真，姚洛．《中国近代工业史资料》第1辑《民族资本创办和经营的工业》[M]．北京：生活·读书·新知三联书店，1957.

严中平．中国棉纺织史稿[M]．北京：科学出版社，1955.

严中平．中国近代经济史统计资料选辑[M]．北京：科学出版社，1955.

杜恂诚．民族资本主义与旧中国政府（1840—1937）[M]．上海：上海社会科学院出版社，1991.

黄苇．上海开埠初期对外贸易研究（1843—1863）[M]．上海：上海人民出版社，1961.

《上海近代社会经济发展概况（1882~1931）》——《海关十年报告》译编．徐雪筠等，译编．张仲礼，校订．上海：上海社会科学院出版社，1985.

《上海近代贸易经济发展概况（1854~1898年）》（英国驻上海领事贸易报告汇编），李必樟，译编．张仲礼，校订．上海：上海社会科学院出版社，1993.

《上海港史》（古、近代部分），北京：人民交通出版社，1990.

王韬．瀛壖杂志[M]．沈恒春，杨其民，标点．上海：上海古籍出版社，1989.

王尔敏．上海格致书院志略[M]．香港：香港中文大学出版社，1980.

王相钦．中国民族工商业发展史[M]．石家庄：河北人民出版社，1997.

李斌．顿挫与嬗变：晚清社会变革研究．成都：四川大学出版社，2006.

上海社会科学院历史研究所编译．太平军在上海——《北华捷报》选译．上海：上海人民出版社，1983.

赫德．赫德与中国早期现代化：赫德日记1863—1866[M]．司马富等编，陈绛译．北京：中国海关出版社，2005.

胡成．困窘的年代：近代中国的政治变革和道德重建[M]．上海：上海三联书店，1997.

中国史学会主编. 洋务运动[M]. 1—8册，上海：上海人民出版社，1961.

孙毓棠. 中国近代工业史资料[M]. 第一辑，北京：中华书局，1962.

王彦威，王亮. 清季外交史料[M]. 北京：书目文献出版社，1987.

蒋廷黻. 近代中国外交史资料辑要. 长沙：湖南教育出版社，2008.

杨国强. 义理与事功之间的徘徨：曾国藩、李鸿章及其时代[M]. 北京：生活·读书·新知三联书店，2008.

杨国强. 晚清的士人与世相[M]. 北京：生活·读书·新知三联书店，2008.

桑兵. 庚子勤王与晚清政局[M]. 北京：北京大学出版社，2004.

戚其章. 北洋舰队[M]. 济南：山东人民出版社，1981.

张侠等. 清末海军史料[M]. 北京：海洋出版社，2001.

姜鸣. 龙旗飘扬的舰队——中国近代海军兴衰史[M]. 北京：生活·读书·新知三联书店，2002.

王建华. 半世雄图：晚清军事教育现代化的历史进程[M]. 南京：东南大学出版社，2004.

高时良. 中国近代教育史资料汇编——洋务运动时期教育[M]. 上海：上海教育出版社，1992.

王芸生. 六十年来中国与日本[M]. 北京：生活·读书·新知三联书店，2005.

郑曦原. 帝国的回忆——《纽约时报》晚清观察记（1854—1911）（修订本）[M]. 李方惠等，译. 北京：当代中国出版社，2007.

学位论文：

何文贤. "与狼共舞"——"同治中兴"时期的中外和局研究[D]. 福州：福建师范大学，2005.

黄庆林. 义和团运动时期清政府守旧派思想研究[D]. 北京：北京师范大学，2006.

陆勇. 传统民族观念与清政府——以"中国观念"为视角[D]. 上海：上海师范大学，2007.

王瑛. 李鸿章与晚清条约研究[D]. 长沙：湖南师范大学，2010.

王志强. 李鸿章对越南问题的认识与策略研究（1881—1886）[D]. 长春：东北师范大学，2011.

杨实生. 清流与晚清政治变革[D]. 长沙：湖南大学，2011.

薛伟强. 满汉矛盾与晚清政局（1884—1912）——以统治阶级上层为中心的考察[D]. 石家庄：河北师范大学，2012.

戴仕军. 李鸿章治理直隶省务研究[D]. 北京：首都师范大学，2004.

张凌宇. 晚清李鸿章外交策略述论[D]. 长春：吉林大学，2004.

肖海霞. 晚清清流派研究[D]. 长春：吉林大学，2005.

武雪彬. 李鸿章的中日结盟观[D]. 长春：吉林大学，2008.

王延开. 洋务新政与李鸿章对财政的控制[D]. 长春：东北师范大学，2006.

高晓颖. 从辛酉政变到甲申易枢——晚清政局研究[D]. 沈阳：辽宁师范大学，2007.

张立胜. 晚清守旧派官僚集团研究[D]. 济南：山东师范大学，2004.

刘本森. 急进与保守·剧变与不变——近代中国社会变迁模式新探[D]. 济南：山东师范大学，2011.

孙凯. 浅析李鸿章的外交思想[D]. 曲阜：曲阜师范大学，2007.

王春华. 李鸿章与近代中国的经济主权（1870—1895）[D]. 北京：北京师范大学，2008.

贺国元. 晚清政治精英的博弈与中国早期现代化进程[D]. 西安：陕西师范大学，2008.

韩鹏. 1870—1896年李鸿章对日、俄政策演变及得失[D]. 齐齐哈尔：齐齐哈尔大学，2012.

张强. 李鸿章经济伦理思想研究[D]. 重庆：西南大学，2011.

田丽君. 李鸿章海防思想与海军教育实践研究[D]. 西安：西北大学，2011.

方英. 李鸿章与滇案交涉[D]. 合肥：安徽大学，2005.

徐新闻. 影像中的"社会记忆"变迁——以李鸿章形象为例[D]. 合肥：安徽大学，2010.

孙克. 论李鸿章的外交思想与活动[D]. 武汉：华中师范大学，2007.

高波. 李鸿章形象研究[D]. 武汉：华中师范大学，2011.

高娟. 甲午前二十余年间李鸿章对朝鲜的措置[D]. 武汉：华中师范大学，2012.

黄俊华. 李鸿章与晚清宗藩体制的瓦解[D]. 郑州：河南大学，2004.

石佳. 李鸿章与直隶荒政[D]. 石家庄：河北师范大学，2006.

黄秀艳. 李鸿章与直隶洋务教育论述[D]. 石家庄：河北师范大学，2006.

张静. 李鸿章集团在北洋的奠基考察[D]. 石家庄：河北师范大学，2006.

刘玉国. 国际法与晚清中国外交——以李鸿章运用国际法案例为中心（1870–1895）[D]. 石家庄：河北师范大学，2006.

张晓飞. 李鸿章与直隶教育[D]. 石家庄：河北师范大学，2010.

金蓓. 李鸿章护侨思想研究[D]. 北京：中国人民大学，2008.

程伟. 李鸿章洋务新政思想研究[D]. 沈阳：东北大学，2009.

宫兰兰. 李鸿章的国际法思想及运用[D]. 苏州：苏州大学，2009.

吴家奇. 李鸿章和黄遵宪朝鲜观比较研究[D]. 延吉：延边大学，2010.

刘晓敏. 李鸿章的劝导和1882年《朝美条约》的签订[D]. 延吉：延边大学，2011.

陈东杰. 李鸿章"和戎"思想及其在边防建设中的实践[D]. 乌鲁木齐：新疆大学，2011.

娄丛. 李鸿章与直隶京控（1870—1881年）[D]. 广州：华南师范大学，2012.

田淑芳. 李鸿章的社会整合与控制思想研究[D]. 合肥：安徽大学，2013.

期刊论文：

章鸣九. 论李鸿章的变法思想[J]. 历史研究，1989（6）.

卢伯炜. 洋务运动与中国近代化[J]. 苏州大学学报，（哲学社会科学版），2002（4）.

雷颐. 从"联为外援"到"永久大患"——李鸿章对日观演变浅论[J]. 抗日战争研究，2006（3）.

谢世诚. 李鸿章与晚清吏治[J]. 江苏社会科学，2005（2）.

谢世诚. 李鸿章与朝鲜[J]. 江苏社会科学，2006（6）.

戚其章. 李鸿章与中日琉球交涉[J]. 历史教学，2007（3）.

关晓红. 晚清议改科举新探[J]. 史学月刊，2007（10）.

王晓秋. 晚清留欧船政学生[J]. 清史镜鉴，2010（3）.

李喜所. 科举制废除的得与失[J]. 清史镜鉴，2010（5）.

孔祥吉. 不一样的李鸿章[J]. 福建论坛，人文社会科学版，2011（5）.

王开玺. 论洋务派官督商办企业的经营形式——以轮船招商局及李鸿章为中心[J]. 河北学刊，2009（3）.

李细珠. 李鸿章对日本的认识及其外交策略——以1870年代为中心[J]. 社会科学辑刊，2013（1）.

成晓军. 论冯桂芬对李鸿章的影响[J]. 贵州文史丛刊，2010（3）.

关威. 中法战争前李鸿章与宝海、脱利古谈判述论[J]. 韩山师范学院学报（社会科学版），2005（5）.

关威. 主和还是主战：析李鸿章对中法战争的态度[J]. 华中师范大学学报（人文社会科学版），2012（1）.

吴宝晓. 19世纪的地方政府与荒政——兼论李鸿章在直隶的赈灾活动[J]. 安徽史学，2007（6）.

于灵，夏雨. 洋务运动中李鸿章对外主张之得失研究[J]. 辽宁师范大学学报（社会科学版），2011（6）.

王慧婷. 试析中法战争中李鸿章态度转变始末[J]. 贵州文史丛刊，2011（3）.

汪邦海. 李鸿章及淮系集团与近代纺织工业发展的关系[J]. 合肥工业大学学报（社会科学版），2011（6）.

曾祥敏. 从李鸿章访美看美国媒体眼中的李鸿章[J]. 西南民族大学学报（人文社会科学版），2011（11）.

李海涛. 李鸿章与晚清钢铁资源开发研究[J]. 武汉科技大学学报（社会科学版），2012（2）.

姜鸣. 李鸿章"夺情"复出与"清流"的幕后筹划——张佩纶李鸿章通信研究[J]. 华东师范大学学报（哲学社会科学版），2012（3）.

陈开科. 1886年李鸿章、拉德仁天津会谈与中、俄朝鲜政策[J]. 近代史研究，2012（6）.

张远波，罗福惠. 李鸿章与晚清海军的军备建设[J]. 宁夏社会科学，2012（1）.

谭树林. 也谈晚清幼童留美计划中途夭折的原因——以李鸿章对幼童留美计划的态度转变为中心[J]. 安徽史学，2009（5）.

李传斌. 李鸿章与近代西医[J]. 安徽史学，2001（3）.

孙昉，孙向群. 己亥建储与晚清政治危机[J]. 北方论丛，2009（5）.

孙烈. 晚清筹办北洋海军时引进军事装备的思路与渠道[J]. 自然辩证法研究，2011（6）.

曹前有. 论李鸿章对近代中国科技发展的积极影响[J]. 自然辩证法研究，2011（8）.

黄华平. 李鸿章与关东铁路的筹议和兴筑[J]. 贵州文史丛刊，2012（4）.

王晓影，权赫秀. 近代转型视野下的中朝关系——李鸿章与李裕元书信联系研究[J]. 史林，2013（3）.

徐锋华. 李鸿章与近代上海城市经济的发展[J]. 史林，2013（4）.

徐锋华. 李鸿章与上海近代科技文教的勃兴[J]. 社会科学，2013（12）.

王双印. 李鸿章"和戎"外交与甲午之败[J]. 江西社会科学，2013（10）.

方英. 李鸿章与滇案交涉研究[J]. 安徽史学，2013（6）.

赵欣. 李鸿章访英与近代中英关系的演变[J]. 东北师大学报（哲学社会科学版），2013（6）.

赵宇，廖大伟. 李鸿章与秘鲁华工案[J]. 沈阳大学学报（社会科学版），2013（3）.

关晓红. 清季科举改章与停废科举[J]. 近代史研究，2013（1）.

杨国强. 甲午乙未之际：清流的重起和剧变[J]. 中华文史论丛，2013（2）.

后　记

　　这是我撰写的第二部有关李鸿章的书。

　　2011年夏末，当《李鸿章与近代上海社会》的书稿正进行到一半左右时，浙江大学出版社在熊月之教授的举荐下找到我，谢焕编辑详细介绍了他们最新研发的一套近代名人丛书的出版计划，包括曾国藩、左宗棠、李鸿章、张之洞、盛宣怀等人，尝试能用严谨的态度、通俗的手法创作出一种不一样的名人传记，并表示希望由我承担李鸿章这个历史人物的撰写工作。作为一个近代史上颇有影响的政治家，李鸿章的研究门槛其实已经非常之高，对于一个刚走上工作岗位不久的青年研究人员来说，这确实是一个相当艰巨的工作！尽管此时已经有了一些前期的相关知识积累，我还是有点信心不足，但在熊老师的鼓励慰勉下，我壮着胆子接下了这项任务。

　　熊老师是我所尊敬的前辈学者，也是我在李鸿章研究上的引路人，每当我在研究过程中碰到难题，总是习惯性地去找熊老师请求指点迷津，而熊老师也总是耐心开导，三言两语就能让我茅塞顿开，产生新的想法或思路。书稿初成后，我第一个就呈送给熊老师审阅，熊老师予以肯定评价的同时提出了几条建设性意见，并在百忙之中拨冗为拙稿作序，顿使《补天术——大变局中的李鸿章》一书的枯涩文字隐隐然有熠熠生辉之势。所以，在此要特别感谢熊老师的大力推荐！

　　浙江大学出版社在整个策划、出版、发行过程中，用心良苦、运筹帷幄。谢焕编辑奔波于沪杭之间，联系商洽各种具体事宜，电话、短信、邮件、快递往来，十分辛苦。尤其在全文的编辑、定稿及排版上，颇费一番神思，最后才呈现给读者这本设计独特、印刷精美的作品。在此，对浙大出版社的领导和编辑致以真诚的谢意。

　　需要说明的是，在写作过程中，笔者参阅了大量相关论著，才逐渐形成了一些个人的思考和看法，根据行文需要也有不少征引。但由于此书属于丛书系列之一，必须服从统一的格式和体例安排，以便于非专业人士的阅读和欣赏。故此，所有注释部分从略，都以参考文献的形式，附在全书后面。如专业人士需要查证，可以稍加核对，烦琐不便之处，尚盼理解。另一方面，虽然笔者尽可能把阅读过的每一本著作、每一篇论文，都收录在内，以示对前人成果的尊重，但遗漏之处或许也在所难免，在此一并敬请海涵。总而言之，文责自负。

学界有一种说法：只有年轻的数学家、物理学家，没有年轻的史学家。我并不企图用这句话来为自己的学力不逮作辩护，虽然在父亲熏陶下，自幼热爱文史，也算是读过几本书的人。"有志者，事竟成，破釜沉舟，百二秦关终属楚；苦心人，天不负，卧薪尝胆，三千越甲可吞吴。"从中学时代起，这句话就成为我的座右铭，并一直伴随着我的学习和工作。如果读者诸君对小书还算满意，则笔者自然倍感欣喜，并引为新征程的起点；假如各位觉得还有待完善，那笔者则自当仿效古人意志精神，继续努力，孜孜以求寸进。

徐锋华

2016年春于美国休斯敦